绩效与薪酬实务

（第3版）

刘湘丽　主编

国家开放大学出版社·北京

图书在版编目（CIP）数据

绩效与薪酬实务/刘湘丽主编．－－3 版．－－北京：
国家开放大学出版社，2023.1（2024.1重印）
ISBN 978－7－304－11717－7

Ⅰ．①绩…　Ⅱ．①刘…　Ⅲ．①企业管理－人力资源管
理②企业管理－工资管理　Ⅳ．①F272.92

中国版本图书馆 CIP 数据核字（2022）第 254284 号

绩效与薪酬实务（第 3 版）
JIXIAO YU XINCHOU SHIWU
刘湘丽　主编

出版·发行：国家开放大学出版社
电话：营销中心 010－68180820　　　总编室 010－68182524
网址：http://www.crtvup.com.cn
地址：北京市海淀区西四环中路 45 号　**邮编：**100039
经销：新华书店北京发行所

策划编辑：李晨光　　　　　　**版式设计：**何智杰
责任编辑：张倩颖　　　　　　**责任校对：**张　娜
责任印制：武　鹏　马　严

印刷：廊坊十环印刷有限公司
版本：2023 年 1 月第 3 版　　　2024 年 1 月第 4 次印刷
开本：787mm×1092mm　1/16　　**印张：**15.75　**字数：**327 千字

书号：ISBN 978－7－304－11717－7
定价：37.00 元

（如有缺页或倒装，本社负责退换）
意见及建议：OUCP_KFJY@ouchn.edu.cn

人力资源管理实用技术使人终身受益

一次在大学里讲课，我问学生将来毕业后是想做学术研究还是想从事实际管理工作，大部分学生回答想从事实际管理工作。针对学生的这一回答，我说，既然你们想从事实际管理工作，那就应该把认识人、尊重人、激活人作为你们终生参悟的一门学问，这是做好实际管理工作的根本。在我看来，学习并掌握必要的人力资源管理专业知识对一名管理者来说是十分重要的。

我认为，主要通过电视、互联网等媒介学习人力资源管理专业知识的学生，应该思考四个方面的问题：为什么学？学什么？怎么学？学习目标是什么？

纵观古今中外，管理类的著作可谓汗牛充栋，其中绝大部分源于对生产与生活经验的归纳、提炼和总结。只要是智商正常并善于反省的人，皆有可能根据自己的生活和工作实践，提出一些经验性的管理措施、方法和手段。因此，在经验管理时代，要成为一名管理者，是可以不用进入学校学习专门的管理知识的，只要沿袭传统的方法——跟师傅学习或善于总结工作经验，就可成为一名管理者，甚至有可能成为一名优秀的管理者。关于此事实，在历史长河、现实生活中不乏优秀案例。自从泰勒基于生产实验提出科学管理思想，使管理成为一门真正的科学以来，学校设置专门的管理专业就成为一种必然，学生进入学校学习专门的管理知识就成为一种必要。由此可以推论，要领导一个组织，小至班组、团队，大到企业，从经验管理逐步转向科学管理，乃至以人为本的现代管理，不是随便哪个人都能胜任的，只有那些接受过良好的管理科学教育，并经过长期实践锻炼的职业人，才有可能成长为管理者，甚至成长为优秀的职业管理者。可见，如果把管理部门作为"老弱病残"的安置所，那可就大错特错了。

人力资源管理专业的学生到底应该学些什么？这是摆在"人力资源管理相关技术实务"教材编者面前的一个难题。所有参与此套教材的编者都是在人力资源管理领域有一定建树的专家。我深知，长期从事人力资源管理研究和教学的专家大都喜好人力资源管理战略和哲学层面的思考，不愿从事人力资源管理技术层面的研究和实践。但是，在我看来，人力资源管理的技术、方法和制度建设，如岗位分析、员工招聘、员工培训、绩效管理和薪酬管理等，才是做好人力资源管理工作的工具性基础，也是思考人力资源管理战略和哲学方法论的前提，更是人力资源管理专业学生的入门功课。当然，从岗位分析出发，学习一系列人力资源管理技术会有机械主义方法论的嫌疑。面对丰富的管理实践和活生生的人，特别是在服务业和互联网行业中，有时，这些人力资源管理技术在激活人的方面显得没那么适用。但是，人力资源管理的概念、原理和技术作为基础性知识储备，是有效应对不同行业、不同情景、不同组织的人力资源管理的有效基础，关键在于能够因地制宜地灵活应用它们。因此，在此套教材的编写过程中，编者以人力资源管理的技术、方法和制度设计为重点，结合人力资源管理工作实践，力求做到语言简洁、通俗易懂，逻辑层次清晰，可操作性强，案例丰富，以使学生掌握必要的人力资源管理基础知识和从事人力资源管理实际工作所需的专业手段。

人力资源管理是一门实践性很强的科学，如果离开了工作实践，只通过阅读教材、死记硬背来掌握员工招聘、员工培训、绩效管理、薪酬管理等技术和方法，恐怕会事倍功半，难以取得良好的效果。开放大学的学生在更多的时候是通过互联网等媒介来学习课程的基本原理，接受教师现场互动教学和辅导较少，有时对教材的理解不会那么深入。因此，结合案例进行讨论学习、结合工作实践理解人力资源管理原理就显得十分必要。当然，如果能在学习中假想自己就是一名人力资源管理者，与同学一道模拟员工招聘、员工培训和绩效管理等，我想学习效果会更好，也会更有利于提高自己的实际管理能力。

通过一段时间的学习，只要掌握了人力资源管理技术、方法和策略，我想，你就能从事一些人力资源管理方面的工作。如果能在长期的人力资源管理实践中，结合企业战略、企业文化、企业业务性质、员工本身的特点等深入思考人力资源管理方面的问题，你就能逐渐成长为一名称职的乃至优秀的人力资源管理者。这是我的希望，也是此套教材编者的初衷。

编写一本既能跟上时代步伐，又能满足特定学生需要的好教材是一项极富挑战性的工作。我们深感责任重大、能力有限，时有"江郎才尽"的感觉。另外，科学技术和经济社会正在快速发展，商业模式正在不断创新，管理实践越发丰富，中国企业人力资源管理正处在不断探索、完善之中，对于某一看似毫无异议的概念，人们亦是争论不断，仁者见仁，智者见智。尽管我们在编写教材时尽量采纳大家公认的基本概念、原理和技术，但是教材中难免会存在疏漏，恳请各位专家和广大学员指正。因为我们坚信：教学相长！

是为序。

林泽炎
2017 年 8 月 10 日

党的二十大报告指出："教育、科技、人才是全面建设社会主义现代化国家的基础性、战略性支撑。必须坚持科技是第一生产力、人才是第一资源、创新是第一动力，深入实施科教兴国战略、人才强国战略、创新驱动发展战略，开辟发展新领域新赛道，不断塑造发展新动能新优势。""加快建设国家战略人才力量，努力培养造就更多大师、战略科学家、一流科技领军人才和创新团队、青年科技人才、卓越工程师、大国工匠、高技能人才。"这充分体现了党中央对新时代人才事业发展的高度重视，以及对人才与社会主义现代化国家建设之间相互作用规律的深刻理解。人才是组织运行的最基本、最重要的资源。所有组织都应该坚持人才是第一资源的根本理念，确立人才引领发展的战略地位，发挥人才驱动事业发展的强大作用，构建高效科学的人才管理机制。通过理论研究和实践证明，绩效管理和薪酬管理是组织激励人才充分发挥积极性、能动性的有效手段。为了精准落实党的二十大报告精神，有必要从基础入手，系统全面地掌握绩效管理和薪酬管理的基本理论和操作方法。

本书是国家开放大学人力资源管理专业（专科）统设必修课程"绩效与薪酬实务"的指定教材。作为国家开放大学专业课程的教材，本书系统地讲述了关于绩效管理与薪酬设计的基本理论和操作方法。对于尚未就业的学生，本书可以是其了解社会实际的入门指南；对于在职的学生，本书可以是其增强社会实际认识的引路向导。

本书由上、下两篇组成。上篇"绩效管理实务"（第一章至第四章）讲述了绩效管理的相关内容，包括绩效管理概述、绩效计划与绩效实施、绩效考核和绩效反馈。下篇"薪酬设计实务"（第五章至第八章）是对薪酬设计的讲解，内容包括薪酬概述、基本薪酬设计、绩效薪酬设计和福利制度设计。

本书具有以下两个特点：

一是力求体系的完整性。本书以绩效管理和薪酬设计的基本理论为基础，以绩效管理和薪酬设计的基本流程为导向，介绍绩效管理和薪酬设计的全过程，分析其中各环节的作用与操作方法。

二是注重可操作性。对理论部分，本书采取简明扼要的原则；而对实务部分，则在篇幅许可的范围内给予较详细的解说，并配置一些案例，以利于读者理解基本操作手法。

此外，在编写过程中，我们力求使本书语言简洁易懂、深入浅出，以增强可读性。在我国，绩效管理与薪酬设计的研究受国外的影响很大，很多外国教科书被翻译过来并成为经典。但遗憾的是，有些书的翻译文字比较晦涩难懂。笔者在编写过程中力求"用自己的话"来讲述，对于国外在这方面的研究，尽量在准确理解的基础上，用通俗易懂的语言进行表述。

本书由中国社会科学院工业经济研究所刘湘丽研究员担任主编，国家开放大学经济管理教学部王承先副教授、尹晓娟副教授负责编写工作的组织与实施。本书第一章至第七章由刘湘丽研究员撰写，第八章由王承先副教授撰写。全书由刘湘丽研究员负责统稿、修改。在此次修订中，在第2版教材的基础上更换、增加了部分内容。比如，第一章、第二章、第六章、第七章更换了导入案例，第三章更换了"平衡计分卡的应用案例"，第五章更新了数据、增加了内容，第八章更新了数据。

在本课程教学大纲、一体化方案审定和文字教材书稿审定过程中，北京大学光华管理学院王新超副教授、中国劳动关系学院刘文军副教授、北京科技大学经济管理学院裴利芳教授、北京师范大学政府管理学院李永瑞副教授、国家开放大学人事处郭宏扬处长提出了很多有价值的建议，在这里一并向他们表示真诚的谢意。

笔者从事研究工作多年，对国内外组织的绩效管理和薪酬设计的实际状况有一定了解。在本书编写过程中，笔者对以往的研究积累进行了检索，将一些有普遍意义的、合理的、有效果的东西纳入书中。此外，笔者还浏览了相当数量的教材及研究类书籍，按照来路明确、说理清楚的原则，参考并引用了其中一些内容，吸纳了迄今为止社会上一些卓越的研究成果。可以说，本书是笔者研究成果和学习心得的集成，有一定的独创性。

然而，需要说明的是，尽管本书讲述了绩效管理和薪酬设计的一些普遍性方法，但毕竟是对复杂社会的抽象、概括，与现实有一定的距离。因此，读者除阅读书本之外，也不应该放弃联系实际的努力，只有联系实际去思考，才能真正理解书中讲述的理论，才能有所创新、有所收获。

另外，由于笔者能力有限，书中难免存在一些不足之处，敬请广大读者批评指正。

刘湘丽

2022 年 10 月 31 日

目录

CONTENTS

上篇　绩效管理实务

学习目标和技能要求

学习目标：

通过本章的学习，了解绩效与绩效管理的内涵，理解绩效管理的目的与作用，重点掌握绩效管理的流程以及各环节之间的关系。

技能要求：

1. 举出绩效的五种界定方法；

2. 举出绩效的四个影响因素；

3. 说明绩效管理的主要内容；

4. 解释绩效管理的战略目的、管理目的、开发目的、信息传递目的；

5. 从组织和员工的角度分析绩效管理的作用；

6. 分析绩效管理的流程以及各环节之间的关系。

导入案例

腾讯：注重激励的绩效管理[①]

腾讯公司（简称"腾讯"）是中国著名的互联网企业，它把绩效管理作为实现战略目标的重要手段。腾讯的绩效管理有三个原则：第一，让每个员工的贡献都得到公平回报。第二，远离平均主义，对业绩突出者要充分奖励，对业绩中等者要进行肯定，对业绩低下者要进行鞭策。第三，鼓励员工不断超越目标、超越自己、超越别人，从而不断提升和成长。

腾讯将绩效分为组织绩效和个人绩效。组织绩效是指一级单位（系统）、二级单位（部门）的绩效。个人绩效是指员工的绩效，包括中级干

---

① 润启领教. 腾讯公司的绩效管理体系. （2022 – 09 – 22）［2022 – 10 – 12］. https：//www. 163. com/dy/article/HHSTHH4A0553CE5B. html. 引用时有修改。

部、基层干部和员工三个层级的绩效。绩效管理按照绩效计划、绩效追踪与辅导、绩效考核与反馈、绩效改进与发展四个过程展开。绩效考核按照组织、个人从上至下展开。

组织绩效考核的内容，由业务评价和组织管理评价两部分组成。业务单位每半年考核一次。职能和后台部门每年度考核一次。一级单位的考核结果决定整个系统的奖金总额。二级单位的考核结果决定各部门的奖金分配额、各部门负责人的业绩得分，以及各部门员工和基层干部奖金分配比例。

个人绩效考核的内容根据职务决定。对一级单位的负责人主要从系统绩效和个人行为两方面考核。对二级单位的第一负责人从部门绩效和个人行为两方面考核，对非第一负责人则从部门业绩、个人关键绩效指标和个人行为三方面考核。对二级单位属下的中心、组的基层干部，以及中心、组属下的员工则从个人绩效和个人行为两方面考核。个人绩效占考核结果的70%，个人行为占考核结果的30%。

腾讯的业绩考核结果分为五个等级。五级是业绩卓越，此等级人数占5%~10%。四级是业绩优秀，此等级人数占15%~20%。三级是业绩中等，此等级人数占45%~65%。二级是业绩欠佳，此等级人数占5%~10%。一级是业绩不佳，此等级人数占5%~10%。按照原则，腾讯要对获得四级、五级考核结果的员工进行大力奖励；对获得三级考核结果的员工给予相应奖励；对获得一级、二级考核结果的员工则要提出改进要求，鞭策他们提高业绩。

从以上案例可以看出，绩效管理是实现组织目标的有力手段。它将组织目标细化、分解到组织的各部门和各岗位，使员工理解组织目标并且为组织目标的实现做出贡献。绩效管理是循环的管理系统，它通过绩效计划、绩效计划实施（简称"绩效实施"）、绩效考核、绩效反馈四个环节的循环，使组织绩效不断得到改进。绩效管理还是人力资源管理体系的组成部分，它为其他的人力资源管理决策提供依据。如果把绩效考核的结果应用到薪酬福利上，就能够增强薪酬的激励作用，调动员工的积极性。

01　第一节　绩效与绩效管理

一、绩效

绩效可以被定义为个人对组织目标的贡献。这里的组织是指按照一定的目标、任务和形式结合起来的社会集团，如企业、机关、军事组织、党团组织、工会组织等。组织目标指组织为了在竞争环境中生存、盈利而制定的各种目标。个人指组织的管理者和员工。组织目标的实现依赖个人的劳动付出。在组织目标中，既有关于组织整体的目标，也有关于各业务部门的目标。比如，销售额、利润额等属于组织整体的目标，成本目标、质量目标、交货期目标、客户开发目标等属于业务部门的目标。同时，个人分别担任不同的工作，不同岗位的人的劳动付出会对各业务部门目标的实现起重要作用，进而实现组织整体目标。个人对实现特定目标的贡献就是绩效。

然而，由于工作内容以及对应的目标内容不同，个人对目标的贡献方式也不同。因此，对担任不同工作的人，不能应用同一绩效评价标准。也就是说，由于工作内容、组织目标不同，绩效界定方法也将不同。在这个关系式中，工作内容和组织目标是自变量，绩效界定方法是因变量。要根据工作内容和组织目标各自的性质、两者结合之后形成的新性质来确定适当的绩效界定方法。

（一）绩效界定方法

根据理论研究和组织实践，绩效界定方法大致可分为以下五种。

1. 任务完成

当某项工作的要求可以用数字、时间等准确地描述时，如果个人按要求完成了该工作，就可以将此看作绩效。比如，企业中常用的计件和计时工作，采用的就是这种绩效界定方法。当组织目标是工作量或工作时间，并且个人的工作内容可以用工作量或工作时间来描述时，这种方法是恰当的。但是，组织中的工作内容并不限于这种类型，尤其在复杂的工作流程中，前后工序之间要求密切协调，如果仅按工作量或工作时间来考核，就会带来某道工序生产过剩等问题，由此产生工序间库存，最终影响成本目标的实现。同时，在管理性质的工作以及市场开发、产品开发等工作中，绩效也不能仅以工作量或工作时间来考量。这样，就有了以工作成果来界定绩效的方法。

2. 工作成果

工作成果既可以用数字从量的方面加以描述，也可以用语言从质的方面予以界定，这也是组织常用的绩效界定方法。这种方法不仅适用于简单作业，也适用于管理性质的工作和市场开发、产品开发等。然而，在当今组织中，个人的工作以及各项业务往往是结合在一起对组织目标产生贡献的，要将个人的成果区分出来，有时会有困难。在以分工协作、规模生产为特点的现代生产方式中，工作成果往往受到许多个体无法控制的因素的影响。如果因此出现了不好的结果，将此作为个人的绩效显然是不公平的。为了弥补这些缺陷，绩效界定就需要结合个人的行为方式来进行。

3. 行为方式

行为方式就是个人在履行工作职责时的表现。组织中的各个工作岗位或业务职能一般都设定了岗位标准、业务标准等。对照这些标准，检查个人的行为是否得当，是实际中经常使用的绩效界定方法。但如果仅用这种方法，就有忽视结果的可能性。要求员工按岗位标准行动，是期望员工行为对组织目标产生贡献。可以说，成果是对个人行为有效性的一种检验。于是，就有了将行为与结果综合考察的方法。

4. 行为与结果

这种方法把个人行为与结果放在一起综合考察。组织中使用的"能力与业绩考核"就属于这种类型。与单纯使用工作成果或行为方式进行绩效考察相比，这种方法克服了这两者的弱点，能较全面地反映个人绩效的实际状况，因此在组织中被广泛应用。这里要考察的个人行为和结果是指已经成为事实的东西，即对个人已经完成的行为和带来的结果进行评价。但是，组织中有些业务是需要长时间才能产出成果的，如产品研发、技术研发，往往不容易在每年一次的绩效考核期间产生成果。如果因此不给予绩效评价，就有失公平。因此，针对这类业务，又有了结果与预期的绩效界定方法。

5. 结果与预期

这里的"结果"是指至今取得的成果，"预期"是指今后可能带来的成果。对于从事周期较长业务的人员，如从事科研、市场开发、事业开发等工作的人员，可以把他们迄今为止取得的成果作为将来成果的基础进行评价，同时也把预期成果作为当下的绩效给予一定的评价，以鼓励他们努力工作。

综上所述，绩效是个人对组织目标的贡献。但绩效界定方法根据组织目标和工作内容的变化而变化。以上列举的五种绩效界定方法是对理论研究和组织实践中出现的方法的大致概括，实际上，除此之外，还有更多的方法。在现实中，具体应选择什么方法来界定绩效，要根据组织目标和工作内容做具体的分析。

为了帮助理解，下面列举两个例子。

第一个例子是某跨国 IT（information technology，信息技术）公司南京软件中心（简称"N 中心"）的绩效界定方法。[①] N 中心的主要业务是 CDMA

---

① 刘宁，宾可，张正堂. 组织变革中软件开发企业绩效管理改进的案例研究：以某跨国 IT 公司南京软件中心为例. 中国人力资源开发，2012（2）：63 – 67. 引用时有修改。

（code division multiple access，码分多址）和 DEM（discrete element method，离散元法）技术的研发、三代机 UMTS（universal mobile telecommunications service，通用移动通信业务）等电子通信产品软件的研发。N 中心用工作项目来界定员工绩效，并且开发了一个工作任务管理信息系统。工作项目指软件开发项目、市场推广活动等。一个工作项目中包含若干个工作任务。工作任务指更具体的业务，如电子通信产品软件缺陷的弥补、软件模块的研发、技术难题的解决、报销单据的审核批准等。每个工作任务都属于一个工作项目。在管理信息系统中，每个工作任务都被赋予相应的绩效值。软件研发工程师每完成一个工作任务，就获得一个绩效值。软件研发工程师完成所有软件研发项目所获得的相对绩效总值就是其绩效考核的成绩。

相对绩效总值是指软件研发工程师相对于其所在研发团队的绩效值。它取决于软件研发工程师个人完成所有软件研发项目所获得的绩效值、软件研发工程师所在研发团队完成所有软件研发项目所获得绩效值的平均值、软件研发工程师的技术资格等级、软件研发工程师所完成的软件研发项目的重要性、软件研发工程师所属部门在公司中的地位等因素。各因素与相对绩效总值之间有以下关系：软件研发工程师个人完成所有软件研发项目所获得的绩效值越高，相对绩效总值就越高；软件研发工程师所在研发团队完成所有软件研发项目所获得绩效值的平均值越高，相对绩效总值就越低；软件研发工程师的技术资格等级越高，相对绩效总值就越高；软件研发工程师所完成的软件研发项目越重要，相对绩效总值就越高；软件研发工程师所属部门在公司中的地位越重要，相对绩效总值就越高。

第二个例子是惠普公司的绩效衡量标准。[①] 惠普公司把员工绩效界定为七个方面：业务能力、个人素质、生产力、可靠度、团队协作能力、判断力和客户满意度。对于经理，还要考察其计划及组织能力、灵活性、创造力和领导才能。关于这些绩效界定指标，惠普公司给出了六条具体规定：一是具体，即要求每个指标的每一个实施步骤都要具体、详尽；二是可衡量，即要求每一个指标都可从成本、时间、数量、质量四个方面进行考核和衡量；三是时效性，即绩效指标的完成有进度安排、时间期限，便于管理人员检查；四是可实现，即员工绩效指标需要和主管、事业部及公司的指标一致且易于实施；五是以竞争对手为标杆，即指标要有竞争力，需要保持领先对手的优势；六是客户导向，即绩效指标应能够达到客户和股东的期望值。

从上述两个例子可看出，组织是根据其工作内容界定绩效的。N 中心的工作是技术研发，并且多数有时间期限，可用数量、时间来衡量。因此，N 中心从工作项目完

---

① 高利. 惠普绩效管理的特色. 企业改革与管理，2011（2）：46-47. 引用时有修改。

成和成果两个角度考核绩效，同时还考虑了工作项目的质量和员工能力等因素。由于惠普公司的工作涉及多个领域，范围广，因此，该公司采用比较综合的绩效界定方法，从员工的个人素质、能力、行为、成果等方面评价绩效。

（二）绩效的影响因素

以上讲述的是绩效界定方法的复杂性，而绩效的复杂之处不仅在于界定方法复杂，还在于绩效的形成机制也比较复杂，因为它不是由单一因素决定的，至少有四个因素对绩效的形成产生影响，即经济激励、自我价值实现、技能、劳动环境。

个人加入组织、付出劳动的首要目的是获取维持自身生存的经济来源。如果组织提供满足个人需求的薪酬，个人的劳动积极性就会得到充分的发挥，就能为组织目标的实现做出更大的贡献。同时，对现代人来说，他们不仅希望通过劳动获得经济收入，还希望通过劳动实现自我价值，让社会认同自己劳动的意义。再者，个人绩效还与其技能有直接的关系。组织中的各种业务都需要技能。个人如果没有充分的技能，就无法进行有效的劳动，更不可能创造出新价值。最后，劳动环境是指工作本身给个人带来的生理负荷、心理负荷和安全的劳动条件。如果劳动强度适宜，作业场所空气清洁、光线充足，作息时间安排合理，劳动者的生产效率就会得到提高。需要注意的是，在现实中，上述四个因素并不是单独地对绩效产生影响，而是以混合状态影响个人的绩效，即绩效与四个因素之间是函数关系。四个因素是自变量，绩效是因变量。如何判断这个函数的取值范围，即如何估计四个因素对绩效的综合作用是绩效管理的关键。绩效函数式可表示如下：

$$P = f(E, V, S, C)$$

其中，P 表示绩效，E 表示经济激励，V 表示自我价值实现，S 表示技能，C 表示劳动环境。

二、绩效管理

绩效是评价个人对组织目标贡献的指标，关系到个人在组织中的生存和发展。同时，绩效也是组织创造价值、盈利的源泉。因此，可以说，绩效管理是组织管理中不可缺少的一个内容，相关人员必须认真对待、精心计划、仔细操作。

（一）绩效管理在人力资源管理系统中的地位

绩效管理自身是一个完整的体系。这个体系建立在对绩效影响因素的分析和理解的基础之上。对绩效可能产生影响的因素至少有经济激励、自我价值实现、技能、劳动环境。因此，应该以这四个因素对绩效产生正面影响为宗旨构筑绩效管理体系。根据绩效对个人和组织的重要性、绩效管理体系的宗旨，绩效管理可被定义为"提高个人与团队的绩效与潜能，确保组织战略目标实现的管理方法"。

如图1-1所示，绩效管理与人力资源规划、招聘与选拔、岗位设定与评价、培训开发、薪酬福利一起构成人力资源管理系统，是人力资源管理系统的重要组成部分。根据组织战略目标，组织制定人力资源规划，对所需人力资源的数量、质量做出规定，而绩效管理是贯彻规划、监测人力资源水平的具体工具。当要补充人力资源、进行招聘与选拔时，绩效管理积累的人力资源现状及变化资料是重要的依据。当对人力资源进行布局、实施岗位设定与评价时，绩效管理要对各个岗位设定考核标准和考核方法。绩效管理通过对各个员工或团队的考核，可以发现现存人力资源与组织目标之间的差距，这为员工的培训开发提供了前提条件。绩效考核的结果还会反映到薪酬福利上。只有把绩效考核的结果与薪酬福利这一经济激励手段紧密联系起来，才能调动员工的积极性，才会对组织目标的实现带来正面效果。同时，绩效管理与人力资源规划、招聘与选拔、岗位设定与评价、培训开发、薪酬福利这些人力资源管理手段之间的信息流动是双方向的。也就是说，绩效管理在给它们输出信息的同时，也从它们那里输入信息，不断对自身的状态进行更新。

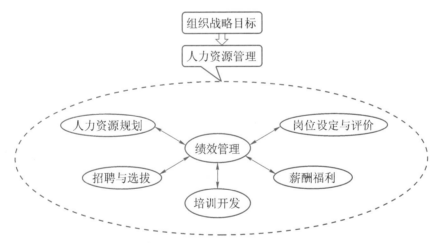

图1-1 绩效管理在人力资源管理系统中的地位

（二）绩效管理的环节

绩效管理的环节可以简单地概括为绩效计划、绩效实施、绩效考核和绩效反馈。根据组织战略目标，确定绩效计划，这是绩效管理的起点。在这个环节，要建立所有岗位的绩效指标和标准。绩效实施就是管理者和员工共同完成绩效目标的过程。在这个过程中，管理者对员工的工作进行指导和监督，发现问题并及时解决。当一个绩效管理周期结束时，要进行绩效考核。管理者按最初制定的绩效指标和标准，对员工的绩效目标实现情况进行评估。绩效反馈包括两项内容：一是把考核结果反馈给被评价的员工，使其了解管理者对自己的绩效的评价以及期望；二是将考核中发现的问题反馈到实际业务操作中，对实际业务进行改进，同时为下一轮绩效计划做准备。如上所述，绩效管理是由绩效计划、绩效实施、绩效考核和绩效反馈组成的循环过程，通过如此循环来提高个人、团队以及组织整体的绩效。

（三）绩效管理的特点

绩效管理有以下两个特点：

第一，绩效管理要求管理者与员工进行沟通。在绩效管理的所有环节，管理者都必须与被评价的员工进行充分的交流，而不是单方面地下达任务和指标。因为被评价的员工只有真正理解绩效计划、绩效实施、绩效考核和绩效反馈的内容，心服口服，才能充分发挥积极性，努力学习技能，不断改进工作方法，提高效率。在沟通方面，现在很多组织借助信息技术，取得了明显的效果。

例如，上面提到的 N 中心就利用信息技术促进了绩效沟通。[1] 管理者和员工可借助绩效管理信息系统通过邮件来交流。软件研发工程师和业务经理可以同时登录绩效管理信息系统，软件研发工程师在系统中制订绩效计划和目标，并与业务经理通过对话确认目标的实现情况。业务经理也可通过绩效管理信息系统跟踪软件研发工程师的工作进度，最后还可以在线完成绩效结果反馈、制订软件研发工程师能力提升和绩效改善计划。软件研发工程师可以在系统中查询绩效反馈内容，提出意见。

第二，绩效管理要求管理者持续跟踪绩效目标，即在整个管理循环周期内对绩效目标的执行情况进行监测、记录，这样在考核阶段才能有根据地做出判断，减少主观随意性。管理者有了跟踪记录的资料后，才能对业务改进做出准确的指示，合理地安排培训学习，切实提高员工的技能素质和团队合作能力。对所有员工的绩效状况做持续记录，就要求管理者具有绩效管理的技术和责任心。只有这样，绩效管理才能真正发挥作用，而不只是流于形式。有的组织要求管理者对下属的工作过程和工作表现进行观察，对关键事件做好记录，以便在绩效考核时撰写合格的绩效评估报告，指导员工改进绩效。

例如，惠普公司要求管理者给下属写绩效评估报告时不能用含糊的语言，要举出实例来证明员工具有某种技能，表现出怎样的态度和热情。管理者如果观察不够细致，或者观察了但没有做好记录，就写不出合乎规定的绩效评估报告。[2]

---

[1] 刘宁，宾可，张正堂. 组织变革中软件开发企业绩效管理改进的案例研究：以某跨国 IT 公司南京软件中心为例. 中国人力资源开发，2012（2）：63–67.

[2] 高建华. 惠普的岗位考评制度. IT 时代周刊，2010（22）：70.

现在信息技术发达，组织可以充分利用信息技术便捷地观察和记录员工的日常工作状况。

N中心的绩效管理信息系统记录了软件研发工程师每月完成的工作任务数量、工作任务消耗的总工时、工作任务预计总工时、研发总工时、测试总工时、测试总次数、缺陷总数、缺陷系数等信息。业务经理可通过工作任务消耗的总工时，及时了解软件研发工程师的工作是否饱和、哪个软件研发工程师程序开发的缺陷较多、哪个软件研发工程师的工作效率较高等信息。[①]

02 第二节 绩效管理的目的

绩效管理是使员工理解组织目标并且为实现组织目标做出贡献的过程。绩效管理直接为组织战略服务，同时，它作为人力资源管理系统的重要组成部分，还为其他的人力资源管理决策提供重要信息。绩效管理的目的可归纳为战略目的、管理目的、开发目的和信息传递目的。

一、战略目的

组织要在市场竞争中生存、发展，就必须有战略计划。而战略计划的一个重要内容就是维持、开发组织自身的核心竞争力。所谓核心竞争力，就是组织所具有的独特的、能带来竞争优势的能力，如区别于其他组织的产品性能、质量、价格、售后服务等。通过绩效管理，组织可以明确提高其核心竞争力的措施，使人力资源充分发挥作用，服务于组织的战略目的。

在制订绩效计划时，要首先对组织的核心竞争力的现状及改进方法做出分析，之后将核心竞争力与各个岗位的绩效目标联系起来，促使员工按组织的战略目的行动。在实施绩效管理，即对个人或团队的业绩进行辅导和评估时，要根据培养、提高核心竞争力的需要，制定辅导和评估指标，保证个人或团队的努力方向符合组织战略目的的要求。

核心竞争力的形成不可能一蹴而就，而是一个渐进的过程，需要从基础做起。这个基础的重要内容就是规范每个人的行为，不仅要对一般员工制定绩效标准，而且要

---

① 刘宁，宾可，张正堂. 组织变革中软件开发企业绩效管理改进的案例研究：以某跨国 IT 公司南京软件中心为例. 中国人力资源开发，2012（2）：63 – 67.

对中高层管理者制定绩效标准。

核心竞争力是相对于外部的市场环境和竞争态势而言的。而市场环境和竞争态势总是在不断变化，所以组织要对自身的核心竞争力做动态的分析和管理，并及时调整。绩效管理应该与之相配合，采取措施对人力资源的配置、培训开发等做出调整。

总之，只有做好了绩效管理，才能将员工的行为与组织的战略目的联系起来。同时，绩效管理只有服务于组织的战略目的，才会有的放矢，充分发挥作用。

二、管理目的

通过绩效管理形成、积累的信息是组织进行管理决策的重要依据。绩效管理的基本任务就是对员工的绩效进行评估，而这个评估结果会被运用在组织的人力资源规划、培训决策、薪酬决策、晋升决策、雇用决策等重要的人力资源决策中。如果说员工最初进入组织时，在履历表上填写的学历、技能水平、工作经验等都是"过去时态"的个人信息，那么绩效考核结果就可以说是"现在进行时态"的个人信息。组织可以通过这些更及时、更丰富的信息，对员工做出较客观、准确的判断。由于绩效管理一直在循环进行，个人信息也将不断更新，这有利于组织以发展的视角来考察员工，为人尽其才提供更完善的前提条件。

三、开发目的

为了应对迅速变化的社会技术环境和市场竞争，提高自主创新能力，组织要通过教育培训来对人力资源进行开发，以提高员工的技能、技术水平。这时，组织首先要摸清应该对什么人进行什么内容的培训。绩效管理就有提供这方面资料的功能，这也是绩效管理中人才开发的目的。通过实施绩效管理，个人绩效与绩效标准的差距将会被发现。通过对数据的统计分析，组织还可以对个人弱项的普遍性及特殊性、原因等做出判断，这有利于对不同类型的员工进行有针对性的教育培训，提高开发效果，减少成本。

四、信息传递目的

管理者与员工之间的信息传递及沟通是组织管理中的一个重要课题。流畅的信息传递和充分的沟通，可以使员工理解管理者的意图，准确、有效地进行工作，还可以减轻员工的压抑感，提高员工的主观积极性。由于岗位不同，员工与管理者之间存在明显的信息不均衡状况。这种状况容易使员工精神紧张，成为矛盾、冲突产生的潜在原因。绩效管理的信息传递目的是加强管理者与员工之间的信息传递，促进工作现场张弛有序氛围的形成。

绩效管理强调员工参与，管理者与员工一起完成各个环节的管理任务。绩效管理的每个环节都直接与员工的个人利益有关。如果管理者单方面制定岗位规则、绩效指标、绩效改进方法、考核方法及学习培训安排，就容易造成上下级关系紧张。所以，管理者一定要与员工讨论，形成双方同意的绩效标准、考核方法等。对于如此形成的绩效管理内容，有人将其称为"契约"。如果说员工被雇用时签订的劳动合同是员工与组织的"总则型"契约，那么每个绩效管理周期的绩效标准、考核方法等就是"细则型"契约。按照公平交易的原理，契约应该是当事人双方都同意的内容，不能由一方强加给另一方。

03 第三节 绩效管理的作用

一、绩效管理对组织的作用

绩效管理对组织有重要的作用。首先，通过绩效指标的分解、辅导及考核等绩效管理手段，组织可以向员工传达自己的期待。组织有总体的战略、经营理念及组织文化，但一般来讲，这些都是概括性的描述，没有具体地规定个人行为。通过绩效管理，组织可以把自己对员工的要求具体地表述出来，把员工行为纳入组织希望的同一轨道。

实施绩效管理有助于组织战略目标的实现。在现代组织中，专业化协作无论是在广度上还是在深度上，都发展得很快。几乎所有的业务都需要多个人、多种专业的协作才能完成。组织的战略目标更需要全体员工的齐心合力才能实现。合力就是要把全体员工的力量统一在一个方向上，使员工的力量构成达到最佳均衡。绩效管理就是要对每个员工的工作行为、贡献程度进行规划、监控和反馈。所以说，绩效管理是实现组织战略目标不可缺少的手段。

绩效管理可以提供组织发展的人力资源保障。当下，不仅科技在高速发展，技术水平在不断提高，而且新技术不断出现，推陈出新的速度很快。这就是所谓"知识经济"的特点。在现今的市场竞争中，与垄断或寡占、价格优势、开拓营销渠道等经营手段相比，技术因素的作用越来越显著。因此，组织只有不断地更新知识，才能不断地引进、开发出新技术，以高性能、高品质的产品获得市场。知识可以用文字、图像、数据等记载和传递，但只有通过人的应用和创造，知识才能转化为价值。组织必须创造条件，使员工的知识不断更新，进而使员工适应新技术、创造新技术。而绩效管理可以根据员工的绩效目标完成情况，判断出员工当下的知识水平与实现组织战略目标所要求的知识水平之间的差距，做出合理的教育培训安排，为组织的持续发展提供高素质的人力资源。

绩效管理可以促进全面质量管理深入展开。全面质量管理自20世纪中叶在工业发达国家出现以来，经过不断进化、发展，已经成为企业管理，甚至政府管理不可缺少的工具。全面质量管理的真谛就是全员参与，以稳定的品质、最低的成本、最短的生产周期制造产品。政府提供的行政服务可以看作它的产品。不少国家政府从企业的全面质量管理中看到了改革行政服务体系的希望，于是纷纷引进这种管理方法，还派人到企业进修学习。企业中的全面质量管理已经从原来的产品品质方面扩展到设备、成本、采购、营销、物流等方面。随着全面质量管理的引进，组织对人的管理也越来越多地采用定量指标。从这个意义上说，全面质量管理的理念和统计方法完全可以在绩效管理的各个环节发挥作用。

绩效管理可以节省管理者的时间成本。如同其他管理业务一样，实施绩效管理是要耗费时间成本的，如管理者进行计划、监测、反馈都需要时间。但是，绩效管理明确了员工的工作任务、目标以及自主决策的内容等，这就减少了员工之间由于职责不明确而造成的矛盾，员工可以在既定的工作范围和权限内自主决策、解决问题，避免之后发生更大的损失，这样实际上就减少了管理者介入各个员工作业的时间。管理者可以将节省的时间投入到对业务系统整体的管理中，这对组织目标的实现具有更大的意义。

运用好绩效管理，可以避免管理者与员工之间的冲突。由于管理者与员工的立场不同，以往两者常常会发生冲突。绩效管理强调的是管理者与员工共同制定绩效标准，共同保证绩效目标的实现，并要求管理者对员工的绩效执行过程（按绩效标准行动的全过程）进行监控，发现问题及时帮助他们改正，避免导致更严重的后果。从这个意义上说，管理者与员工在绩效管理中立场相同、利益相连，所以可以避免冲突。

二、绩效管理对员工的作用

绩效管理能够增强员工的学习动机。由于绩效管理表达了组织对员工的期待，员工可以了解自己拥有了哪些新技能就能够获得更高的评价，这样就有了明确的学习动机，于是会更积极地对自己进行学习投资。员工在学习新技能后，在绩效管理中会受到更好的评价，从而获得薪酬增加及职位晋升方面的利益。

绩效管理能够给予员工表达意见、希望的机会。员工在组织决策的金字塔结构中处于底层，参与决策的机会较少。虽然员工的主要业务是执行管理层的指令，但员工熟悉开发、制造、销售等工作现场，拥有不少有价值的直观认识，让员工参与一部分工作现场的决策，符合科学决策的原则。因此，在工业发达国家的企业中，早已有员工参与质量管理、工艺管理、现场作业计划制订、作业标准制定等的实践。绩效管理与员工的经济利益、精神利益直接相关，让员工在绩效标准、考核方法等的制定过程中发表意见，表达自己对实现自我价值的愿望，有利于提高员工的工作积极性，形成良好的工作氛围。

绩效管理能够增强员工的认同感。在现代组织制度中，员工是被雇用者，通过付出劳动，获取经济报酬。组织的所有权属于出资者，而不是员工。然而，对于员工而言，组织是其生活的经济来源，组织对员工的重要意义并不亚于对出资者的意义。可以说，组织与员工是命运共同体，员工需要组织认同自己，这样他们才能更安心、更努力地工作。正因为如此，人本主义论认为，尽管从法规角度看，组织属于出资者，但组织的操作、运营依靠员工，员工又以组织为生存之本，所以组织也应该是员工的组织。绩效管理给予员工表达意见和希望的机会，这会提高员工对组织的认同感。在这样的环境中，所谓"有尊严劳动"就在更高层次得到了实现。

04 第四节　绩效管理的流程

绩效管理的流程是绩效计划、绩效实施、绩效考核和绩效反馈四个环节的循环（见图1-2）。

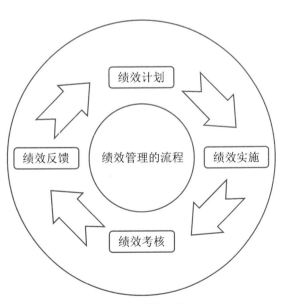

图1-2　绩效管理的流程

一、绩效计划

绩效计划是绩效管理的开始环节，是整个绩效管理流程的基础，因为在这个环节要设定绩效指标和绩效标准。绩效指标表明组织将要对员工工作的哪些方面进行评价，如产量、质量、服务等。绩效标准是对绩效指标的量的规定，如产品的数量、成品率的数值等。组织要对每个员工设定绩效指标和绩效标准。在整个设定过程中，管理者要和员工共同参与、协作完成。设定绩效指标和绩效标准的依据是组织战略目标。管理者和员工要从如何实现组织战略目标的角度进行讨论，对绩效指标和绩效标准达成共识。对于这个共识，可以用绩效合同的形式记载下来，作为绩效实施、绩效考核和绩效反馈的基本资料。

二、绩效实施

绩效实施是实现绩效指标和达到绩效标准的过程。在此期间，员工按照绩效指标和绩效标准实施业务行为，管理者则要对员工的行为进行监控。绩效管理追求好业绩，关注指标实现情况、结果及产出。但好业绩是每时每刻、通过每个具体的业务行为形成的，所以管理者要对员工的作业过程进行监控，保证员工行为处于组织战略目标的轨道，而不是等到结果形成之后才进行考核。这里的"监控"是指管理者对员工的业务行为进行观察，发现问题并及时与员工沟通、讨论，找到影响绩效的不利因素，控制员工的业务行为，使其不偏离绩效指标和绩效标准。这里强调的是，管理者要与员工交流、互动，而不是像高高在上的监控摄像机，仅为事后惩罚积攒证据。所以说，绩效实施是管理者和员工共同完成绩效目标的过程。在整个绩效实施期间，管理者要对员工的行为进行观察、记录和分析，及时将自己的意见反馈给员工，对员工做出具体的指导，提出改进意见。

三、绩效考核

在绩效考核环节，管理者要对员工的工作结果和工作行为进行评价。评价天平上的砝码就是在绩效计划环节制定的绩效指标和绩效标准。在天平的另一端，则要放关于工作结果和工作行为的数据、事实等。也就是说，绩效考核要以工作结果和工作行为为依据，以绩效指标和绩效标准为准绳。关于绩效考核的频率，可以根据情况确定，常见的有月考核、季度考核、半年考核、年度考核。绩效考核对员工来说十分重要，因为考核结果将影响他们的利益。所以，管理者要充分理解员工的心情，公正、公平地考核，以发展的眼光看待员工的错失，为员工指出今后努力的方向。这是因为，绩效考核的目的不是惩罚，而是要通过考核，传达组织对员工的希望，提高人力资源的素质，促进组织长远发展。

四、绩效反馈

在绩效反馈环节，管理者要将考核结果反馈给员工本人，并在相关管理程序中应用考核结果。

得出考核结果后，管理者要通过面谈的方式将考核结果传达给员工本人。通过与员工面对面的交流，管理者可以直接了解员工对考核结果的反应，从而思考管理方面的不足，并加以改进，以利于今后更好地进行绩效管理，帮助员工提高绩效水平。通过面谈，员工可以了解管理者对自己的期望和要求，找出不足之处出现的原因，与管理者讨论改进方法，同时也可以直接提出自己无法克服的困难，要求得到指导或调换工作等其他形式的帮助。面谈是将考核结果反馈给员工的必需手段，也是现代绩效管理区别于传统管理方式的重要特点之一。所以，绝不能认为将考核结果贴在墙上就算完事。实际上，面谈也是对管理者的一个考验。管理者应该是善于表达与引导、能赢得对方信赖的导师型人物。

考核结果将在以下管理程序中得到应用。

第一，制订改进计划。绩效反馈能使员工认识到自己的成绩和缺点，积极地制订改进计划，以便在下个绩效管理周期更有效地工作。管理者要对员工的不足之处给予明确的说明。这是因为，员工作为当事人，有时无法辨清问题所在，而"旁观者清"，管理者往往能够冷静、客观地理解问题。管理者能否做到这一点，与其能否得到员工信赖、建立领导权威密切相关。

第二，制订培训方案。通过考核发现的影响绩效的不利因素，有些可能超出了员工自身可以克服的范围，如缺乏知识或系统训练等。这些问题单靠员工个人很难得到彻底解决。因此，管理者需要根据考核结果，对症下药，为员工制订培训方案，提高员工的技能和知识水平，为提高绩效打下扎实的基础。

第三，调整人力资源规划。当员工的多次考核结果均较差时，如果原因在个人能力方面，且经过培训没有效果，则可以调整员工的工作岗位；如果原因在个人态度方面，且经过教育不改，则可以采取解雇措施。考核成绩优秀者将成为职位晋升和重点培养的对象。同时，根据考核结果，可以制定、调整员工技能学习地图，为每个员工的职业生涯发展指明方向。

为了增强对绩效管理流程的理解，下面来看一个例子。①

---

① 刘宁，宾可，张正堂. 组织变革中软件开发企业绩效管理改进的案例研究：以某跨国 IT 公司南京软件中心为例. 中国人力资源开发，2012（2）：63 – 67.

N 中心的绩效管理流程包括五个部分：绩效计划和目标的制订；绩效沟通；绩效事实的收集、观察和记录；绩效评估；绩效诊断和提高。1 月制订绩效计划和目标，5 月进行第一次绩效小结，9 月进行第二次绩效小结，12 月进行年度绩效评估和反馈。人事部门分别在 1 月初、5 月初、9 月初、12 月初发出电子邮件，提醒业务经理与软件研发工程师执行上述任务。软件研发工程师的年度绩效考核结果分为一般、合格、优秀和卓越四个等级。各等级所占比例依次是 10%、60%、20% 和 10%。有关绩效管理流程的具体内容如表 1-1 所示。

表 1-1　N 中心的绩效管理流程

绩效管理流程	内　　容
绩效计划和目标的制订	每年 1 月，业务经理把本部门当年的商业目标发给下属的各软件研发工程师，软件研发工程师结合本人的实际情况及项目的工作量，制定年度工作目标、能力发展目标和培训目标。业务经理对这些目标进行审核，并在和软件研发工程师当面沟通之后，将它们在内部网站进行电子存档。其中，业务经理和软件研发工程师本人都要进行电子签名确认
绩效沟通	N 中心倡导持续不断的绩效沟通，强调全年的沟通和全通道的沟通，沟通不是仅在年终的绩效评估时进行，而是贯穿绩效管理的整个过程
绩效事实的收集、观察和记录	业务经理平时应注意收集绩效事实，注意观察和记录必要的绩效信息（如优良行为、违规行为）。特别是在 5 月和 9 月的绩效小结中，业务经理和软件研发工程师要根据实际工作情况对 1 月制定的工作目标、能力发展目标和培训目标进行修正，并审核目标的实际执行情况。双方要当面沟通，并对沟通结果进行电子存档和电子签名确认
绩效评估	每年 12 月，举行绩效评估会议，所有业务经理集中在一起进行全年的绩效评估。业务经理根据下属的各软件研发工程师年初制定的绩效目标，对他们本年度的工作绩效进行全面考核。考核的结果同样要由业务经理与软件研发工程师当面沟通，并在达成共识后进行电子存档和电子签名确认。软件研发工程师本人可以对评定结果提出异议，或要求给出评定理由，或要求重新评定。软件研发工程师如果觉得评定过程有失公允，自己受到了不公正待遇，可以向人事部门投诉，人事部门负责进行调查
绩效诊断和提高	诊断绩效管理系统的有效性，以此来提高软件研发工程师的绩效

N 中心的绩效管理有三个方面的特点。第一，绩效管理流程比较规范。它包括五个环节：绩效计划和目标的制订；绩效沟通；绩效事实的收集、观察和记录；绩效评估；绩效诊断和提高。这些环节涵盖了本章所说的绩效计划、绩效实施、绩效考核和绩效反馈的所有内容。第二，绩效管理流程便于理解和实施。每个环节都有关于时间期限、责任人、操作方法的具体规定。

第三，绩效管理流程强调沟通和全员参与。沟通贯穿绩效管理的全过程，绩效计划和目标由业务经理与软件研发工程师共同制订，绩效评估结果由业务经理和软件研发工程师当面沟通，在达成共识后方能存档。

本章小结

1. 绩效可以被定义为个人对组织目标的贡献。然而，由于工作内容以及对应的目标内容不同，个人对目标的贡献方式也不同。根据理论研究和组织实践，绩效界定方法大致可分为任务完成、工作成果、行为方式、行为与结果、结果与预期五种。

2. 绩效的形成机制比较复杂，因为它不是由单一因素决定的，至少有四个因素对绩效的形成产生影响，这四个因素是经济激励、自我价值实现、技能、劳动环境。

3. 绩效管理是提高个人与团队的绩效与潜能，确保组织战略目标实现的管理方法。它与人力资源规划、招聘与选拔、岗位设定与评价、培训开发、薪酬福利一起构成人力资源管理系统，是人力资源管理系统的重要组成部分。

4. 绩效管理的战略目的是提高组织的核心竞争力。核心竞争力是组织所具有的独特的、能带来竞争优势的能力，如区别于其他组织的产品性能、质量、价格、售后服务等。通过绩效管理，组织可以明确提高其核心竞争力的措施，使人力资源充分发挥作用，服务于组织的战略目的。绩效管理的管理目的是通过绩效管理形成、积累的信息，可以为组织进行其他管理决策提供依据。绩效管理的开发目的是绩效管理为人力资源开发提供信息，对不同类型的员工进行有针对性的教育培训，提高开发效果，减少成本。绩效管理的信息传递目的是加强管理者与员工之间的信息传递，促进工作现场张弛有序氛围的形成。

5. 绩效管理对组织的作用主要有：传达组织的总体战略、经营理念及组织文化；有助于组织战略目标的实现；提供组织发展的人力资源保障；促进全面质量管理深入展开；节省管理者的时间成本；避免管理者与员工之间的冲突。绩效管理对员工的作用主要有：增强员工的学习动机；给予员工表达意见、希望的机会；增强员工的认同感。

6. 绩效管理的流程是绩效计划、绩效实施、绩效考核和绩效反馈四个环节的循环。绩效计划是绩效管理的开始环节，其任务是设定绩效指标和绩效标准。绩效实施是实现绩效指标和达到绩效标准的过程。在绩效考核环节，管理者要对员工的工作结果和工作行为进行评价。在绩效反馈环节，管理者要将考核结果反馈给员工本人，并在相关管理程序中应用考核结果。

思考与讨论

1. 可从哪些方面衡量绩效？
2. 影响员工绩效的因素有哪些？
3. 绩效管理包括哪些内容？
4. 绩效管理对组织和员工分别有哪些作用？
5. 试对绩效管理流程中的主要环节进行说明。
6. 试分析绩效管理流程中各环节的作用。

第二章 Chapter 2 绩效计划与绩效实施

学习目标和技能要求

学习目标：

通过本章的学习，了解绩效计划与绩效实施的主要内容，理解绩效计划制订的原则，掌握绩效计划的制订步骤、绩效沟通的方法、绩效信息收集与记录的方法、绩效管理过程评价的方法。

技能要求：

1. 描述绩效计划与绩效实施的主要内容和主要程序；

2. 分析绩效计划的内涵与作用；

3. 解释绩效计划制订的五个原则；

4. 描述确定绩效指标体系的主要程序；

5. 举例说明对偶加权法的计算过程；

6. 说明数值型标准和描述型标准的定义与用途；

7. 列出绩效计划合同的主要项目；

8. 说明绩效沟通的注意事项；

9. 列举绩效管理过程评价的主要指标并说明指标的定义。

导入案例

海尔：以卓越运营为目标的绩效管理[①]

海尔集团（简称"海尔"）是世界 500 强企业，它的目标是成为卓越运营的全球化领先企业。为了实现这一目标，海尔建立了以个人事业承诺（personal business commitment，PBC）为核心的绩效管理体系，通过绩效管理体系将企业战略目标与员工个人发展目标紧密捆绑在一起，提高员工的

---

① 佚名．世界 500 强名企，海尔集团绩效管理手册详细版．（2018 – 09 – 20）［2022 – 10 – 10］．https：//www.sohu.com/a/255098724_ 100097323．引用时有修改。

能力与工作业绩，实现人力资本增值。

海尔的绩效管理体系有四个特点：一是战略导向。以全球化和卓越运营战略为指导方针，设计和建设支撑企业战略的绩效管理体系。二是持续改进。通过计划、反馈辅导、评估、制订改进方案，形成持续改进、不断循环的绩效管理体系。三是全员参与。通过绩效指标和工作目标自上而下的层层分解，落实到每个员工身上，实现绩效管理的全员参与。四是均衡发展。平衡考虑短期业绩和长期发展之间的关系，构建激励能力提高的绩效管理体系。

海尔的绩效管理组织由三层组成。第一层是集团办公会。它是绩效管理的领导机构，负责推动集团绩效管理体系的实施，处理绩效管理体系实施中的重大问题；制定年度考核计分原则；决定考核结果与薪资、红利、绩效奖金的关系；执行绩效申诉最后仲裁；召开集团和业务部门、职能部门的月度经营总结会议，进行绩效总结与辅导。第二层是集团人力资源部。它是绩效管理政策的制定机构，负责制定集团绩效管理政策、标准和指导原则，为各业务、职能部门的人力资源部提供绩效管理培训、指导和政策解释；汇总、整理有关问题，对集团绩效管理体系进行分析、研究，制定改进措施；分析与其他制度的冲突及解决方案。第三层包括两个部分。一是业务部门、职能部门属下的人力资源部门，它们是绩效管理的基层机构，负责跟踪业务部门、职能部门绩效管理政策执行情况，对现场经理提供必要的培训与指导，汇总统计考核结果。二是各级现场经理。他们是绩效管理的执行主体，负责实施集团制定的各项绩效管理政策和本部门绩效管理的组织工作，指导员工理解考核权重，负责评价员工的绩效，处理员工申诉，实施绩效反馈。

海尔绩效管理体系根据PBC进行评价考核。公司内各级现场经理和员工自上而下层层签订PBC，将海尔的战略目标逐步分解落实到每个员工身上，将组织绩效和个人绩效有机联结在一起，实现公司事业发展与个人发展的一致。

海尔绩效管理体系的绩效评价指标既有定量指标又有定性指标。定量指标得分的计算方法是，以目标完成率为基础按照百分制计算每个指标的绩效得分。目标完成率的计算方法如下：对应绩效目标值 A，实际绩效值为 B，就有绩效差异值 $C = B - A$。当 C 为正数时，目标完成率为 $1 + B$；当 C 为负数时，目标完成率为 $1 - B$。定性指标通过与定量绩效等级标准进行比较算出，由高到低依次分为五个等级。

海尔绩效管理体系的评价，包括定期回顾辅导和定期业绩考评。定期回顾辅导是指在每个月和年度中期进行业绩回顾辅导。月度回顾辅导由各级现场经理负责，主要对员工的月度计划完成情况进行回顾总结，指出存在的问题，制定改进措施。年度中期回顾辅导也由各级现场经理负责。每半年左右，经理与员工就个人的业务目标、管理目标和发展目标进行综合、全面的回顾总结，提出改进工作的建议和措施，必要时进行目标调整。定期业绩考评是指每季度和每年度末进行业绩考评。每个季度结束后和每个年度结束后的第一个月自上而下逐级考评所有员工的目标完成情况，考评结果与员工工资挂钩。

从以上案例可以看出，绩效管理是由绩效计划、绩效实施、绩效考核和绩效反馈组成的循环。绩效计划是绩效管理的起始环节，是整个管理的基础。绩效实施是实施绩效计划和完成绩效目标的过程，包括绩效沟通、绩效信息的收集与记录、绩效管理过程的评价等环节。绩效实施贯穿整个管理过程，是绩效管理不可缺少的关键环节。在本章，我们将对绩效计划和绩效实施的主要内容进行阐述。

01 第一节 绩效计划概述

一、绩效计划的内容

绩效计划包括计划本身和制订计划的过程。从计划本身来看，绩效计划是一份计划书，它记载了对工作目标和标准的规定；从制订计划的过程来看，绩效计划具有分层次制订、管理者与员工沟通、由沟通达成共识、员工参与和承诺等特点。

绩效计划是关于工作目标和标准的规定，应该包括以下内容：

（1）应实现的工作目标（包括定量指标和定性指标）。

（2）实现目标的时间。

（3）实现目标后的具体结果。

（4）评判结果的指标和标准。

（5）目标和结果的重要性。

（6）获取工作结果信息的渠道。

（7）各项工作目标的权重。

（8）实现目标时可得到的权利和资源。

（9）实现目标过程中的困难和障碍。

（10）管理者应提供的支持和帮助。

（11）对部门及整个组织的影响。

（12）新技能学习的必要性。

二、绩效计划的制订

（一）绩效计划的制订过程

绩效计划的制订要分层次，从高层开始，将目标层层分解，直到员工个人，最终要形成组织计划、部门计划和员工个人计划等各个层次的绩效计划。整个组织的绩效计划的制订工作，应由有经营高层参加的专门委员会负责，人力资源管理部门负责具体工作。

员工个人绩效计划的制订，应由人力资源管理部门、各部门直接管理者和员工个人三方参与。首先，人力资源管理部门和各部门直接管理者一起设计绩效指标和绩效标准的框架。然后，管理者与员工个人就岗位的绩效计划进行讨论，最终制订员工个人的绩效计划。为了使管理者和员工的讨论顺利进行，人力资源管理部门要编制关于绩效计划讨论的指导资料，将其发放给管理者和员工，并在讨论过程中随时提供专业指导。这样做是为了保证整个组织的绩效指标和绩效标准的一致性，避免在部门及员工个人之间出现过大的差距，从而产生负面效果，影响组织战略目标的实现。

（二）绩效计划是管理者和员工相互沟通的产物

绩效计划的制订过程是管理者和员工相互沟通的过程。通过沟通，双方就绩效标准等达成共识，并将其记载下来形成绩效计划。

在沟通过程中，管理者要向员工说明如下内容：①组织的战略目标；②本部门的目标；③对员工的期待；④绩效标准的基本内容及工作任务的时间期限。

员工应该向管理者表达如下内容：①自己对工作目标和完成方法的理解；②自己的疑惑或问题；③自己对如何实现目标的想法；④自己在工作中可能遇到的困难及需要得到的帮助、资源支持等。

在绩效管理中强调员工参与绩效计划的制订过程，目的之一在于避免在之后的考核环节出现纠纷。这样做还可以提高员工实施绩效计划的主动性，促使员工加大对工作的投入。这是因为，计划是自己参与制订的，自己既然同意了计划内容，作为一个有自尊心和责任心的社会人，当然就应该去履行承诺。

为了帮助理解绩效计划的内容及制订过程，下面来看一个例子。[1]

---

[1] 佚名. 员工评价制度——致力于业绩的持续改进. （2012 – 02 – 15）［2022 – 11 – 29］. https：//www.doc88.com/p-093900484873. html. 引用时有修改。

LG 公司制定了规范化的绩效评价制度，该制度包括三个环节：目标制定及合议、中间检查和评价与反馈。这三个环节在不同时期进行，年初制订年度绩效计划，每季度实施监督计划进展的中间检查，年末进行绩效评价与反馈。LG 公司除了评价员工绩效目标的实现情况，还评价员工的工作能力和态度，但绩效目标评价是最重要的部分，在总评价中所占的比重为70%。

LG 公司绩效计划的制订采取从上至下、层层分解目标的方式。从程序上看，首先，确定公司年度业绩目标。其次，总经理与厂长、部门负责人与部长合议部门目标，即分解公司目标、形成部门目标并达成方案。再次，部长与科长合议科室目标，即分解部门目标、形成科室目标并达成方案。最后，科长与副科长、科长与员工合议员工目标，即分解科室目标、确定员工目标并达成方案。通过如此形式，部门目标、科室目标、员工目标与公司目标保持高度统一、相互连贯。

LG 公司的绩效计划具体包括评价项目、详细管理目标、权重、目标水准和评价尺度等内容。它们的确定顺序为：评价项目—详细管理目标—权重—目标水准—评价尺度。下面以员工绩效计划为例说明这些内容的含义与确定方法。

评价项目是指个人要实现的成果评价项目，包括战略目标项目和日常业务目标项目两类，它根据科室目标制定会议赋予个人的责任与权限来确定。在确定评价项目时，一般要优先考虑战略目标项目。评价项目一般不超过五项。

详细管理目标是指实现评价项目时的重点或者需要集中力量进行管理的部分。它相当于评价项目的主要构成要素。在把日常业务目标项目设定为评价项目时，其详细管理目标是业务改善事项。

权重体现了详细管理目标在评价中的重要性，应根据业务性质合理确定。权重之和等于100%。

目标水准也就是目标值，应尽可能量化，对定性目标则尽可能明确定义。在设定个人目标水准时，要考虑团队的目标以及对个人的要求。目标水准由员工与其直接上级讨论决定，要尽可能具有挑战性和合理性。

评价尺度是指员工超额或者没有实现目标水准时应获得怎样的评价。采取以下5级评价尺度：

未实现所有目标的情况，设定为1；

未实现所有目标，但只差一点的情况，设定为2；

实现所有目标的情况，设定为3；

超额实现所有目标，但效果不明显的情况，设定为4；

超额实现所有目标，并且效果明显的情况，设定为5。

最后，科室主管与员工通过面谈再次审核员工绩效计划，检查评价项目、详细管理目标、权重、目标水准、评价尺度是否合理、是否具有挑战性以及有无遗漏之处，并且做出相应修改，形成正式的绩效计划。表2-1所示的是销售部门的绩效计划，蓝色列为目标水准。

表2-1 销售部门的绩效计划

序号	评价项目	详细管理目标	权重	目标水准和评价尺度				
				5	4	3	2	1
Ⅰ	成果指标管理	销售额管理	30%	1 200 万元以上	185 万元以上	170 万元以上	155 万元以上	155 万元及以下
		债权回转管理	15%	20 日	25 日	30 日	35 日	40 日
Ⅱ	战略产品营销	营销量扩大	20%	1 500 吨以上	1 400 吨以上	1 350 吨以上	1 300 吨以上	1 300 吨及以下
Ⅲ	利润	利润增加	15%	300 万元以上	200 万元以上	150 万元以上	100 万元以上	100 万元及以下
Ⅳ	构筑顾客关系	市场调查体系构筑	10%	6 次及以上	5 次	4 次	3 次	3 次以下
		顾客管理活动	10%	6 次及以上	5 次	4 次	3 次	3 次以下

三、绩效计划的作用

绩效计划是绩效管理的第一个环节，是整个绩效管理流程的基础。通过管理者和员工的沟通形成的绩效计划是员工工作的指南，也是管理者监控、指导员工实现绩效目标的依据。此外，绩效计划还是绩效考核和绩效反馈两个环节的基本资料。所以，在制订绩效计划的过程中，一定要尽可能仔细、周到，把组织和员工的期待充分包含进去。如果在这个环节没有制定出合理、客观的目标及考核方法，那么在绩效考核、绩效反馈环节就很有可能出现员工不满意或组织目标受损的情况。

02 第二节 绩效计划制订的原则

一、目标一致原则

绩效计划是服务于组织总体发展战略及年度经营计划的，因此，在设计考核指标及考核方法时，一定要使其与组织总体发展战略和年度经营计划保持一致，应按"组织整体—大部门—小部门"的层次，自上而下、由大到小，将组织总体发展战略和年度经营计划的目标层层分解，落实到每个部门和员工。假定组织制定了"每年有新产品上市"的战略目标，研发部门就要制订诸如"6 月底完成设计"的计划，生产部门要有"7 月底完成试制，8 月开始批量生产"的计划，销售部门要有"12 月底新产品销售量达到××件"的计划。与部门计划相对应，还要制订与组织战略目标一致的员工绩效计划。比如，"研发部门 5 月底完成 A 模块的设计""生产部门 7 月底掌握新产品工艺""销售部门 9 月底完成新产品销售渠道的调查和设计"等。

二、突出重点原则

在制定员工的绩效指标时，要根据其关键职务，制定尽量少的评价指标。从经验上看，指标以 3~5 个为宜。所谓关键职务，是指与组织战略目标的实现有密切关系、决定员工在组织目标中的地位的工作职务。将绩效指标锁定在关键职务上，就会使员工明确努力方向，优化资源配置，更有效地工作。如果管理者事无巨细地进行评价，员工就会难以理解绩效管理的核心意义，觉得受到束缚、制约，从而影响其主动性的发挥。同时，繁多的指标也会给管理者造成负担，不利于绩效管理的实施。

三、可度量性原则

在设计绩效指标时，要力求绩效指标的实现程度可以用数字来表示。要尽可能使用金额、产量、销售量、工作时间等数值。对于定性指标，也要借助数学方法将其量化。之所以要坚持可度量性原则，是因为量化可以使绩效考核更具客观性，同时也有利于进行综合考察。

四、可接受性原则

可接受性是指绩效考核系统必须得到广泛的认可。绩效考核系统的使用者为考核者和被考核者。在技术标准上，设计得再好的绩效考核系统，如果得不到考核者和被考核者的认同与支持，其作用就不会得到有效发挥。员工从绩效考核系统中感知到的"公平性"是其支持绩效考核系统的重要基础。公平包括程序公平、人际公平和结果公平。要做到程序公平，组织应该给员工参与绩效考核系统设计的机会，如果不能提供这个机会，最起码要做到公开绩效考核系统的设计过程，给予员工充分讨论的机会，吸收他们的意见。在评价标准上，组织要做到"一视同仁"，不搞"双重标准"。在绩效考核中，组织要对考核者进行培训，减少主观评价错误和偏见，及时反馈考核信息，允许员工提出疑问，尊重员工的言论权。在绩效考核结束后，组织应该与员工就考核结果进行坦诚沟通。总而言之，如果组织在绩效考核系统的开发、使用和反馈阶段都考虑员工对"公平性"的感受，那么，绩效考核系统就容易得到员工的认同与支持。

五、全员参与原则

组织全体员工参与绩效计划的制订是保证绩效管理成功实施、为实现组织战略目标做出贡献的基础。虽然各部门、员工个人之间有业务内容、职务的不同，获取报酬的数额有差别，但在使用组织资源这一点上是相同的。既然组织的投入分散到每个部门和每个人，组织当然期待他们都有相应的产出，这样才能保证投入、产出的效率和效果，否则，就可能形成仅有投入而没有产出的"资源黑洞"，造成浪费。同时，全员参与绩效计划及考核也是创造公平环境的需要。如果仅有部分人对计划制订和考核有参与权，其他人只是被评价对象，那么就会埋下冲突隐患，破坏生产经营秩序。全员参与绩效计划的制订过程，可以使各方面的潜在利益冲突显现出来，在计划制订环节就采取措施平息冲突，保证绩效实施、绩效考核、绩效反馈顺利进行。

03 第三节 绩效计划的制订步骤

一、绩效指标体系的建立

绩效指标体系的建立从整体上看由四个步骤组成，见图2-1。

图2-1 建立绩效指标体系的步骤

（一）确定绩效指标

在这个步骤，要根据组织战略目标和绩效评价目的，确定组织整体、各部门及员工个人的绩效指标。

绩效指标的确定有两个任务：一是确定绩效指标的性质，即选用什么样的指标；

二是考虑提取绩效指标的方法，即用什么方法选择指标。

1. 确定绩效指标的性质

绩效指标的性质可以从三个角度考察。

从考核对象的角度看，绩效指标包括三个层面，即组织层面、部门层面和岗位层面。对于组织层面的绩效指标，要根据组织的关键领域业绩、战略目标等确定。对于部门层面的绩效指标，要根据组织层面的绩效指标，再联系本部门的业务目标确定。对于岗位层面的绩效指标，要根据部门层面的绩效指标，再结合各个岗位的工作任务确定。

从考核目的的角度看，绩效指标有能力、行为和结果三种。能力指员工个人具有的知识、技能等。行为指员工在工作中的表现。结果指工作所带来的产出。能力指标常用来考核员工是否适应岗位、职位的要求。行为和结果指标用来考核工作本身的成效。通常情况下，在对中高层管理人员的考核中，成果指标用得比较多，如成本降低率、销售额提高率等。这是因为，中高层管理人员负责整个部门的工作，对部门产出负有职务责任。而在对基层员工的考核中，工作态度、协调能力、合作能力等行为指标用得较多。

从能否以数字计量的角度看，绩效指标可分为定量指标和定性指标两类。所谓定量指标，就是能以数字表示的指标，如生产量、销售量、利润额等。在绩效评价时，定量指标可减少评价者主观因素的影响，使业绩得到公平的考核。但实际上，部门或员工的业绩很难全部用定量指标衡量，于是就要用到定性指标，即评价者对被评价者进行主观判断，如"该员工与团队其他成员的协作关系如何"等。在运用定性指标进行评价时，其准确性主要依赖于评价者的知识水平和道德标准，因此容易出现偏差。

上面提到的 LG 公司不仅评价员工实现绩效目标的情况，而且评价员工的工作能力和态度。绩效考核指标由目标指标、能力指标、态度指标组成。目标指标因员工工作不同而不同，但均为定量指标。能力指标、态度指标均为定性指标，但都有明确的定义。表 2-2 展示了员工能力评价指标。

表 2-2 员工能力评价指标①

评价项目	定义	着眼点
职务知识	为圆满完成所担任职务的工作所必需的专业知识和一般性知识	·是否具备圆满完成所担任职务的工作所必需的专业知识 ·能否掌握与现任工作有关的法规、业务指南、处理程序等方面的知识，并能灵活运用 ·能否掌握与开展工作相关的情报和知识，并能灵活运用

---

① 佚名. 员工评价制度——致力于业绩的持续改进. (2012-02-15) ［2022-11-29］. https://www. doc88.com/p-093900484873.html. 引用时有修改。

续表

评价项目		定义	着眼点
解决问题的能力	理解力或分析力	迅速、准确地理解业务问题、状况及方针、指示内容，活用各种方法和经验，分析问题出现的原因和结果的能力	·能否正确理解业务指示或方向 ·能否正确理解组织方针，并将其准确地落实到工作中 ·在分析问题出现的原因时，具备多少逻辑性和科学性
	判断力	正确认识问题或状况，得出切实可行的结论的能力	·能否正确理解上司的指示，设计解决方案 ·对突发事件或复杂事件，能否做出恰当判断
	企划力	对于设定目标、执行程序、达成方法等进行计划、立案的能力	·是否具备探讨各种对策、预测结果，从而系统地提出实现目标的方法、程序及手段的能力 ·能否活用信息，提出解决问题的具体方案
	业务促进力	迅速决定可行性方案，用最佳方法，在规定期限内实现目标的能力	·能否建立整套解决方案和日程计划，并在规定期限内完成 ·能否在异常状态下实现目标
表现力或交涉力		有逻辑地、明确地表达自己的意思，说服他人，进行公司内外交涉的能力	·能否用口头或书面方式传达自己的意愿和想法，并说服他人 ·能否从外部或其他部门获得适当的协助，有效地处理业务

2. 考虑提取绩效指标的方法

以上讲述的是根据绩效指标的性质，即"什么样的指标"来决定使用某种类型的指标。下面讲述绩效指标的提取方法，即"用什么方法"来选择指标。

绩效指标要根据组织的战略目标、部门和员工的工作任务来提取，常用的绩效指标的提取方法有五种。

（1）工作分析法。工作分析其实并不是绩效指标提取的专用手段，而是人力资源管理的基础工作之一。作为人力资源管理的基础工作，工作分析指对组织的所有工作岗位进行全面的分析，分析内容包括岗位描述、任职资格、成果测定和激励、职业经历等。组织将根据工作分析的结果，决定各岗位的人力资源配置。在提取各岗位的绩效指标时，工作分析的结果是重要的依据。首先，组织要根据工作分析的结果确定岗位所需的能力和岗位的职责；其次，确定用什么样的指标来衡量这些能力和职责。这样就形成了岗位的绩效指标。工作分析法是提取个人绩效指标最常用的方法。

（2）业务流程分析法。在组织中，大多数业务都是由多人共同完成的，每个人在业务流程中都有具体的位置和任务。业务流程分析法就是通过对某个岗位在业务流程中的作用、责任、与前后工序之间的协作关系的分析，确定该岗位的绩效指标。

（3）个案分析法。个案分析法指通过对具有代表性的人物进行分析，提取出个人或个人所属群体的所有人的绩效指标。这种方法要对代表人物的工作状况、行为方式、工作成果进行直接观察和资料分析，结合考核目的确定绩效指标。

（4）经验总结法。经验总结法指由数位评价者对被评价者过去的工作状况、行为和成果进行回顾、总结，制定出下一个考核期的绩效指标。

（5）问卷调查法。问卷调查法将可能成为绩效指标的多个指标制成问卷，由同事、上司等多人回答。上司或专业管理人员根据问卷调查的结果决定应该提取的绩效指标。

总之，在选择用什么样的绩效指标时，应该首先确认考核对象，然后确认考核目的，再决定使用定量指标或定性指标。在上述五种方法中，工作分析法与业务流程分析法是提取绩效指标的两种常用方法。需要注意的是，这两种方法均需要关于工作分析及业务流程分析的详细资料。这些资料应该在人力资源管理的"岗位设定与评估"环节编制完成。

（二）划分绩效指标的权重

为了尽可能全面地评价部门或员工个人的业绩，往往要选择多个绩效指标。但在评价时，各个指标所占的分量应该有轻重之别。因此，要根据对绩效目标实现的贡献程度，规定各个指标在考核时的重要程度。有关指标权重分配的技术方法，本章将在后文专门讲解。

（三）评价者和被评价者进行沟通

组织在制订有关绩效指标和权重分配的草案后，应与绩效评价相关的各方进行沟通，交换意见，达成共识，最后确定正式的绩效指标体系。对于员工个人的绩效指标，参与沟通的应该有员工本人、其直接上司和人力资源管理部门人员。关于部门的绩效指标，由该部门负责人与上级部门负责人等进行讨论，最后达成共识。

（四）修订绩效指标体系

为了使绩效指标体系真正起到提高组织凝聚力的作用，组织高层领导要对其进行最终的审核，针对在沟通中出现的问题、有关整体平衡的问题等，在绩效指标体系执行前，参考专家意见，对绩效指标体系进行修订。在考核结束之后，组织高层领导也可以根据实际状况，对绩效指标体系进行修订，以保证绩效管理的效率性和公平性。

二、绩效指标权重的分配

在确定用数个指标进行考核时，这些指标的重要程度可能会有所差别。如果有差别，就不应该给重要程度不同的指标设定同样的满分分值。确定各个指标在考核成绩中所处的地位，就是所谓的权重分配。权重是一个相对的概念，是针对某一指标而言的，指该指标在整体绩效评价中的相对重要程度。

确定指标权重的常用方法之一是经验法。这是由领导或专业管理人员依据历史数据及经验来决定各个指标重要程度的方法。这种方法简单易行，实施成本低，但对决策者和数据资料的依赖性高，出现主观偏差的可能性较大。

当需要或有条件时，权重的分配也可以运用一些统计学方法。下面简单介绍几种。

（一）对偶加权法

对偶加权法是将数位评价者的意见用次序量表、等距量表和正态分布表等方式进行调整，在对考核指标进行综合比较的基础上，得出各个指标的权重。下面用例子说明对偶加权法的使用方法。①

对偶加权法的计算可分为五个步骤。

步骤一：制作评价者个人评分表。

在该表的首行和首列标出各指标的名称，评价者将行中的各指标分别与列中的各指标进行比较。比较方法及评分方法如下：当认为行中指标的重要性大于列中指标的重要性时，评1分；当认为行中指标的重要性小于列中指标的重要性时，评0分。在对同一指标进行比较时，为了计算便利，填入1分。比较完后，对各指标的分值进行统计，记入表中底部行，这就是评价者个人对指标重要性的排序。每一位评价者都按照此方法对各个指标的重要性进行评分。

假设某企业正在制订制造部门的绩效计划，已决定采用财务、管理、技术和市场四个指标，然后要确定这四个指标在考核时的权重。该企业采用对偶加权法来分配各指标的权重，并选定五位专家对五个指标进行评分。表2-3所示的是评价者A的个人评分表。

表2-3 评价者A的个人评分表 单位：分

	财务	管理	技术	市场
财务	1	1	1	0
管理	0	1	0	0
技术	0	1	1	0
市场	1	1	1	1
重要程度（合计）	2	4	3	1

注：涂蓝处表示同一指标比较时所得到的分数。

从表2-3中可以看出，评价者A对四个指标重要程度的排序是（按降序排列，分值越大，表示该指标越重要）：管理（4分）、技术（3分）、财务（2分）、市场（1

---

① 刘晓琴．绩效指标权重分配中的对偶加权法运用．人力资源管理，2009（Z1）：73-75．引用时有修改。

分）。同时，B、C、D、E 四位评价者也做出了个人评分表。

步骤二：进行评价结果排序。

综合每一位评价者的排序结果，制作评价者综合评分表（也叫次序量表），见表 2 - 4。

表 2 - 4 评价者综合评分表和 P 值计算

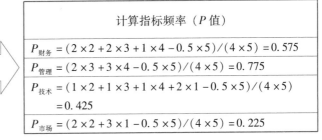

指标	评价者					计算指标频率（P 值）
	A	B	C	D	E	
财务	2分	3分	2分	3分	4分	$P_{财务} = (2 \times 2 + 2 \times 3 + 1 \times 4 - 0.5 \times 5)/(4 \times 5) = 0.575$
管理	4分	4分	3分	4分	3分	$P_{管理} = (2 \times 3 + 3 \times 4 - 0.5 \times 5)/(4 \times 5) = 0.775$
技术	3分	2分	4分	1分	1分	$P_{技术} = (1 \times 2 + 1 \times 3 + 1 \times 4 + 2 \times 1 - 0.5 \times 5)/(4 \times 5) = 0.425$
市场	1分	1分	1分	2分	2分	$P_{市场} = (2 \times 2 + 3 \times 1 - 0.5 \times 5)/(4 \times 5) = 0.225$

步骤三：计算指标频率（P 值）。

用下面的公式，把评价者综合评分表的数据转换成等距量表来比较指标的顺序及差异程度。

$$P = (\sum FR - 0.5N)/nN$$

其中，P 表示某指标的频率，F 表示对某指标给予某等级评分的评价者的数目，R 表示某指标的等级，N 表示评价者总数目，n 表示指标总数目。

从表 2 - 4 可知：

$$P_{财务} = 0.575, \quad P_{管理} = 0.775, \quad P_{技术} = 0.425, \quad P_{市场} = 0.225$$

步骤四：把 P 值转换成 Z 值。

假定 P 值呈正态分布，查正态分布表，将 P 值转换成 Z 值，结果如下：财务指标的 Z 值为 0.715 66，管理指标的 Z 值为 0.779 35，技术指标的 Z 值为 0.662 76，市场指标的 Z 值为 0.587 06。

步骤五：汇总各指标的权重。

由 $W_i = Z_i / Z_s \times 100\%$，把各指标的 Z 值转换成比例，按照四舍五入的原则，得出某企业制造部门绩效指标的权重见表 2 - 5。其中，W_i 表示 i 指标的权重，Z_i 表示 i 指标的 Z 值，Z_s 表示全部指标 Z 值的合计。

表 2 - 5 Z 值的比例转换和权重

绩效指标	Z 值		计算权重
财务	0.715 66		$0.715\,66 / 2.744\,83 \times 100\% \approx 26.1\%$
管理	0.779 35		$0.779\,35 / 2.744\,83 \times 100\% \approx 28.4\%$
技术	0.662 76		$0.662\,76 / 2.744\,83 \times 100\% \approx 24.1\%$
市场	0.587 06		$0.587\,06 / 2.744\,83 \times 100\% \approx 21.4\%$
Z 值总计	2.744 83		权重总计 100%

通过使用对偶加权法，得出制造部门各绩效指标的权重分别如下：财务指标为26.1%，管理指标为28.4%，技术指标为24.1%，市场指标为21.4%。

（二）等级序列法

等级序列法可以说是对偶加权法的一种简易形式，其基本思路与对偶加权法相同，只是不使用指标之间"对偶"式的循环比较排序，而是评价者自行决定比较基准，进而评出所有指标重要程度的等级序列。因此，除了第一步，等级序列法的步骤与对偶加权法完全相同。

等级序列法的第一步也是制作评价者个人评分表，只是与对偶加权法不同，它的行数（不含表头）是指标的数目，列数只有两列。如果使用上面的例子，只需将财务、管理、技术和市场四个指标放置于行中，再对应设计评价者填写等级的列即可，见表 2 - 6。

表 2 - 6　等级序列法的评价者个人评分表

绩效指标	等级（填入序号）
财务	
管理	
技术	
市场	

与对偶加权法相同，等级序列法的评价者个人评分表的结果也是对四个指标的重要程度的排序。因此，等级序列法此后的第二步至第五步与对偶加权法完全相同，此处不再赘述。

（三）权值因子判断表法

权值因子判断表法也要求若干评价者对各指标进行循环配对评分，这与对偶加权法相同。但是，该方法对评分结果计算平均值，不用正态分布的 Z 值计算权重，而是直接使用指标的平均值来计算权重。下面仍然用上面的例子对权值因子判断表法进行讲解。

权值因子判断表法的第一步与对偶加权法相同，即编制评价者个人评分表。评价者将行中的各指标分别与列中的各指标进行比较，只是评分方法稍有不同。这里设定最重要的为 3 分，比较重要的为 2 分，重要的为 1 分，不重要的为 0 分。当同一指标比较时，不计分。比较完后，对各指标的分值进行合计。每一位评价者都按照此方法对各个指标进行重要程度评分。

第二步，制作权值统计结果表。假定有五位评价者对财务、管理、技术和市场指标做了评分。这里要将五位评价者的评分结果汇总，得出每个指标的总得分，再除以评价者人数，得出每个指标的平均值。如表 2 - 7 所示，五位评价者给财务指标的评分总共为 9 分，平均值为 1.8 分；给管理指标的评分总共为 13 分，平均值为 2.6 分；给技术指标的评分总共为 6 分，平均值为 1.2 分；给市场指标的评分总共为 2 分，平均值为 0.4 分。

表 2-7 权值统计结果表

绩效指标	评价者					评分总计	平均评分	权重	调整后的权重
	A	B	C	D	E				
财务	1分	2分	1分	2分	3分	9分	1.8分	30%	30%
管理	3分	3分	2分	3分	2分	13分	2.6分	43.33%	43%
技术	2分	1分	3分	0分	0分	6分	1.2分	20%	20%
市场	0分	0分	0分	1分	1分	2分	0.4分	6.67%	7%
总计	6分	6分	6分	6分	6分	30分	6分	100%	100%

第三步，计算权重。按 $W_i = M_i / M_s \times 100\%$ 的式子，计算出各个绩效指标的权重。其中，W_i 为 i 指标的权重，M_i 为 i 指标的平均评分，M_s 为全部指标平均评分的合计。如表 2-7 所示，各指标的权重分别如下：财务指标为 30%，管理指标为 43.33%，技术指标为 20%，市场指标为 6.67%。然后，用四舍五入原则，对其进行调整，得出调整后的权重，分别如下：财务指标为 30%，管理指标为 43%，技术指标为 20%，市场指标为 7%。

（四）倍数加权法

倍数加权法是以倍数形式表示绩效指标重要程度的评分方法，其特点是可以使指标之间重要程度的差异更显著。一般选择一个重要程度最低的指标，将其设定为 1，然后将其他指标与其对比，给出相当于 1 的几倍的评分。仍使用上面的例子说明。假设市场指标为 1，评价者认为管理指标相当于市场指标的 6 倍，技术指标相当于市场指标的 5 倍，财务指标相当于市场指标的 2 倍。这样，四个指标的合计倍数是 14。然后，计算出各指标倍数占合计倍数的比重，这就是各指标的权重。

以上介绍了分配绩效指标权重的基本方法。经验法是比较常用的方法，使用起来也较简单，但要求决定权重的个人或团队有充分的知识、资料，能做出使各方面均满意的判断。对偶加权法、等级序列法、权值因子判断表法和倍数加权法均将主观判断用数字方式表示出来，就计算过程来讲，有一定的客观性、合理性。但需注意的是，这些方法的最初数值也是人为规定的，所以，即使使用了这些方法，也要结合组织的实际情况进行调整，以达到调动各方面积极性、保证组织战略目标实现的目的。

三、绩效标准的设定

绩效标准指衡量绩效指标实现程度的尺度，包括绩效实现程度的等级以及各等级的定义。上面讲述了绩效指标和权重的分配，绩效指标规定的是"考核什么"，绩效指标权重规定的是"指标的相对重要程度"，而绩效标准是要规定"指标实现程度的衡量尺度"。绩效指标一定要有衡量的标准，即绩效标准，才具有操作意义，才可以被用在绩效考核中。

（一）数值型标准

数值型标准指用数字定义绩效指标实现程度的标准。例如，对于"销售收入增长率"指标，可设定包括 A、B、C、D、E 五个等级和各等级定义的绩效标准。所谓等级定义，是指 A、B、C、D、E 各等级分别表示什么。例如，A 级表示销售收入增长率为"≥20%"，B 级表示销售收入增长率为"15%～19%"，C 级表示销售收入增长率为"10%～14%"，D 级表示销售收入增长率为"5%～9%"，E 级表示销售收入增长率为"<5%"。在此，绩效标准分五个等级，A 级最高，即销售收入增长率大于或等于 20%，之后按 B、C、D、E 的顺序依次降低，E 级最低，即销售收入增长率小于 5%。等级之间的差相同，称为"等距"，即等级之间的距离相同。这个例子展示的就是"等距"的绩效标准。

当然，也有"不等距"的绩效标准。比如，同样是 A、B、C、D、E 五个等级，但等级定义不同，A 级表示销售收入增长率为"≥20%"，B 级表示销售收入增长率为"18%～19%"，C 级表示销售收入增长率为"12%～17%"，D 级表示销售收入增长率为"6%～11%"，E 级表示销售收入增长率为"<6%"。

在实际中，可根据需要，将绩效标准设定为"等距"或"不等距"。在上面的例子中，如果需求稳定、市场份额稳步增长，则企业可以设定"等距"的绩效标准，即每提高 5% 的销售收入增长率，便可以提高一个考核等级。如果竞争激烈、企业市场份额减少，提高销售收入增长率的难度很大，则可以设定"不等距"的绩效标准。比如，规定只有销售收入增长率为"18%～19%"，才能被评为 B 级；销售收入增长率小于"6%"就要被评为 E 级。以这种方式提高等级难度，激励员工更加努力，增加销售收入。

简言之，绩效标准作为衡量绩效指标实现程度的尺度，其设定内容有两个：一是设定若干等级；二是确定等级之间的差距。

（二）描述型标准

在上面关于销售收入增长率的例子中采用的是数值型标准，该标准适用于代表结果的指标，如生产量、成本率、资金周转率等。但绩效指标中还有代表能力或特质、行为的指标，它们难以用数值型标准来衡量，有些业务的工作内容也难以用数值表示，因此需要描述型标准。

描述型标准就是用语言将衡量绩效的标准表达出来。要建立描述型标准，首先要对被评价工作有充分的了解，将工作内容划分成若干个要素，并用准确、简洁的语言叙述出来。

比如，某企业对中层管理者的管理决策能力指标、计划管理能力指标设计了以下描述型标准。

管理决策能力指标的定义：设计决策方案、预测决策后果并且采取适当行动的能力。

1级：不能及时做出决策，或者决策的随意性较大。

2级：决策不果断，不能抓住影响决策的重要信息。

3级：能做出日常业务决策，但对突发的、复杂的问题缺乏处理能力。

4级：能应对各种情况，做出恰当的决策。

5级：善于捕捉重要信息，能做出卓越的决策。

计划管理能力指标的定义：有计划地对人员、资金及物资进行配置和使用并顺利开展工作的能力。

1级：不能预先制订计划，不能应对突发问题。

2级：虽然制订了计划，但计划没有可操作性，或者没有付诸实施。

3级：能够按计划组织工作。

4级：对突发问题有预案，并能采取有效的应对措施。

5级：有完整的计划和突发问题预案，并能按计划组织工作，较好地实现本部门目标。

以上是对中层管理者管理决策能力、计划管理能力的一般性描述。对于具体岗位，还可以有更具体的描述。在考核中，可以先对各指标的等级评定要素进行考核，最后决定等级。

例如，某企业对销售部门的中层管理者设定了绩效指标及各指标的等级评定要素。其中，对利润目标，设定了"实现了利润目标""未能实现利润目标""为实现目标做出了充分的努力""为实现目标做出的努力不够"等级评定要素。所有绩效指标和等级评定要素见表2－8。根据这些要素，评价者按五个等级分别对每个指标给出评分，5分最高，1分最低。所有绩效指标的满分是60分，考核进行两次。对最终得分的评级标准为：55～60分，被评为S；50～54分，被评为A；40～49分，被评为B；30～39分，被评为C；30分以下，被评为D。

表2-8 销售部门中层管理者的绩效指标和等级评定要素①

绩效指标	等级评定要素	第一次考核（在尺度格上画圈）	第二次考核（写出等级数）	综合等级
1.利润目标	(1) 实现了利润目标 (2) 未能实现利润目标 (3) 为实现目标做出了充分的努力 (4) 为实现目标做出的努力不够	5分 4分 3分 2分 1分		
2.数值目标	(1) 实现了数值目标 (2) 未能实现数值目标 (3) 为实现目标做出了充分的努力 (4) 为实现目标做出的努力不够	5分 4分 3分 2分 1分		
3.销售账款回收	(1) 密切注意债务人动向，积极回收，成果显著 (2) 注重回收管理，但成果不大 (3) 疏忽回收管理	5分 4分 3分 2分 1分		55~60分，被评为S；50~54分，被评为A；40~49分，被评为B；30~39分，被评为C；30分以下，被评为D
4.纪律	(1) 无必要原因的请假很少 (2) 很少迟到 (3) 没有违反交规，没有交通事故	5分 4分 3分 2分 1分		
5.责任感	(1) 能设法克服困难，做事圆满 (2) 没有逃避或转嫁责任 (3) 工作虎头蛇尾，给别人添麻烦	5分 4分 3分 2分 1分		
6.积极性	(1) 工作热情，积极投入 (2) 能积极完成上级指示 (3) 希望有更大的上进心	5分 4分 3分 2分 1分		
7.协调性	(1) 能理解上级意图，积极配合 (2) 有过违背组织方针的行为 (3) 缺少配合组织的态度	5分 4分 3分 2分 1分		
8.知识	(1) 具有职位所需的知识及技能 (2) 由于知识技能不足曾引发客户不满 (3) 知识技能不足，工作困难	5分 4分 3分 2分 1分		

① 松田憲二. 社員の業績評価を正しく行なう手順. 東京：中経出版，2001：188-189. 引用时有修改。

续表

绩效指标	等级评定要素	第一次考核（在尺度格上画圈）	第二次考核（写出等级数）	综合等级
9.理解力	（1）能准确理解指示，正确行动 （2）能理解指示，但不能正确行动 （3）曾被多次纠正同样的错误	5分 4分 3分 2分 1分		55～60分，被评为S；50～54分，被评为A；40～49分，被评为B；30～39分，被评为C；30分以下，被评为D
10.判断力	（1）能对复杂事物做出正确判断 （2）对事物有自己的判断 （3）有依赖他人的倾向	5分 4分 3分 2分 1分		
11.组织力	（1）能理解方针、制订计划和组织行动 （2）能理解方针和制订计划，但组织实施能力不足 （3）从行动中看不出计划性	5分 4分 3分 2分 1分		
12.领导力	（1）能以身作则，积极培养下属 （2）当有要求时，才指导下属 （3）没有对下属进行辅导	5分 4分 3分 2分 1分		

（三）绩效标准设定的 SMART 原则

综上所述，绩效标准的设定包括使用描述型标准和数值型标准。在实践中，要根据考核目的和工作种类、涉及人数等具体情况，灵活运用。一般来说，绩效标准的设定要符合 SMART 原则，即"具体的（specific，S）""可度量的（measurable，M）""可实现的（attainable，A）""现实的（realistic，R）""有时限的（time-bound，T）"五个原则。

"具体的"原则指等级划分方法要具体、明确，这样才能使被评价者了解自己的强项和弱项，也利于评价者进行工作。

"可度量的"原则指尽量用数值型标准。即使是描述型标准，最后也要将其数值化，以利于综合比较。

"可实现的"原则指绩效标准要使大多数人经过努力都可以得到中上的成绩。对员工而言，考核无疑是一种压力。经过努力可以实现的绩效标准能带来适中的压力，促使员工积极进取。

"现实的"原则指绩效标准要符合组织现状，既不能过高，也不能过低。脱离现实的过低标准不仅不能提高绩效，反而会带来负作用。

"有时限的"原则指要明确绩效标准的适用时间范围，即考核周期。这样才会提高员工的关注力，明确不同时期的考核目的，使绩效管理充分发挥作用。

四、绩效考核周期的确定

绩效考核周期指以多长的时间间隔进行一次考核。考核周期要结合考核目的和考核对象两个因素来确定，见图2-2。

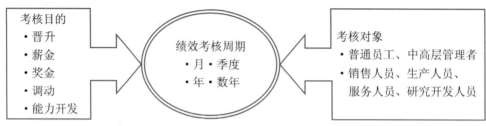

图2-2　确定绩效考核周期的考虑因素

（一）考核周期与考核目的的关系

组织的考核目的大致与晋升、薪金、奖金、调动、能力开发有关。根据组织岗位体系的规定，一般来讲，员工工作一段时间后就会有晋升的机会。晋升的资格条件有两个方面：一是工作年限；二是能力水平。我们时常听到"破格提升"，其中的破格是"破"工作年限的"格"，即不够既定的工作年限也可以得到提升，但能力条件的"格"是不应该"破"的。是否有晋升的能力，要通过考核来决定。以晋升为目的的考核，其周期因职务、职位而不同。一般来讲，对于岗位体系中的底层岗位，满足晋升条件所需的年限较短，为1~3年，而对于上层岗位，满足晋升条件所需的年限较长，如3~5年。因此，以晋升为目的的考核周期应该根据组织岗位体系规定的条件年限来决定。

以薪金调整为目的的考核，大都以1年为周期，与组织的财务年度相符。

以奖金分配为目的的考核，其周期大都是半年。以半年为期的绩效是考核的重点。将考核周期设定为半年，并不是为了追求短期利益，而是为了及时对员工的成绩进行薪金之外的褒奖，对不符合组织目标的行为给予及时的警告，要求员工尽快做出调整，以免出现更大的失误。

为了充分发挥人力资源的作用，组织要有计划地调整人员配置，使员工在更适合的岗位上做出更大的贡献，或使员工体验更多的岗位，积累更多的经验。当以此为目的进行人员配置变更时，就要对员工是否适合新的岗位进行考核，这种考核一般以年为周期。

以能力开发为目的的考核，其周期与组织的人力资源计划有关。有完善的人力资源规划的组织都有员工培养计划。培养计划一般分为若干个阶段，每个阶段都规定了一定的时间。当完成一个阶段的培养计划进入下一个阶段时，组织要对这个阶段的成果进行验收。这时的考核周期就与培养计划的阶段长度相同，一般以年为单位。

（二）考核周期与考核对象的关系

组织的考核对象，按岗位层级，可分为普通员工、中高层管理者等；按业务内容，可分为销售人员、生产人员、服务人员、研究开发人员等。每类考核对象大都要接受上述不同目的的考核，因此，按考核对象进行周期设定与按考核目的进行周期设定在内容上实际有重叠之处。所以，这里仅针对不同岗位层级、不同业务内容进行考核周期设定的特点做补充说明，相同之处不再赘述。

普通员工的人数占组织人数的大多数，因此，这部分人的绩效考核的工作量也占整体工作量的大半。为了提高管理效率，通常尽量把对普通员工的考核放在同一周期集中进行。中高层管理者指科长及以上的管理人员。这部分人的工作与组织战略的实施、目标的实现有直接的关系，因此，可以根据实际情况，适当地用短周期（如每季度、每半年）对主要业务的进展状况进行检查，以利于及时纠偏改错。

销售人员的业绩与新产品的投入时间、需求的季节性变化等有关，而这些因素不是销售人员可以控制的，所以，在设计考核周期时，要考虑销售业务的特殊性。比如，预计新产品投入市场后要有一段被认知的时间，淡季需求量自然会减少，于是应适当地延长或缩短考核周期，以免影响销售人员的绩效考核成绩。

生产人员和服务人员，由于工作任务明确，工作行为从开始到取得结果的时间较短，业绩也就比较容易被衡量。因此，对此类人员的考核，可以适当采用短周期（如每月、每季度等）。大型研发项目往往需要1年以上的较长时间，所以对研究开发人员的考核周期，可以根据项目的进展阶段设定，在一个阶段结束后进行考核。

总体来说，影响考核周期的因素有考核目的和考核对象。组织在确定考核周期时，既要考虑这些因素，也要考虑管理成本，不要设定过多的考核周期种类。所以，很多组织基本上是按照考核目的对全体员工统一设定考核周期，只是在考核内容上参照不同的岗位层级和不同业务的特点做些调整。

五、绩效计划合同的制作

通过绩效指标体系的建立、绩效标准的设定和绩效考核周期的确定，我们已经基本上了解了绩效计划的主要内容，下一步就是制作绩效计划合同了。

绩效计划合同是组织或评价者与被评价者（组织下属部门或员工）关于如何评定绩效达成的协议。因此，绩效计划合同一定要在双方，特别是被评价者充分理解内容并同意的前提下形成。

绩效计划合同的主要项目如下：

（1）绩效指标及其定义。

（2）权重配置。

（3）评分等级。

（4）绩效积分（权重×评分等级）。

在某供电公司科长层级的绩效计划合同中，共用了 11 个指标来对科长进行考核，表 2-9 中设置了"权重配置""评分等级""绩效积分"等栏目。该绩效计划合同中的"项目资金管理"指标权重最大，为 20%。该指标的定义是"三年计划战略目标所确定的项目中 90% 如期完成前期工作，落实项目投资和确保资金及时到位"。权重为 10% 的指标有 6 个，分别是"电网规划系统""计划指标分解并调整落实""物资采购""技术进步""客户满意度""绩效管理及培训计划"。权重为 5% 的指标有 4 个，分别是"精品电网建设""经济技术数据统计与分析""信息系统稳定、安全""预算完成率"。

表 2-9　某供电公司绩效计划合同[①]

科长层级

被考核人：	部门：计划发展部					岗位：科长
考核人：	部门：计划发展部					岗位：部长
考核期限：20××年1月1日至20××年6月30日						

绩效指标及其定义	权重配置（合计100%）	评分等级					绩效积分（权重×评分等级）
		1	2	3	4	5	
1. 电网规划系统 积极开展规划辅助系统开发，对电网规划基础工作有贡献	10%						
2. 精品电网建设 规划网架符合公司精品电网建设要求，线损、电压合格率、供电可靠性等达到分解指标	5%						
3. 经济技术数据统计与分析 数据收集全面、及时、正确，并进行统计分析，为公司层面决策提供资料	5%						
4. 计划指标分解并调整落实 全面完成计划指标，售电量第一季度、第二季度分解指标完成较好	10%						

绩效指标及其定义	权重配置（合计100%）	评分等级					绩效积分（权重×评分等级）
		1	2	3	4	5	
5. 项目资金管理 三年计划战略目标所确定的项目中90%如期完成前期工作，落实项目投资和确保资金及时到位	20%						
6. 物资采购 统一管理，能活用物资需求计划，采购及时率达90%	10%						
7. 技术进步 ERP系统及输配电生产管理系统得到全面推进，实施效果良好	10%						
8. 信息系统稳定、安全 核心业务信息系统可用性达95%，非核心业务信息系统可用性达85%	5%						
9. 预算完成率 预算完成率达95%	5%						
10. 客户满意度 业务链前后方满意度和终端客户满意度达到95%	10%						
11. 绩效管理及培训计划 按照上级要求落实计划，取得预期效果	10%						
合　计	100%						

需要注意的是，根据考核目的及考核对象的不同，绩效计划合同可以有多种样式。但无论采用哪种样式，绩效计划合同都必须包含关键的绩效指标及其定义、权重配置、评分等级和绩效积分，其余的可以根据需要增减。

04　第四节　绩效沟通

如果说绩效指标、绩效指标权重、绩效标准的确定和绩效计划合同的制定是计算、文字编辑技术，那么绩效沟通就是读懂人心的技术，是体现人力资源管理本质的技术。

一、绩效沟通的内涵

绩效沟通指在绩效管理的整个过程中管理者与员工之间信息、情感上的交流，其根本目的是保证绩效目标的实现。之所以要进行信息、情感上的交流，是因为管理者与员工的立场不同，如果不及时进行沟通，他们彼此之间就可能产生误会、摩擦，不利于业务的顺利进行。

管理者与员工之间存在信息差距。管理者掌握工作现场的整体状况，了解业务系统的全过程，但是，他们对当前业务系统中具体工作的了解程度、业务操作能力也许不如员工。有些管理者可能以前从事过业务系统中的某些具体工作，后来晋升为管理者，尽管如此，脱离具体操作的时间空当还是会给他们理解当前工作带来困难，所以，他们需要与员工进行交流。员工虽然具有专业操作能力，了解业务系统的部分内容，但其知识、技能的广度和深度都不如管理者，需要管理者的辅导与帮助。

管理者与员工在态度上也会出现差异。管理者处于发令指挥的地位，但如果不能体谅下属，态度强硬，就会造成员工的抵触情绪。同时，员工处于服从命令的地位，也可能对管理者的态度产生厌烦心理。人的性格千差万别，但在工作中，必须遵守一定的社会规范，不能恣意妄为、肆无忌惮。

沟通是解决管理者与员工之间信息不对称、情感摩擦等问题的有效方法。通过沟通，业务信息在管理者与员工之间得到合理、均衡的配置，工作得以顺利进行。借助沟通，管理者的知识、技术和人品得到展现，能在员工中树立威信；员工的专业能力、勤勉精神和人品的展露会使自己得到管理者的另眼相看。

二、绩效沟通的目的

从管理者与员工沟通的角度看，绩效管理过程可分为绩效计划阶段、绩效辅导阶段、绩效考核和反馈阶段。这三个阶段都有各自的沟通目的。

（一）绩效计划阶段沟通的目的

在这个阶段，沟通的目的在于使管理者和员工对绩效目标、绩效标准形成一致意见。首先，沟通开始于自上而下。管理者对上层目标进行分解，提出对员工的具体工作要求。其次，员工自下而上地提出本期要达到的绩效指标和绩效标准。之后，双方经过讨论，就绩效指标、绩效标准等达成共识。

（二）绩效辅导阶段沟通的目的

在这个阶段，沟通的目的是解决绩效指标执行过程中出现的问题。由于外部因素的影响，如生产品种、材料、交货期、价格等的变化，原来指标的实现会变得困难。对于这样的不可控因素，管理者和员工要一起协商，通过调配人力、物力、财力等手段，找出解决问题的方法，并适当修改绩效指标和绩效标准，保证既能完成企业的战略目标，又能维护员工的利益。在绩效指标的执行过程中，也会出现由员工本人技能欠缺导致指标无法达到的情况。这时，员工应该迅速向管理者报告，管理者要及时指导员工提高技能，保证员工通过努力达到指标。

（三）绩效考核和反馈阶段沟通的目的

在这个阶段，沟通的目的是使考核合理、公正，弄清楚问题的来龙去脉，提出妥善解决问题的方法。为了实现这个目的，管理者要及时、全面地向员工公开考核结果。员工若发现有不恰当的地方，要据理力争，通过与管理者交流，得到满意的答复。对于属于员工本人的问题，管理者要与员工一起寻找问题的原因与解决方法，并将其反映到下一期的绩效指标及绩效标准中。

三、绩效沟通的方式与技巧

绩效沟通的方式与技巧实质上就是一般意义上组织内部交流的方式与技巧，只是沟通的内容限于绩效而已。

作为信息交流的方式之一，书面报告占据很重要的地位。在网络技术发达的当今，电子版报告在书写、传递、阅览、综合分析、储存上越来越方便，可以成为绩效沟通的重要方式，绩效辅导更是如此。管理者可以用更短的时间接收更多的信息，及时发现问题，或下指令或赴现场亲自解决。管理者可以安排员工以日报、周报、月报或年报的形式汇报情况。这种方式的缺陷是，不仅员工撰写报告要花时间，管理者阅读、分析全体员工的报告更要花时间。所以，在将书面报告作为沟通方式时，要注意对员工的报告写作技能的培养和限定报告的篇幅与数量。

面谈多用于绩效计划、绩效考核和反馈阶段。在面对面交流时，传递的信息量丰富，互动直接，容易产生双方都接受的效果，但面谈要占时间。若管理者与所有下属都定期、定时面谈，则花费的时间成本较高。所以，要灵活运用面谈方式，有事可谈、可长谈，无事就不谈，提高面谈的效率。

会议同时召集多人与管理者面对面交流，可以用来处理应该周知、需要讨论的议题，如通用的绩效指标和绩效标准的设定等。但会议要花费时间，而且因为人多，讨论很容易散漫、失控。因此，若召开会议，要事先与核心人员沟通，确定会议目标，商定进行方法，以提高会议效率。同时，要尽量减少只传达上级指示、学习文件等的会议，这些内容完全可以用电子邮件形式传达，每人阅读即可。

除了上述沟通方式，还有一些更随意的方式，如管理者巡视时偶尔的交谈、休息时间的谈话、聚餐时的交谈等。这些方式有助于管理者和员工在较轻松的气氛中交流。

另外，管理者在沟通时要持诚恳、平等、虚心的态度。这种态度应该出于真心，而不是装出来的。同时，管理者还要做到以下几点：

（1）不管员工反映的问题是对是错，都不对其加以责备、训斥。

（2）在与员工交谈时，不能表现出不耐烦，这也是维持良好人际关系的基本规则。

（3）换位思考，体会员工失败或成功时的心情。失败时，不要将全部责任归于员工；成功时，不要将全部功劳归于上级领导或他人。

（4）留意员工的反应。如果员工在语言或举止上表现出不安、困惑、愤怒等情绪，要及时停止讲话，让员工充分讲述。

（5）使面谈对员工的威胁最小化。特别是绩效不好的员工，会认为面谈是一件很痛苦、很可怕的事。管理者要注意诚恳、负责任地帮助员工分析败因，指出具体的改进措施，使其树立在下一期考核中争取优异成绩的信心。

以上列举了绩效沟通的一些最基本的内容。管理者应该用心领会绩效沟通的基本含义，在实际中用自己独特的方式营造良好的沟通氛围。这也是以"用人"为职责的管理者应掌握的最重要的技术。

总之，在与员工沟通时，管理者的角色应该是可信赖的师长、可依靠的朋友。至于如何"扮演"角色，就靠管理者自己修炼了。

05 第五节 绩效信息的收集与记录

一、绩效信息收集与记录的目的

管理就是针对所收集信息做出恰当的对策。绩效管理也是如此，需要各种信息来支撑。根据绩效管理流程的特点，绩效信息收集与记录的目的有以下几个方面。

（一）发现问题绩效的产生原因

当进入绩效实施阶段后，总会出现低于绩效标准的情况。绩效管理的任务就是要在问题的萌芽状态及时将其发现，分析产生原因，采取改正措施。

（二）发现优秀绩效的产生原因

在问题出现的同时，也会有符合优秀标准的作业方法、行为出现。收集这些信息，可以总结出经验，在更大范围内推广。

（三）提取改进绩效的方法

收集信息之后，要对它们进行分析，从中提取改进绩效的方法。改进绩效包括两个方面：一是把失败经验总结出来广而告之，避免失败的重现；二是把成功经验提取出来宣扬推广，使其变为整个团队的行为方式。

（四）积累考核用的事实资料

对员工绩效进行考核，要根据其之前的工作行为、工作结果等做出判断。要判断已经过去的事情，就需要对这些事情进行记录。为了得出公正的考核结果，就要在考核之前积累充分的信息。

（五）预备解决争议的资料

当员工本人或上司、同事因对考核结果不满意而出现争议时，积累的绩效资料可以作为讨论的依据。有了这些资料，就容易得出较客观、公正的意见，减少冲突。

二、绩效信息收集的内容

收集哪些方面的信息要由绩效指标决定。首先，要确定哪些行为、态度与绩效指标有关，这些行为、态度的结果是什么。收集信息就从这里开始。然后，将与指标的各个等级相关的行为、态度和结果按照从好到坏的顺序整理出来，将此作为信息收集的中心内容。有了这些基本信息之后，就可以对信息进行分析，归纳、提炼出目的性更强的信息，也就是避免失败、走向成功所需要的行为和态度样式。

信息的名称、样式可以灵活设定，如标准达到情况、表扬或批评记录、突出表现记录、不良表现记录、操作方法改进记录、绩效辅导记录等。

三、绩效信息收集的渠道

根据绩效指标的内容决定信息收集渠道。一般来说，与组织绩效管理有关的信息收集渠道有工作进展定期检测、日常巡视、绩效计划对比、同事及上级访谈、客户访谈（企业内外）、产出（成果）检查、工作汇报等。

四、绩效信息收集的方法

常用的绩效信息收集的方法有工作记录法、临时抽样检查法、外部调查法、关键事件记录法、减分检查法。

（一）工作记录法

工作记录法指将员工的出勤、作业状况分类制表记录下来。比如，将出勤率、产品数量、废品率、销售额、客户意见等分类制表记录下来。在使用工作记录法时，要注意根据岗位职责、工作内容和绩效指标确定记录内容，既不要缺漏，也不要多余。

（二）临时抽样检查法

工作记录法是对全体员工的日常工作情况的记录，而临时抽样检查法是对部分员工的不定期检查，其检查的项目一般多于工作记录法。

（三）外部调查法

外部调查法适用于在组织之外作业的员工。由于无法直接观察在外作业员工的实际情况，因此可以定期或不定期地向外部客户了解情况。具体方法有填写调查表、通过电话及电子邮件询问等。

（四）关键事件记录法

关键事件记录法指对员工特别优秀的表现或异常失误等显著事件做记录。这里需注意的是，要有确定"何为关键事件"的标准，以确定记录内容的使用目的。

（五）减分检查法

公示不允许行为一览表，定期或不定期地进行检查，将检查结果作为考核减分的依据。

以上这些方法可以根据情况，综合使用。信息的收集主要由管理者负责。员工要参与日常工作的记录以及定期的报告。对于员工参与收集的信息，一定要明确填写内容、方法，尽量减少员工因顾及自身利益而在填写报表时可能出现的主观性。

五、绩效信息记录的方法

确定了绩效信息收集的内容、渠道和方法后，就要明确绩效信息记录的方法。由于信息是绩效管理的依据，有影响个人考核结果和组织业绩的重要意义，同时也涉及个人信息，因此，对信息的记录格式，填写、阅读及修改权力，时间限制等，要有明确的规定。

信息记录格式应该全组织统一，只有组织层面的专职管理部门才有规定信息记录格式的权力。这里涉及的表格包括纸质版表格和电子版表格。

要明确规定不同表格填写者的资格和填写时间限制。例如，工作周报表仅岗位责任人有权填写，提交时间限定为周五下午 5 点之前。

对填写完毕存档的信息、汇总后的信息，要规定阅读人及修改人的权力和时间限制。

总之，要设定妥善的方法记录信息，使信息既方便使用，又安全可靠，这样才能为绩效辅导、绩效考核和绩效反馈提供充分的、高品质的信息。

06　第六节　绩效管理过程的评价

绩效管理本身也是一种管理行为。为了保证这种管理行为有效，必须对绩效管理过程进行评价。

一、绩效管理过程评价的意义

绩效管理有其自身的目标。当绩效管理结束一个或几个周期以后，就应该对其进行评价，看是否达到了预期目标。实现目标值与预期目标值的比率称为效果。要评估绩效管理的效果，就要设定恰当的指标，将其作为实现目标值与预期目标值的代理变量。

绩效管理的效率也应该受到评价。效率是投入与产出的比率。在绩效管理过程中使用了人力、物力和财力，它们的产出虽然难以用同等的数值来计算，但可以用其他数值来代替。

绩效管理过程评价的意义就在于通过分析效果和效率状况，不断改进具体方法，甚至整个绩效管理体系，使绩效管理更好地为组织战略目标的实现做出贡献。

二、绩效管理过程评价的方法

评价方法有自我评价和外部评价。自我评价指绩效管理实施者自身的评价。组织中负责绩效管理工作的是人力资源管理部门，可以由该部门每年对绩效管理过程做自我评价，也可以由组织管理高层组成专门委员会进行自我评价。外部评价是相对于自我评价而言的。如果由人力资源管理部门做自我评价，那么，由组织高级经营会议实施的评价就可看作外部评价。另外，由于绩效管理是一个庞大的、复杂的系统，一些组织也使用外部咨询公司来对绩效管理过程进行评价。

三、绩效管理过程评价的指标

常用的绩效管理过程评价指标有员工满意度、绩效管理体系的实施效果、被评价者数与全体员工数的比率、绩效评价等级的分布、绩效考核表中文字叙述部分的信息质量、面谈质量、总体成本与收益的比率、部门层次业绩的变化。

（一）员工满意度

这个指标包括员工对绩效管理体系的感觉和态度，以及对实施程序和技术手段、公平性、准确性、有用性等的评价。可以通过全员匿名调查的方法获得这方面的信息，然后进行分析整理。调查可以进行两次：一次在绩效计划制订完毕时，另一次在绩效反馈完毕时。通过在绩效管理过程开始和结尾的两次调查，对比员工满意度的变化。

（二）绩效管理体系的实施效果

比较在时间顺序上位于前后的两个或几个不同考核周期的绩效考核状况，观察员工绩效等级的变化情况。如果总体上等级上升，就可以推断绩效管理体系产生了积极的效果。分析这项时，应注意不同周期的评价标准要统一或相似，这样才能得出有意义的结论。

（三）被评价者数与全体员工数的比率

要使绩效管理体系发挥作用，首先要保证尽量多的员工成为被评价者。如果被评价者数量太少，就无法评估绩效管理体系对整个组织业绩的影响。通过这个指标，还可以厘清未参与绩效管理的人数和原因，采取改进措施。

（四）绩效评价等级的分布

这个指标考察各部门的绩效等级评分是否有极端集中的情况。若绩效评分极端地集中在高分、中间分或低分，就说明评价中的故意性误差可能过大。对这种情况要加以纠正，指导评价者在评价时持客观态度，不要有意抬高或压低分数。

（五）绩效考核表中文字叙述部分的信息质量

评价者在绩效考核表中除写出分数之外，还要对开放式项目用文字进行叙述。这部分内容是考核的重要组成部分，因此要注意文字叙述部分能否提供真正有用的信息。这里一是要考察文字字数，二是要考察内容是否清晰、准确。

（六）面谈质量

管理者与员工的面谈可以解决员工作业中的问题，提高绩效水平和员工的积极性，是绩效管理的一个重要环节。要通过全员匿名调查，确认面谈中管理者是否提供了有意义的反馈信息、是否对员工的发展目标提供了有效的帮助、是否讨论了与工作有关的内容、讨论是否充分等。

（七）总体成本与收益的比率

这个指标要具体评价绩效管理体系的效率。然而，如何确认成本和收益是一个比较复杂的问题。可以根据情况，适当地确定成本和收益的内涵，进行计算。简便的做法是，让参与者根据各自的理解给出分值，再综合评价。

（八）部门层次业绩的变化

部门层次的业绩可以用销售额、生产量、客户满意度等来衡量。分析部门连续两个或几个考核周期的业绩与员工个人的绩效等级之间的相关关系，以此来推断绩效管理体系效果的正负、大小。

本章小结

1. 绩效计划包括计划本身和制订计划的过程。从计划本身来看，绩效计划是一份计划书，它记载了对工作目标和标准的规定；从制订计划的过程来看，绩效计划具有分层次制订、管理者与员工沟通、由沟通达成共识、员工参与和承诺等特点。绩效计划是绩效管理的第一个环节，是整个绩效管理流程的基础。通过管理者和员工的沟通形成的绩效计划是员工工作的指南，也是管理者监控、指导员工实现绩效目标的依据。绩效计划制订的原则有目标一致原则、突出重点原则、可度量性原则、可接受性原则和全员参与原则。

2. 绩效计划的制订步骤分为绩效指标体系的建立、绩效指标权重的分配、绩效标准的设定、绩效考核周期的确定、绩效计划合同的制作。

3. 绩效沟通指在绩效管理的整个过程中管理者与员工之间信息、情感上的交流，其根本目的是保证绩效目标的实现。从管理者与员工沟通的角度看，绩效管理过程可分为绩效计划阶段、绩效辅导阶段、绩效考核和反馈阶段。这三个阶段都有各自的沟通目的。沟通手段既有书面报告、面谈、会议等较正式的方式，也有闲谈、聚会等非正式方式。沟通技巧中最重要的是，管理者在沟通时要持诚恳、平等、虚心的态度。

4. 绩效信息收集与记录的目的有以下几个方面：①发现问题绩效的产生原因；②发现优秀绩效的产生原因；③提取改进绩效的方法；④积累考核用的事实资料；⑤预备解决争议的资料。收集哪些方面的信息要由绩效指标决定。绩效信息收集的渠道有工作进展定期检测、日常巡视等。绩效常用的信息收集的方法有工作记录法、临时抽样检查法、外部调查法、关键事件记录法、减分检查法。信息可以用纸质或电子媒体记录。由于信息是绩效管理的依据，有影响个人考核结果和组织业绩的重要意义，同时也涉及个人信息，因此，对信息的记录格式，填写、阅读及修改权力，时间限制等，要有明确的规定。

5. 绩效管理过程评价的意义就在于通过分析效果和效率状况，不断改进具体方法，甚至整个绩效管理体系，使绩效管理更好地为组织战略目标的实现做出贡献。绩效管理过程评价的方法有自我评价和外部评价。绩效管理过程评价的指标有员工满意度、绩效管理体系的实施效果、被评价者数与全体员工数的比率、绩效评价等级的分布、绩效考核表中文字叙述部分的信息质量、面谈质量、总体成本与收益的比率、部门层次业绩的变化。

思考与讨论

1. 绩效计划制订的原则、步骤各是什么？
2. 如何确定绩效指标？
3. 什么是绩效指标权重？什么是对偶加权法？
4. 绩效计划合同的基本内容是什么？
5. 绩效沟通的目的是什么？
6. 绩效管理过程评价的指标有哪些？

学习目标和技能要求

学习目标：

通过本章的学习，了解绩效考核的内涵，理解绩效考核的作用、基本要求和原则，掌握绩效考核的主要方法。

技能要求：

1. 说明绩效考核的主要内容；

2. 解释绩效考核的作用、基本要求和原则；

3. 列举特征法、行为法、结果法、综合法的特点；

4. 说明目标管理法的特点与基本程序；

5. 说明关键绩效指标法的特点与基本程序；

6. 说明平衡计分卡法的主要内容与基本程序；

7. 分析绩效考核中常见误差的成因与影响，并提出对策。

导入案例

A 公司高级技术支持人员的绩效考核[①]

A 公司是一家跨国信息软件公司，它在中国有 400 余名员工，其中 30 名是高级技术支持人员，他们为欧洲、中东、非洲和亚太地区的客户提供最高级别的技术支持。A 公司为这些高级技术支持人员制定了以下绩效考核体系。

一、考核目的

为提高高级技术支持部门的运作管理效率，公司对整个技术支持售后

---

① 刘宁，赵会勇，张正堂. IT 企业技术人员绩效评价的变革：以 A 公司高级技术支持人员为例. 中国人力资源开发，2011（2）：56 - 60. 引用时有修改。

服务过程进行监督、控制和指挥。考核分为三个部分：

（1）跟踪员工绩效并将其与以往的考核标准进行比较、分析，以服务水平和工作表现的各要素为内容，撰写绩效评估报告。

（2）依据技术支持的标准化体系进行实时监督、控制，跟踪现行技术流程运作绩效，改进售后服务程序，及时调整运作方法。

（3）通过绩效考核量化部门人员的工作成绩，优化技术，改进绩效。

二、考核主体

由于高级技术支持人员的工作不直接面对客户，因此，考核主体为员工本人及其上级主管。

三、考核指标

考核指标以工作内容为依据。调查表明，高级技术支持人员的工作时间分配如下：处理客户问题占70%，书写解决方案占5%，处理客户建议占5%，测试产品占5%，接受培训和为他人提供培训占10%，其他占5%。因此，A公司设计了以下考核指标和考核分值。

1. 定量指标

（1）处理客户问题（80分）。这是对员工个人和部门进行评价的最重要的指标，它又分为：处理的事件总数（40分）；事件平均解决时间（20分）；事件升级率（20分）。

为了体现产品难度差异，A公司规定，按照不同系数计算不同产品的事件平均解决时间和事件升级率。系数如下：

① 事件平均解决时间：甲产品的系数为1；乙产品的系数为0.76；丙产品的系数为0.75。

② 事件升级率：甲产品的系数为1；乙产品的系数为0.55；丙产品的系数为0.64。

（2）书写解决方案和处理客户建议（5分）。

（3）经理调控（15分）。该指标是指经理根据员工完成其他工作任务的情况，如测试新产品、指导新员工、提供培训等，做出评价。该指标的考核结果根据员工自评报告和经理收集的信息得出。

2. 定性指标

（1）处理客户问题的过程中有无违反服务级别协议。每违反一次，扣10分。

（2）员工有无收到特别的表扬信。根据表扬信的实际情况，每收到表扬信一次，给予5分或者10分的奖励。

（3）员工有无收到确实由自己的原因导致的批评信。每收到批评信一次，扣10分。

四、考核结果的反馈与处理

部门以月为单位进行绩效考核。具体实施细则如下：

（1）每个月结束后，经理根据该月的具体数据计算每个员工的分数，并且在下月初的小组会议上公布。

（2）对每个月最高得分者给予物质及精神奖励，同时请他做演讲，分享工作心得。

（3）赋予每个月最高得分者代表本部门参加公司季度优秀员工评比的资格。

（4）赋予每个季度最高得分者代表本部门参加公司年度优秀员工评比的资格。

（5）经理和员工每个月进行一次面对面的沟通，经理根据上个月的考核结果给予员工具体的绩效反馈和指导。

A公司的绩效考核得到了员工的认同。员工不仅努力提高业务能力，还主动学习和熟悉业务范围外的技能，促进了部门运营绩效的提高。

从上述案例可以看出，绩效考核是组织对员工绩效进行管理的重要手段。管理者通过绩效考核，对员工绩效的各个方面做出评价，将结果与奖金发放、资格评比等挂钩，以促进员工按照组织要求改进绩效。管理者在绩效考核中要使用一定的技术手段。有关绩效考核的各种方法将在本章中详细讲解。

01　第一节　绩效考核概述

一、绩效考核的内涵

第二章讲述了绩效计划和绩效实施的主要内容与基本程序。在绩效计划阶段，组织制定绩效指标和绩效等级；在绩效实施阶段，管理者依据绩效指标和绩效等级，监控员工的工作行为、工作能力和工作结果，收集与绩效有关的信息。之后，管理者要使用一定的技术手段，分析这些信息，对员工绩效做出评价。绩效考核就是管理者衡量员工绩效程度的过程，它的内涵可概括为5个W和1个H，见表3-1。

表3-1 绩效考核的内涵

名　称	含　义	内容举例
Why	考核目的	了解员工的工作进展；培养、开发和活用员工能力；实施岗位配置和工作轮换；为晋级、晋升等人事决策提供依据；与薪酬、奖金挂钩，以激励员工的积极性
What	·考核范围 ·考核要素	·员工素质、工作行为、工作结果 ·知识、技能、判断力、领导力、协作能力等要素
How	·考核方法 ·考核尺度	·特征法、行为法、结果法、综合法 ·三级、五级、七级、九级等尺度
Who	·考核者 ·被考核者	·员工的直接上司、同事、员工本人、下级员工、客户等 ·员工
When	考核周期	每季度、每半年、每年
Where	考核地点	员工所在部门、小组

（一）考核目的

绩效考核可用于以下目的：了解员工的工作进展；培养、开发和活用员工能力；实施岗位配置和工作轮换；为晋级、晋升等人事决策提供依据；与薪酬、奖金挂钩，以激励员工的积极性。

（二）考核范围与考核要素

绩效考核从员工素质、工作行为和工作结果三个方面，评价员工对组织的贡献。员工素质指员工的知识、能力、技能以及其他人格品质，是决定员工工作行为的重要基础；工作行为指员工对岗位职责及行为规范的执行状况，是员工取得工作成果的必要条件；工作结果指绩效目标的完成情况，是员工对组织目标贡献的直接表现形式。

员工素质、工作行为和工作结果中的某些要素是决定员工绩效的关键所在。因此，绩效考核通过这些关键要素来衡量员工素质、工作行为和工作结果。具体做法是，抽取员工素质、工作行为和工作结果中的关键要素，将其设计成有明确定义并且可测量的指标。表3-2列举了一些可用于评价员工素质、工作行为和工作结果的指标。

组织在选择绩效指标和设定绩效指标的内容时，应考虑员工所承担工作的职责和标准。一方面，分析岗位职责，梳理员工的工作内容、工作性质以及完成该工作应具备的能力，归纳员工应完成的目标以及应采取的行为方式，为确定各绩效指标及其内容提供依据。另一方面，分析员工在整个组织流程中所承担的责任与所起的作用，为甄选关键绩效指标明确范围。此外，还要考虑各绩效指标的可获得性和操作便利性，挑选容易获得并且操作方便的绩效指标。

表3-2 个人绩效指标范例

员工素质	工作行为	工作结果
知识	完成任务	生产量
技能	遵守规则	产品质量
组织忠诚度	按时出勤	次品率
主动性	参加例会	返工率
灵活性	服从命令	事故率
创造性	维护设备	销售额
可靠性	查找故障	销售价格
诚实性	提交建议	客户服务人数
责任心	工作记录	新客户开发人数
严格认真	提出解决方案	客户维持率
爱岗敬业	规范服务	货款回收率
团结协作	准确对账	处理故障（事件）数量
客户意识	及时结账	解决故障（事件）时间
学习提升		
沟通能力		
领导能力		
决策能力		
解决问题能力		

在绩效考核中，组织还要按照一定的权重把各绩效指标联系起来。权重是指各绩效指标分数在整个绩效评价总分中所占的百分比，它表示该绩效指标在整个绩效评价中的重要性。确定绩效指标的权重有两种方法：一是由组织内外的专家根据历史数据和经验确定；二是根据权值因子判断表法等统计方法来确定。具体做法是，将每个绩效指标和其他所有绩效指标进行对比，并按照一定规则对其重要性打分。例如，A指标与B指标相比，"非常重要"得4分，"比较重要"得3分，"同样重要"得2分，"不太重要"得1分，"很不重要"得0分。统计每个绩效指标的总得分和所有绩效指标的得分总和，将每个绩效指标的总得分除以所有绩效指标的得分总和就得到该绩效指标的权重。关于绩效指标权重的设定方法，参见本书第二章。

总之，在绩效考核中，员工绩效的衡量是通过绩效指标体系来实现的。为了增进理解，下面来看一个例子。

A公司是以生产和销售水泥为主的企业，该公司使用如表3-3所示的绩效指标体系对销售人员进行考核。

表3-3 A公司销售人员的绩效指标体系[①]

绩效指标	定义	权重
业绩指标	衡量工作结果的指标	80%

① 笔者企业调研资料。

续表

绩效指标	定 义	权 重
预定销售量完成率	实际销售数量/计划销售数量×100%	32%
货款回收率	实际回收货款/（发货金额＋应收账款期末余额）×100%	16%
销售价格	以销售人员所销售水泥的加权平均价格为标准，高于平均价格的，销售人员得分等额递增；低于平均价格的，销售人员得分等额递减。具体增减数额由各销售区域主管根据水泥品种、成本等因素决定	16%
信息反馈	按照公司的规定和要求，每月提供所在地区主要竞争对手的信息、市场供需情况、客户水泥用量、回款、信用信息等	8%
新客户开发	以销售人员对当年新开发的客户的实际水泥销售数量为准，销售数量最高者得满分，其他销售人员得分同比测定	8%
德能指标	衡量员工工作行为、品质的指标	20%
工作日志	如实记录工作情况及存在的问题，公司每周不定期检查一次。日志不全者，每次扣0.1分，总体扣分不超过2分。编造工作日志者，一经发现，扣除全年总分	2%
运输物流	若销售人员所开发的客户使用本公司物流单位运输，则销售人员所得分数增加；若销售人员所开发的客户采取自提方式，则销售人员所得分数减少。具体标准由销售区域主管决定	2%
出勤	根据每月的加班、加点、请假、旷工等情况决定	2%
例会	参加每周例会的情况。对无故缺席者一次扣0.1分；对请假并得到批准者一次扣0.05分，领导安排外出无法参会者除外。总体扣分不超过2分	2%
工作质量	工作努力，认真负责	6%
工作数量	严格按照规定完成工作，保证效率	6%
合计	业绩指标分值＋德能指标分值	100%

A公司的绩效指标包括业绩指标和德能指标两个部分。业绩指标用于衡量员工的工作结果，德能指标用于衡量员工的工作行为和员工素质。业绩指标分值占考核总分值的80%，德能指标分值占考核总分值的20%，这说明A公司在绩效考核中比较重视员工的工作结果，但对员工的工作行为和员工素质也给予了一定程度的考虑。A公司确定了五个业绩指标：预定销售量完成率、货款回收率、销售价格、信息反馈和新客户开发，并且赋予了这些指标不同的权重，表明各指标有不同的重要性。另外，A公司还确定了工作日志、运输物流、出勤、例会、工作质量和工作数量六个德能指标，其中，工作质

量和工作数量两个指标的权重比其他四个指标的权重大，表明这两个指标比其他四个指标重要。

（三）考核方法与考核尺度

绩效考核的方法大致可归纳为特征法、行为法、结果法和综合法，见表 3 - 4。

表 3 - 4　主要的绩效考核方法

类　型	绩效考核方法
特征法	图评价尺度法、混合标准尺度法
行为法	简单排序法、交替排序法、配对排序法、强制分布法、关键事件法、行为对照表法、行为锚定等级评价法、行为观察评价法、评价中心法
结果法	目标管理法、关键绩效指标法
综合法	平衡计分卡法

特征法用于评价对绩效有价值的员工素质，它的基本程序是：先界定一系列对绩效有价值的员工素质，然后根据这些素质对员工进行绩效评价。特征法包括图评价尺度法和混合标准尺度法。

行为法通过各种技术工具界定一系列对绩效有价值的工作行为，并对员工行为符合该标准的程度进行评价，从而推断出员工的工作绩效。行为法包括简单排序法、交替排序法、配对排序法、强制分布法、关键事件法、行为对照表法、行为锚定等级评价法、行为观察评价法、评价中心法。

结果法重视员工是否完成事先规定的绩效目标以及实现目标的程度。结果法包括目标管理法和关键绩效指标（key performance indicator，KPI）法。

综合法把特征法、行为法、结果法结合起来，强调用多种信息来评价员工绩效。综合法的典型代表是平衡计分卡（balanced score card，BSC）法。该法从财务、客户、内部运营过程和学习与成长四个方面评价组织绩效和员工个人绩效。有关绩效考核方法的具体内容将在本章第二节详细介绍。

考核尺度有三级、五级、七级、九级等尺度，有关考核尺度的具体运用可参考本章第二节。

（四）考核者与被考核者

绩效考核的被考核者是员工，考核者可以是员工的直接上司、同事、员工本人、下级员工和客户等。

1. 员工的直接上司

员工的直接上司由于熟悉员工的工作内容，可近距离地观察员工的工作情况，因此，他们提供的绩效信息与员工的工作成绩有很大相关性。直接上司作为管理者，了解组织制度，有管理经验，因此，可以说，直接上司有能力考核员工。在组织中，直接上司的绩效也往往与下级员工的绩效挂钩。也就是说，直接上司既可从下级员工的高绩效中获利，也会因为下级员工的低绩效而利益受损。所以，他们有动力对下级员工做出准确的考核。但是，单纯依靠直接上司来考核也会有问题。由于直接上司与下级员工接触频繁，他们之间的冲突关系、友情关系以及上司的偏见都可能影响考核的准确性。为了克服这个缺陷，就要尽量避免仅由一位直接上司评价的做法，可采用隔层复查、多位同级干部共同考核等做法。

2. 同事

同事比直接上司更有机会观察员工的工作情况，并且熟悉工作要求，在采取团队方式工作的情况下更是如此。因此，同事提供的绩效信息在很大程度上可以反映员工真实的工作情况。因为同事之间在奖金分配等事项上存在利害关系，所以员工一般有动力对同事做出准确的考核。但是，依靠同事进行考核的缺陷是，同事之间的友情关系、冲突关系可能会造成考核的偏差。所以，同事考核是有局限性的。有研究结果表明，同事考核不适合用于管理目的，而适合用于开发目的。

3. 员工本人

员工本人当然是最了解自己工作的人，可以说，自我评价非常有采用价值。员工对自我评价也不会抵触。但是，员工可能夸大自己的工作绩效。当考核结果被用在奖金分配、提薪、晋升等与员工利益有密切关系的决策中时，员工就会有动力夸大自己的工作绩效。另外，当工作绩效不佳时，员工容易将其归咎于外部因素，而不肯承认自己的过错。

4. 下级员工

下级员工能够提供对上司的评价。因为下级员工了解上司的工作情况，他们的评价与上司的工作绩效有很大的关联性，所以，下级员工的信息有助于改进上司的领导作风、管理方法。但是，下级员工往往不愿意对上司进行评价，理由是怕自己的负面评价被上司知道后，会遭到上司的打击报复。因此，下级员工对上司进行评价时，往往会夸大上司的绩效，从而导致考核不准确。所以，为了消除下级员工的顾虑、获得真实的评价，应该采取匿名形式，并制定保护下级员工的措施。

5. 客户

客户可以提供直接上司、同事无法观察到的员工的工作信息。因此，在服务行业中，客户对员工的评价是非常有价值的信息。客户的评价也有助于组织了解客户希望得到什么样的服务，从而开展相关培训。但是，收集客户的信息需要花费时间和其他成本。

综上所述，单纯依靠某一类考核者对员工进行评价，不能说是妥善的做法。组织应该从不同类型的考核者处获取不同角度的信息，这有助于了解员工工作的不同侧面。

现在，一些组织采取360°绩效考核法，即由多种考核者（员工的直接上司、同事、下级员工、客户以及员工本人）对员工进行评价。有效的360°绩效考核应该具备以下九个特征[①]：第一，匿名进行。匿名方式有助于考核者说出真话。第二，让真正了解员工并掌握第一手资料的人参加考核。第三，把考核结果反馈给员工。第四，为员工制订绩效改进计划。第五，360°绩效考核的结果最好用于开发目的。第六，避免考核者因疲劳过度而出现评价偏差。第七，考核内容以工作行为为主。第八，考核者要提供详细的绩效改进建议。第九，对考核者实施培训，减少主观评价偏差。

（五）考核周期与考核地点

考核周期是指考核间隔时间的长短。绩效考核周期的长短与绩效考核的目的有关。如果绩效考核的目的是确定奖金，那么考核周期就会根据奖金发放周期来确定。如果奖金每年分配一次，绩效考核就每年实施一次。如果绩效考核是用在每月的工资分配上，考核就要每月进行一次。另外，工作任务的特点也会影响考核周期的长短。生产人员、服务人员的工作结果可以在短期内测量到，所以对这些人员的考核周期就可以相应短一些。然而，技术人员、高级管理人员的工作成绩需要在较长时间内才能显现出来，对他们的考核就需要在较长的周期内进行。

考核周期不宜过短，也不宜过长。如果考核周期过短，不仅会增加管理负担，对员工的精神、心理也是一种压力。如果考核周期过长、反馈太迟，又起不到激励员工改进绩效的作用。一般来讲，考核每季度、每半年或每年实施一次较为适宜，把每次考核评分的加权平均值作为全年得分，并据此实施奖惩。

绩效考核一般在员工所在部门、小组进行。

二、绩效考核的作用及基本要求

（一）绩效考核的作用

从员工角度看，绩效考核提供关于员工工作表现方面的信息，有助于员工认识自己的成绩和不足，发扬成绩，改进不足，提高工作绩效。

从组织角度看，绩效考核向员工指出组织的要求，告诉他们应该在哪些方面努力才能取得高绩效、应该做什么才能提高对组织目标的贡献程度，使员工目标与组织目标保持一致，提高组织的管理效率。组织从绩效考核中发现员工的弱点和不足，通过分析找出原因，就可以确定培训方向和培训内容，帮助员工提高专业能力，促进员工职业生涯的发展。另外，绩效考核的结果可以为识别员工工作表现提供依据，组织根

---

① 阿吉斯. 绩效管理. 刘昕，曹仰锋，译. 北京：中国人民大学出版社，2008：193 – 194.

据它做出奖金分配、晋升、薪酬调整等决策，使员工更关注绩效水平的提高。绩效考核提供关于员工工作态度、工作行为和工作成果方面的信息，从这些信息中，组织可以全面了解员工的个人特征、知识、能力以及技能的状况，可以有根据地对人力资源配置做出决策。

（二）绩效考核的基本要求

有效的绩效考核应达到以下八个要求。

1. 有清晰的绩效标准

绩效考核要向员工提供明确的信息，告诉他们组织的要求是什么，他们应该如何达到要求。如果设定的绩效标准不明晰，绩效考核就不能有效地实现管理目的和开发目的。

2. 能够区分绩效差异

组织在确定奖金分配、加薪、晋升、人事调动决策时，需要通过绩效考核收集关于高绩效员工和低绩效员工的信息。如果绩效考核不能对员工绩效差异做出区分，组织就无法做出正确的考核决策。

3. 能够保证考核的一致性

考核的一致性又分为考核者一致性和时间一致性。考核者一致性是指不同的考核者对同一个员工所做的评价是一致的。如果不同的考核者对同一个员工所做的评价基本相同，那么绩效考核就有了考核者一致性。研究结果表明，考核者一致性与考核者对员工观察的机会以及对员工了解程度的相似性有关。考核者接触员工的机会、渠道越相似，就越容易做出一致性评价。时间一致性是指在不同的时间段对同一个员工所做出的评价应该基本相同。例如，对销售人员的绩效考核如果仅依据某个月份的销售量，就会出现旺季绩效好、淡季绩效差的结果。而这和需求周期有关，并不能准确地反映销售人员真实的工作绩效，这就需要在绩效考核中对时间做特殊考虑，要以一个较长的时间为单位来评价销售人员的绩效。

4. 能够衡量绩效的所有方面，并且不包括与绩效无关的信息

如果绩效考核没有涵盖实际绩效中的信息，这种绩效考核就被认为存在"缺失"；如果绩效考核包括了与工作绩效无关的信息，这种绩效考核就被认为"受到污染"。有效的绩效考核既应该减少"缺失"，又要避免"受到污染"。但应该指出的是，在有些情况下要兼顾两者是很困难的。例如，销售人员的销售额是衡量其工作绩效的重要指标，衡量销售人员绩效时不可能不考虑它。然而，如果仅用销售额来衡量在不同区域的销售人员的绩效，就会出现评价偏差。因为销售额除了取决于销售人员的努力程度，还受当地市场竞争程度、客户数量等区域因素的影响。所以，在这种情况下，除了考虑销售额，还必须把区域因素作为评价的考虑因素。

5. 满足员工的公平需求

满足员工的公平需求，就是要在绩效考核中做到程序公平、人际公平和结果公平。

在绩效考核体系的设计过程中，应该吸收员工的意见。在绩效考核中，要尽量减少考核者的主观偏差。在绩效考核后，要及时公布绩效考核的结果，允许员工质疑，与员工进行坦诚的沟通并达成共识。

6. 容易操作，并且符合收益成本原则

绩效考核的方法应该简单明了，使大多数人经过一定培训就能掌握。绩效考核体系的设计和使用应符合收益成本原则。绩效考核体系的设计与使用要花费大量的人力、物力和时间，如果从绩效考核中获得的收益小于成本，从经济上讲就是不合算的。

7. 满足国家法律法规的要求

绩效考核的指标、程序中不能有法律、法规明确禁止的内容。

8. 与组织战略保持高度一致

绩效考核应该与组织战略保持高度一致。绩效考核体系不应是一个静态不变的系统，而应是一个随竞争态势、社会经济形势等环境的变化而不断变化的系统，这样才能保证组织目标的实现。例如，当减少污染成为社会的要求和组织的战略目标时，绩效考核就应该增加相应内容，把减少废气、废水以及产业垃圾，资源再利用等落实到每个岗位。

三、绩效考核的原则

组织在绩效考核中应遵循以下四个原则。

（一）绩效考核内容与工作内容相一致原则

绩效考核内容必须与工作内容紧密相关，并且是员工能够影响和控制的内容。这意味着，组织不能把员工无法影响和控制的因素当作绩效衡量对象。这是保证绩效考核具有准确性的条件。

（二）绩效考核指标的可观察原则

绩效考核指标应该可以直接观察、测量、计算或通过一定方法可以辨别、把握与计量。在对员工能力和工作绩效进行考核时，有很多指标可以选择。例如，员工素质指标有工作知识、资格等级、工作经验、组织忠诚度等；工作行为指标有出勤率、任务完成记录、生产记录等；工作结果指标有生产量、产品质量、事故率、设备故障等。这些指标有的可以用客观数据来记录，有的却无法直接测量，如工作经验，这时就需要设法用其他可以直接观察的指标来代替工作经验，常用的指标是工作年限。

（三）绩效考核体系的结构性原则

绩效考核体系应该由可以反映工作成绩的条件、过程与结果三方面指标构成。因为员工的工作成绩既可以通过其具备的知识、能力、态度以及品质来考察，也可以通过其完成工作的过程来衡量，还可以通过其工作结果来评价。要准确衡量员工的工作成绩，就要对其取得工作成绩的条件、过程和结果进行评价，不能依靠单一指标。这也是保证绩效考核体系具有准确性的重要条件。

（四）绩效考核指标的独立性原则

为了获得精确的绩效评价，绩效考核体系中的各指标应该相互独立、没有交叉。在确定绩效考核指标时，需要经过指标内容的设计、归类合并与筛选、量化、试用、检验和修改六个环节。设计考核指标内容应从确定考核要素入手，进而确定能包含这些要素的具体指标。然后对这些指标进行归类处理，即剔除相互矛盾、重复交叉的指标，用可观察的指标替代不可观察的指标。

所谓考核指标的量化，是指根据各指标在整个体系中的重要性赋予其一个数值，使之恰好能表示该指标在整个体系中的重要性。通常把整个体系看成1，各指标的重要性则用一个小于1的小数来表示，这个小数又被称作权数。所有指标的权数相加等于1。权数的确定可以用经验法，即请一些专家对考核指标加权，然后将他们的数值进行统计处理，取其平均值作为权数。

权数的确定还可以采取对偶加权法等统计学方法。相关方法可参见第二章。运用上述方法确定的考核指标，必须在抽样试用之后才能全面投入使用。因为以上过程都是由考核者等实施的，只有被考核者参与，绩效考核体系的有效性才能被检验出来。所以，对于绩效考核指标应该慎重地试用、检验和认真修改，以确保绩效考核体系本身的品质。

02 第二节　绩效考核的方法

组织在考核员工素质、工作行为和工作结果时，有多种方法可以选择。把考核员工素质的方法叫作特征法；把考核员工工作行为的方法叫作行为法；把考核员工工作产出和结果的方法叫作结果法；把结合特征法、行为法和结果法进行绩效考核的方法叫作综合法。

一、特征法

特征法把人格特征作为决定绩效的重要因素。它先界定有利于带来高绩效的人格特征，然后评价员工在多大程度上具有这些人格特征，以此来推断员工的绩效。

在应用特征法时，首先，考核者选择一些有利于带来高绩效的人格特征作为考核指标，并对这些考核指标做出明确定义。例如，选择"协调性"作为考核指标，将它的含义界定为四个方面：①不只关注自己的工作，也关心同事的工作；②积极参与公司活动，支持公司项目的开展；③经常用语言鼓励同事，创造愉快的工作环境；④很少有消极的、不利于团结的言论。

其次，考核者为考核指标确定评价标准，包括选择划分考核指标等级的尺度，阐明每个等级的内容，确定每个等级的赋分标准。例如，采用五级评价尺度来评价"协调性"，规定一级为"很差"，得 1 分；二级为"尚可"，得 2 分；三级为"良好"，得 3 分；四级为"优秀"，得 4 分；五级为"卓越"，得 5 分。

最后，考核者根据以上考核指标和评价标准，对每个员工进行评价。

特征法有两种具体形式：图评价尺度法和混合标准尺度法。

（一）图评价尺度法

在应用图评价尺度法时，考核者首先选择要评价的人格特征，然后为要评价的人格特征确定评价尺度。该评价尺度上除了有评价等级，还有相应的评价分数。考核者在评价员工时，只需在与该员工最相符的地方做出标记即可。表 3 - 5 列出了图评价尺度法的一个范例。

表 3 - 5　图评价尺度法范例

评价要素	卓越/分					良好/分					标准/分					需要改进/分					很差/分				
	25	24	23	22	21	20	19	18	17	16	15	14	13	12	11	10	9	8	7	6	5	4	3	2	1
知识/技术												×													
计划/创造力																	×								
协调/调整力										×															
指导/育人力													×												
判断/行动力								×																	

注："×"表示评价。

表 3 - 5 评价员工的知识/技术、计划/创造力、协调/调整力、指导/育人力、判断/行动力，并且把这些评价要素的水平划分为"卓越""良好""标准""需要改进""很差"五个等级，每个等级内部又分为五个等级，并且对应一组连续的分数。假定考核者对某员工已做出如表 3 - 5 所示的评价，该员工在知识/技术上获得 14 分，在计划/创造力上获得 9 分，在协调/调整力上获得 16 分，在指导/育人力上获得 13 分，在判断/行动力上获得 18 分，汇总之后的得分就是该员工的绩效总分。

图评价尺度法是非常简便、实用的评价方法，并且适用于不同的工作、不同的组织，但它存在的问题是缺乏对评价指标的明确定义，对评价等级的界定也比较简单，因此容易导致评价结果不准确。

（二）混合标准尺度法

混合标准尺度法是为了解决图评价尺度法所存在的问题而开发的。在应用混合标准尺度法时，考核者首先选择要评价的人格特征，即评价要素，并且对这些人格特征进行明确定义，其次分别确定每个人格特征包含的等级，并且对每个等级的内容加以界定，确定每个等级所对应的分数，最后根据已定义好的评价要素、评价标准对员工进行评价。表3-6列出了混合标准尺度法的一个范例。

表3-6　混合标准尺度法范例

评价要素	评价要素的定义	评价等级	评价标准/分	得分
积极性	·主动增加工作量，想方设法改进工作质量 ·敢于承担有难度的工作	A □ B □ C □ D □ E □	90~100 75~89 60~74 40~59 40 以下	
协调性	·在工作中与上司、同事以及其他部门和睦相处 ·在工作中为他人着想 ·服从组织决策	A □ B □ C □ D □ E □	90~100 75~89 60~74 40~59 40 以下	
责任心	·尽责完成组织交给的工作 ·在工作中从不把属于自己的责任转嫁给他人	A □ B □ C □ D □ E □	90~100 75~89 60~74 40~59 40 以下	
纪律操行	·遵守组织及所属部门的规定、纪律、命令 ·对上司、同事以及客户有礼有节，保持良好的人际关系	A □ B □ C □ D □ E □	90~100 75~89 60~74 40~59 40 以下	
业务知识与技能	·掌握工作所需要的知识与技能 ·辅佐上司工作，对下级员工进行业务指导	A □ B □ C □ D □ E □	90~100 75~89 60~74 40~59 40 以下	

续表

评价要素	评价要素的定义	评价等级	评价标准/分	得　分
判断力	对工作环境中的变化做出判断，按照业务计划、程序，采取应对措施	A □ B □ C □ D □ E □	90～100 75～89 60～74 40～59 40以下	

评价等级说明

A：卓越。在所有方面都非常突出，明显比别人优秀

B：优秀。在大多数方面表现突出，有超出别人的绩效

C：良好。在所有方面均达到绩效标准的要求

D：尚可。在某些方面不能达到绩效标准的要求，需要改进

E：较差。总体上不能达到绩效标准的要求，必须全面改进

表3-6中列举了六个需要评价的人格特征，并且对它们的内容进行了界定，考核者根据各个特征的内容描述，观察员工。表3-6采取五级评价尺度，并且把每个级别的含义、每个级别所对应的分数都列举出来。考核者在评价员工的某个人格特征时，首先确定一个与之相符的等级并做出记号，然后在相应的分数段中确定一个分数并做记录，最后汇总所有分数，就得到该员工的绩效总分。

混合标准尺度法的优点是设计容易，操作简单，并且适用于不同职业、不同组织、不同人群。但是，它有两点不足：一是要把作为评价要素的人格特征及其等级内容界定清楚不太容易，因此评价结果的正确性会受到影响；二是缺乏从组织目标角度确定评价要素的步骤，因此评价要素与组织战略之间的关系可能不紧密。

二、行为法

行为法通过评价工作行为来推断员工的绩效。行为法又分为相对行为评价法和绝对行为评价法两类。相对行为评价法通过将员工与其他人进行比较来衡量绩效。简单排序法、交替排序法、配对排序法、强制分布法属于相对行为评价法。绝对行为评价法通过将员工与事先确定好的绩效标准进行比较来衡量绩效。关键事件法、行为对照表法、行为锚定等级评价法、行为观察评价法、评价中心法属于绝对行为评价法。

（一）相对行为评价法

相对行为评价法的基本做法是，先确定要评价的工作行为，然后将员工在该工作行为中的表现与其他员工进行比较，排出相对优劣的顺序。

1. 简单排序法

应用简单排序法时，考核者按照员工在考核要素上的总体表现，从最好（最差）

到最差（最好）进行排序。简单排序法简便易行，适合用于员工数量少的组织，参见表3-7。

表3-7 三种排序方法

简单排序法

排序等级	员工姓名
第一	_____
第二	_____
第三	_____
（以下略）	（以下略）

交替排序法

排序等级	员工姓名
第一	_____
第二	_____
第三	_____
（中间略）	（中间略）
倒数第三	_____
倒数第二	_____
倒数第一	_____

配对排序法

排序等级	员工A	员工B	员工C	员工D	员工E	胜出次数/次
员工A		×	×	×	×	4
员工B			×	×	×	3
员工C				×	×	2
员工D					×	1
员工E						0

注："×"表示胜出。胜出次数最多的人排在第一位。

2. 交替排序法

应用交替排序法时，考核者根据员工在考核要素上的总体表现，在需要评价的员工中首先挑出最好的员工，然后挑出最差的员工，将他们分别排在第一位和倒数第一位。之后在剩下的员工中再次挑出最好的员工和最差的员工，将他们分别排在第二位和倒数第二位。依次类推，直到所有员工排序完毕，参见表3-7。

3. 配对排序法

应用配对排序法时，考核者根据员工在考核要素上的总体表现，将每一个员工与其他员工进行一对一的比较，并记录员工在每一次比较中的结果，最后汇总员工的优胜次数，得出员工的总体绩效分数，据此排出优劣顺序，参见表3-7。

4. 强制分布法

简单排序法、交替排序法、配对排序法比较适合用于员工人数较少的组织，而当员工人数较多时，这些方法用起来就很烦琐，并且容易出错。强制分布法可以弥补这一不足。强制分布法也是通过比较来排序的，但是，它不是对员工个人进行排序，而是按照组别进行排序。强制分布法假设员工的绩效水平遵从正态分布，即绩效特别好的人和绩效特别差的人都相对较少，绩效一般的人相对较多，因此可以把员工的绩效分成"卓越""优秀""良好""需要改进""较差"五种情况，并且可以假定"卓越"的人占5%，"优秀"的人占15%，"良好"的人占60%，"需要改进"的人占15%，"较差"的人占5%，如图3－1所示。考核者在评价时按照这个事先定好的概率来对员工进行归类。最终，5%的人得到"卓越"的评价，15%的人得到"优秀"的评价，60%的人得到"良好"的评价，15%的人得到"需要改进"的评价，5%的人得到"较差"的评价。

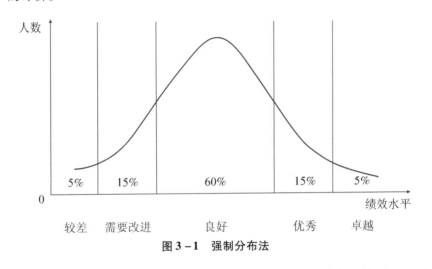

图3－1　强制分布法

在应用强制分布法时，组织一般假设绩效水平遵从正态分布。从管理经验、社会学、统计学角度看，该假设具有一定的合理性。但是，也有组织假设绩效水平呈某种偏态分布，有的组织还根据部门总体的绩效好坏来确定员工绩效水平的分布形式。例如，某部门绩效好，被评为"优秀"的员工就相对多些；相反，某部门绩效差，被评为"优秀"的员工就相对少些。

5. 对相对行为评价法的评价

相对行为评价法中的简单排序法、交替排序法和配对排序法是简便实用的绩效考核方法，适合用于中小规模组织。它们能够区别出高绩效员工和低绩效员工，在技术上可减少宽大化误差、严格化误差、居中趋势误差出现的可能性，因此适合作为确定奖金、晋升决策的依据。但是，这些方法也存在缺陷。一方面，它们的评价标准比较笼统，定义不明确。评价大多是考核者根据自己对员工的整体印象做出的，主观性较强，容易出现不准确的评价，不同考核者的评价也可能不同。另一方面，这些方法不能向员工提供具体的绩效反馈信息。员工虽然可以从绩效考核结果中得知自己的相对绩效排名，但不知道该如何改进才能提高自己的绩效排名，因此它们在开发员工能力方面很难发挥作用。另外，这些方法不适合在人数较多的组织中使用。强制分布法弥补了这些缺陷，可在人数较多的组织中使用，但它的评价结果仍容易受考核者主观因素的影响。

目前有一种方法可以克服相对行为评价法的主观误差缺陷，这就是群体评价法。群体评价法的做法是，让员工对其所在部门其他员工在考核要素上的表现进行评价，按照一定的评分标准，求出每个员工的绩效平均得分和部门所有员工的绩效平均得分，再把每个员工的绩效平均得分与部门所有员工的绩效平均得分进行比较，最终得出每个员工的总体绩效得分。这种方法的实质是，绩效评价不是由考核者一个人做出的，而是由了解员工的群体做出的，这样就可以中和各种评价结果，减少仅由一个考核者评价时可能出现的主观偏差。另外，组织还可以考虑把员工群体评价结果与管理者评价结果的加权平均值作为员工最终的总体绩效得分。各个评价等级之间的数值界限可以由管理者根据过去员工绩效考核结果的离散程度来决定。

（二）绝对行为评价法

绝对行为评价法是根据客观标准对员工的工作行为进行评价的方法。绝对行为评价法的基本做法是：首先把员工的工作行为分解成若干个要素；其次界定每个要素的内容，给出相应的评价标准；再次根据评价标准，对员工工作行为的每个要素进行评价，给出一个得分；最后汇总得分，得到该员工的绩效总得分。

绝对行为评价法与相对行为评价法的不同之处在于，绝对行为评价法不对员工绩效进行排序，对员工的评价不是相对比较的结果，而是与客观标准比较的结果。绝对行为评价法的具体形式有关键事件法、行为对照表法、行为锚定等级评价法、行为观察评价法、评价中心法等。

1. 关键事件法

关键事件法是通过记录员工工作中的突出表现来做出绩效评价的方法。其基本做法如下：把员工在工作中所表现出来的能够代表高绩效的行为和代表低绩效的行为分别用文字描述出来，形成书面报告，考核者根据报告对员工进行评价，指出他们在哪些方面做得好、在哪些方面还需改进。

关键事件法要求管理者长期观察员工，并定期对员工行为进行记录。如果管理者能做到这一点，并且公正、坦率，没有偏见，那么关键事件法在向员工提供明确的反馈信息、指导他们改进绩效方面可以起到明显的作用。因此，它非常适合用于制订培训计划。但是，因为通过关键事件法记录下来的事件针对每个人，非常独特，不具有普遍性，所以，该方法的评价结果无法用作比较员工绩效的依据。因此，关键事件法不适合用在工资、晋升决策中。

2. 行为对照表法

行为对照表法首先要求考核者界定出哪些关键行为是工作绩效所必需的，然后考核者对这些关键行为进行描述，制定出行为规范和评价标准。接着，考核者把员工的工作行为与行为规范进行对照，判断哪些行为符合要求、哪些行为没有达到要求，并按照评价标准给出分数。最后，考核者汇总得分，得出最终评价结果，并将其反馈给员工。

行为对照表法可以说是对关键事件法的改良。行为对照表法有适合所有员工的统一的评价标准。行为对照表法不仅对必要的工作行为做出详细描述，而且对员工的工作行为符合行为规范的程度给出评价，所以，评价结果不仅可以用来指导员工提高绩效，而且可以用来对员工绩效进行比较，用在工资、奖金、晋升决策中。因此，行为对照表法是使用频率最高的绩效考核方法。行为对照表法的难点在于对考核者的要求较高：它不仅要求考核者制定出一套行为规范和评价系统，还要求考核者对员工进行长期观察，记录员工的工作行为。

3. 行为锚定等级评价法

行为锚定等级评价法是在关键事件法的基础上形成的。它的基本做法如下：

(1) 确定需要评价的绩效指标。

(2) 运用关键事件法为每个绩效指标撰写一组关键事件。

(3) 为每个关键事件确定一个绩效等级。

(4) 把不同关键事件按照其绩效等级进行排序。

(5) 制定行为锚定等级评价表。

(6) 根据行为锚定等级评价表对员工的工作行为进行评价。

行为锚定等级评价表一般包括 7~8 个绩效指标，每个绩效指标又分为 7 个等级（或叫作维度）。表 3-8 展示了运用行为锚定等级评价法评价指导力的例子。在表 3-8 中，指导力被分成 7 个等级，在各等级上对行为进行描述。考核者将员工的工作行为与表 3-8 进行比较，确定相应的等级。

表 3-8　行为锚定等级评价法举例①

评价要素：指导力
　鼓励和指导下属按正确的方式工作，充分发挥他们的能力

经常与下属见面，及时了解和掌握他们的工作进展，根据情况提出建议	7
	6 肯定下属的工作，支持和鼓励他们
与下属有特定联系渠道，如信函、电子邮件等	5
	4 采取团队工作形式，倡导和鼓励同事之间的合作
虽然关心下属的成长，但只在他们提出请求时提供指导	3
	2 不太听取下属的想法和意见
很少和下属见面，让别人管理下属，只埋头做自己的工作	1

---

① 笹島芳雄. アメリカの賃金・評価システム. 東京：日経連出版部, 2001：139.

行为锚定等级评价法的优点是，能够向员工提供有关工作行为的具体指导，有利于员工改进绩效。行为锚定等级评价法通过提供精确、完整的绩效等级及关键事件，可以提高考核者的一致性。但是，该评价法也有局限性，那就是需要投入大量的时间和精力，且设计成本和实施成本都较高。

4. 行为观察评价法

行为观察评价法与行为锚定等级评价法一样，也是由关键事件法发展而来的绩效考核方法。但是，行为观察评价法与行为锚定等级评价法在两个方面有所不同。一方面，行为观察评价法用更多的关键事件来界定每个绩效指标的不同绩效等级。假如行为锚定等级评价法用五种行为来界定五种绩效水平，那么行为观察评价法可能用十种行为来界定十种绩效水平，这使得行为观察评价法的评价要比行为锚定等级评价法的评价更精确。另一方面，行为观察评价法不对员工的工作行为达到何种程度进行评价，而是评价这些工作行为出现的频率。行为观察评价表常用五分制来表示"几乎从不"（1分）、"偶尔"（2分）、"有时"（3分）、"经常"（4分）、"几乎总是"（5分）五种频率。考核者对员工的每个绩效指标打分，加总之后得出总评分。表3-9展示了运用行为观察评价法评价协调性的例子。

表3-9　行为观察评价法举例

绩效指标：协调性。几乎从不（1分）、偶尔（2分）、有时（3分）、经常（4分）、几乎总是（5分）

1. 在工作中主动帮助他人。
几乎从不　　偶尔　　有时　　经常　　几乎总是

2. 在他人请求时伸出援助之手。
几乎从不　　偶尔　　有时　　经常　　几乎总是

3. 能很好地理解同事的工作，尊重对方的立场与意见。
几乎从不　　偶尔　　有时　　经常　　几乎总是

4. 当意见不一致时，能及时调整自己的立场，开展工作。
几乎从不　　偶尔　　有时　　经常　　几乎总是

总分数：_____

评价：	很差	尚可	良好	优秀	出色
分值：	4~8分	9~11分	12~14分	15~17分	18~20分

行为观察评价法还具有便于提供反馈、利于确定培训需求的优点。但是，建立行为观察评价系统也和建立行为锚定等级评价系统一样，需要投入大量的时间和精力，且设计成本和实施成本都较高。

5. 评价中心法

评价中心法多用于对管理者的考核，是一种由多个考核者对管理者在一系列演习中所表现出来的能力进行评价的方法。它要求管理者在规定时间内、在模拟工作场景中完成一系列任务，如小组自由讨论、公务处理、面试、角色扮演等。管理者被放置于由 6～12 人组成的群体中接受考核。评价中心法常用来考察管理者是否具备某种人格特征、管理能力。评价中心法的优点是，它能够提供一种具有一定客观性的评价。另外，它还能提供特定的绩效反馈，并且设计出个性化的绩效开发计划。评价中心法常被企业和政府部门用来培养中层管理干部。

6. 对绝对行为评价法的评价

绝对行为评价法与相对行为评价法的区别主要有三点：第一，在绝对行为评价法中，虽然评价由考核者做出，但考核者不能凭印象进行评价，而要根据客观事实或客观标准来评价，因此，该方法较少受考核者主观因素的影响，适合用于奖金分配、晋升决策。第二，大多数绝对行为评价法能提供关于工作行为的具体信息，因此，可以用来指导员工改进绩效。第三，大多数绝对行为评价法的设计和执行都比较复杂。

三、结果法

结果法是根据员工的工作成果来衡量绩效的方法。结果法的优点表现在两个方面：一是使员工关注组织目标，激发员工发挥最大能力实现这些目标；二是减少绩效考核中主观因素的影响，比较准确地衡量员工对组织所做的贡献。

（一）结果法的基本步骤

结果法的基本做法可归纳为三个步骤。[①]

步骤一：界定职责。

对员工在工作中应该关注的领域或方面做出界定。首先，通过岗位说明书了解员工所承担的工作职责；其次，根据员工在完成每项工作职责方面所花费的时间占总工作时间的百分比，员工未履行的工作职责对组织目标实现的影响程度，以及员工未履行的工作职责对员工本人、他人和组织的损失类型等因素，划分各任务的相对重要程度。

步骤二：确定目标。

确定每项工作职责所要达到的目标。目标应该具备以下特征：第一，具体且清晰。目标必须能够被测量。第二，富有挑战性。目标必须是经过努力才能够实现的。第三，能够达成共识。组织和员工共同制定目标，双方都认可目标的内容。第四，重要。目标对整个组织目标的实现具有关键意义。第五，有优先顺序。各个目标的重要程度不同。第六，有时间限制。目标的实现有时间表。第七，可实现。对于具备一定知识与技能的员工来说，目标是可以实现的。第八，经过充分沟通。在目标管理过程中，管理者和员工要保持充分的交流和沟通。第九，具有灵活性。目标应该根据工作环境和

---

① 阿吉斯. 绩效管理. 刘昕，曹仰锋，译. 北京：中国人民大学出版社，2008：84－99.

经营环境的变化而变化。第十，限定数量。目标的数量不宜太多，也不宜太少。如果太多，则实现不了；如果太少，则对组织的贡献太小。目标数量的合适范围为 5 ~ 10 个。

步骤三：确定绩效标准。

为每个目标确定一个评价尺度，用以衡量该目标的实现程度。目标的实现程度可用质量、数量、时间等维度来表示。绩效标准应该具备以下特征：第一，与工作相关。绩效标准必须根据岗位分析来确定。第二，具体、明确、可衡量。绩效标准可以观察到，并且可以测量。第三，容易衡量。绩效标准可用最有效的方法获得。第四，有意义。绩效标准能够阐明其对组织的重要性。第五，具有现实性。绩效标准在规定时间内经过努力可以达到。第六，定期审定。考核者能够定期获得与绩效标准有关的信息，从而了解员工的目标进展情况。

（二）结果法的主要形式

1. 目标管理法

目标管理法既是一个计划工具，又是一个评价工具。目标管理法最早用于美国的会计师事务所，后来被移植到美国通用电气公司，此后，麦克雷戈把它总结、发展成具有普遍意义的管理方法。

（1）目标管理法的特点。目标管理法将组织目标分解到部门和个人，以此为标准对员工的绩效进行评价。它的特点表现在以下四个方面：

第一，注重工作结果。目标管理法要求确定具体的、有一定难度的、可测量的目标。目标就是组织和员工在一定时期内应该完成的工作。管理者根据目标完成情况对组织和员工的绩效进行管理。

第二，管理者与员工共同制定目标。目标管理法要求管理者和员工共同制定目标。目标不是由管理者单方面决定的，而是由管理者和员工双方经过协商讨论来确定的。因此，管理者和员工对设定的目标有一致的认识，设定的目标水平不应脱离组织和员工的实际能力，而应是可以实现的。

第三，组织目标和个人目标相统一。目标管理法要求把组织目标逐级分解到部门和员工个人，在组织内部建立统一的目标体系。在这个目标体系中，个人目标与部门和组织的目标紧密联系，个人目标的实现是部门和组织目标实现的基础。

第四，实施绩效检查和提供反馈。目标管理法要求管理者在整个考核期间对员工实现目标的进展过程进行检查。管理者在目标实施期间分阶段地进行进度检查，对于达到阶段性目标的员工，及时评价他们的绩效，并且制定下一个阶段的目标；对于未达到阶段性目标的员工，应帮助他们分析存在的问题，指出解决问题的方向，从而实现目标。

（2）目标管理法的实施步骤。目标管理法的实施步骤遵循 PDCA 循环原则。[1] P（plan）是计划，D（do）是执行，C（check）是检查，A（action）是行动。目标管理首先从制订计划开始，然后执行计划，做计划要求的事情，接着检查计划执行情况，总结经验，查出问题，最后对检查结果进行处理，对成功的经验加以推广，对存在的问题提出改进措施，将其放到下一个 PDCA 循环中解决。目标管理法主要有以下六个实施步骤。

步骤一：制定组织目标。

在制定组织目标时，要考虑市场环境、竞争对手、组织内部条件等因素。

制定目标时，要注意以下原则：目标要尽可能用数量、质量和时间等具体地表述；目标应该是通过努力可以实现的；目标应和员工的工作职责、能力等匹配，不应过于困难或过于容易。

组织在制定目标时，还要确定目标考核标准以及目标考核结果在薪酬、能力开发决策中的应用方法。

步骤二：分解组织目标。

组织目标制定以后，要将其逐级分解到部门和个人。这项工作要由管理者和员工共同完成。首先，各部门管理者和其上级管理者进行协商、讨论，确定部门的计划及目标。其次，各部门管理者和员工进行协商、讨论，确定员工的个人计划与目标。

步骤三：员工执行目标任务。

步骤四：管理者检查目标实现情况。

管理者在规定时间内检查员工实现目标的情况，并与事先规定的目标进行对比，据此提出反馈意见，包括存在的问题、解决问题的措施等。

步骤五：实施奖惩。

根据目标完成情况对员工实施奖惩措施。

步骤六：制定下一期的目标。

管理者和员工根据目标实现情况，共同制定下一期的绩效目标和实施计划。

（3）目标管理法的应用案例。

第一个案例介绍的是办公设备制造企业 A 目标管理体系的数量目标。办公设备制造企业 A 在目标管理体系中设计了三类目标：职务目标、数量目标、课题目标。职务目标是与工作知识和技能相关的目标，用"对某一具体知识、技能的掌握程度"来衡量；数量目标是与日常业务紧密联系的经营成果，用数字表示；课题目标是短期内需要集中力量实现的目标，也用数字表示。表 3-10 列举了其中的数量目标。该企业每月都检查员工完成三类目标的情况。

---

[1] 牛立新，李西卿，刘国斌. 目标管理和 KPI 法在设计绩效考评内容中的应用. 人力资源开发，2005（7）：15-16.

表 3-10　办公设备制造企业 A 目标管理体系的数量目标

	项目		11 月	评价	12 月	评价	1 月	评价	2 月	评价	3 月	评价	4 月	评价	累计	评价
数量目标	部门销售额/万元	计划	1 780	××	2 376	××	1 191		1 780		2 376		2 376		11 879	
		实际	1 012		1 664											
	部门毛利润/万元	计划	540	××	720	××	349		540		720		720		3 589	
		实际	352		407											
	部门货款回收率	计划	60%	××	65%	××	65%		70%		70%		70%		70%	
		实际	48%		40%											
	部门累计客户人数/人	计划	230	×	252	×	214		250		251		250		1 447	
		实际	192		213											
	个人毛利润/万元	计划	90	××	120	××	60		90		120		120		600	
		实际	60		38											

注："×"表示数量目标完成度为 80%~90%；"××"表示数量目标完成度为 80%及以下。

第二个案例介绍的是 B 公司的目标管理制度。[①] B 公司是一家经营啤酒、饮料的公司。该公司把目标管理与绩效管理结合起来，对员工进行考核。该公司为了简化管理制度，将等级与职位分离、工资与等级挂钩。全公司员工被分为不同的等级：普通职员 1~9 级；管理干部 1~6 级，其中 1~4 级为高级管理干部，报酬形式为年薪制。

如表 3-11 所示，该公司的晋级考核不使用能力、结果、态度等考核指标，而使用根据承担业务制定的"成果目标""行为目标"两个指标。成果目标指考核期末应该完成的目标，用定量指标。行为目标指实现成果目标的手段和日程计划。目标的设定要用三个月左右的时间，通过上司与本人面谈、本人自评等程序，充分沟通，确保目标明确、公平、公正。在执行期间还可以通过面谈修订目标。对所承担的业务，设定五个目标，满分为 100 分。对在工作中的协作态度，进行满分为 30 分的评价。该公司的一个特点是，注重"人品"评价，满分为 15 分。考核分两次进行，第二次考核只加分，不减分。上司根据考核结果，给出"晋级""难以判断"或"不晋级"的意见，由各级领导签字批准。

---

① 松田憲二. 社員の業績評価を正しく行なう手順. 東京：中経出版，2001：194-195. 本案例和表3-11有改动。

表 3-11　B 公司普通职员考核表

项目	成果目标 （定量指标）	行为目标 （实现成果目标的 手段和日程计划）	期中面谈 目标修订	期末自我评价 （目标完成度 及今后课题）	上司评价 （今后课题 及得分）	第二次 考核加分
承担业务及目标	1.					
	2.					
	3.					
	4.					
	5.					
	（以上满分 100 分）					
协作	6. 能够积极配合领导和同事实现部门工作 　　目标 　　　　　　　　　　（满分 30 分）					
人品	7. 加分因素：了解社会动态并有自己的见 　　解，在企业内外有信誉。 　减分因素：不诚实、不和气、不谦虚、 　　傲慢、自私、不讲卫生、不光明正大 　　　　　　　　　　（满分 15 分）					
领导意见	1. 晋级　　2. 难以判断　　3. 不晋级			满分 145 分	满分 145 分	
签字：部长_____　　　　　　科长_____						

所在部门：__部__科__室　姓名：__　员工号：__　现在等级：__级　自__年起　现在职位：__

第一次考核者：　　　　　职位：　　　第二次考核者：　　　　　职位：

2. 关键绩效指标法

关键绩效指标指用来评价组织目标实现程度的重要绩效指标。通过监控关键绩效指标的实现情况，组织可以了解业务活动是否按照预定目标展开。如果关键绩效指标与目标值偏离，就说明业务活动没有按照预定目标展开，就要对业务活动进行检查和修正。把关键业务领域的关键绩效指标分解到部门和个人，以此为依据对员工进行绩效管理，能够促使员工持续地朝着组织目标的方向提高绩效。

（1）关键绩效指标法的特点。关键绩效指标法是以关键绩效指标为依据的绩效评价方法。它的特点表现在五个方面。

第一，注重关键业务领域的关键结果。组织可能有很多业务领域，每个业务领域又会产生数项结果，但各业务领域和结果对实现组织目标的贡献大小不同。关键绩效指标法注重最重要业务领域的最重要结果。把关键绩效结果作为绩效评价的要素和依据，可以提高组织目标的实现效率。

第二，关键绩效指标与组织战略、重点业务密切相关。关键绩效指标分为组织关键绩效指标、部门关键绩效指标和员工关键绩效指标。组织关键绩效指标根据组织战略从重点业务领域的绩效结果中提炼出来。将组织关键绩效指标分解为部门关键绩效指标，又将部门关键绩效指标分解为员工关键绩效指标。可以看到，关键绩效指标与组织战略、重点业务是紧密相关的。当组织战略及重点业务领域发生变化时，关键绩效指标也会随之调整。

第三，关键绩效指标由管理者和员工共同确定。部门关键绩效指标由部门主管与其主管领导协商、讨论决定。员工关键绩效指标由员工与其主管领导协商、讨论决定。因此，关键绩效指标在设定时充分考虑了部门、员工的实际情况，是可以实现的目标。

第四，实施绩效检查和提供反馈。组织在整个绩效考核过程中对关键绩效指标的实现情况进行检查和提供反馈。管理者在绩效考核期间实施进度检查，以打分的形式对员工实现目标的情况进行评价。

第五，考核结果与薪酬决策、能力开发挂钩。关键绩效指标的考核结果与薪酬决策联系在一起，可以激励员工增大对关键绩效指标的投入。关键绩效指标的考核结果与能力开发决策联系起来，可以使组织所需的技术、技能的种类和程度得以明确，员工个人可以参照该结果制订自主学习计划，人力资源开发部门可以依此来制定更有针对性的培训措施。

（2）关键绩效指标法的实施步骤。关键绩效指标法分以下七个步骤实施。

步骤一：确定组织关键绩效指标。

在确定组织关键绩效指标时，要把握两个原则：一是关键绩效指标要能准确传递组织的战略意图；二是关键绩效指标要能充分反映重点业务领域的重点结果。

确定组织关键绩效指标有三种方法：内部导向法、标杆基准法和平衡计分卡法。内部导向法的基本内容是，根据组织战略、战略成功要素来建立关键绩效指标库，结合考核周期内组织战略重点和管理要点，选取关键绩效指标。标杆基准法指参照本行业最佳企业或竞争对手的关键绩效指标建立自己的关键绩效指标的方法。平衡计分卡法指从财务、客户、内部运营过程和学习与成长四个方面提炼关键绩效指标的方法。关于平衡计分卡法的使用，下文将详细介绍。

确定组织关键绩效指标的做法是：先从内部导向法、标杆基准法和平衡计分卡法中选择一种，以此确定关键绩效领域。然后，在每个关键绩效领域中，挑选3~5个对组织目标有较大贡献的绩效指标作为组织关键绩效指标。

步骤二：细化分解组织关键绩效指标。

将确定好的组织关键绩效指标细化为若干"下级指标"，再把"下级指标"细化为若干"下下级指标"，逐级分解到各部门和员工，最终建立一个由组织、部门、员工三个层面组成的、协调一致的关键绩效指标体系。

关键绩效指标体系的建立要遵循以下原则：第一，指标要有具体、明确的含义，便于员工理解；第二，指标要能够测量和计算，便于管理者监控；第三，指标是员工经过努力可以实现的，数量不宜过多；第四，指标与员工的工作结果密切相关；第五，指标有时间期限。

步骤三：制定关键绩效指标的评价标准。

在这个过程中主要做两件事。

第一，为每个已确定的关键绩效指标设置权重，权重即每个关键绩效指标评价值占总绩效评价值的百分比。这个百分比可由管理者根据经验来确定，但要把握好以下五个原则[1]：一是对组织目标贡献大的指标权重大；二是对员工有直接的、大的影响的指标权重大；三是综合性强的指标权重大；四是权重分配在同级别、同类型岗位之间应具有一致性，并能兼顾各岗位的独特性；五是每个指标的权重不低于5%、不高于30%，加总为100%。

第二，确定关键绩效指标的评分标准，包括关键绩效指标的等级和每个等级的分值。此处可应用点数法。点数法的基本做法如下：

首先，确定关键绩效指标的等级，如把关键绩效指标分为"卓越""优秀""标准""需要改进""较差"五个等级，并且对每个等级的绩效水平进行定义。

其次，确定绩效评价的总分值，如100分、500分等。接着计算出每个关键绩效指标的总分值，如在总分值为100分的关键绩效评价中，某指标的权重为25%，那么该指标的总分值就是25分。

再次，计算每个关键绩效指标在不同等级的分值。例如，当关键绩效指标有五个等级时，先把每个指标的总分值作为该指标最高等级的分值，把该指标的总分值除以5得到的分值作为等级间的分值差，然后用第五级（最高级）的分值减去分值差就得到第四级的分值，用第四级的分值减去分值差就得到第三级的分值，依次类推，得到所有级别的分值。例如，某指标的总分值是25分，那么第五级（最高级）的分值是25分，第四级的分值是20分，第三级的分值是15分，第二级的分值是10分，第一级的分值是5分。

最后，对上述计算结果进行汇总和整理，得到关键绩效指标的评价量表。

---

[1] 徐沁. 绩效管理之目标管理法（KPI 的运用与操作流程）. (2012 – 02 – 11) [2012 – 08 – 20]. http: // www.doc88.com/p-099909363395.html. 引用时有修改。

步骤四：组织和员工签订绩效协议。

绩效协议有四个方面的内容：第一，考核领域和关键绩效指标；第二，各关键绩效指标的权重；第三，关键绩效指标的评价标准；第四，评价结果的用途，如在奖金、能力开发决策中的应用等。

步骤五：执行绩效协议。

员工在作业中按绩效协议行动。

步骤六：进行绩效监控与反馈。

组织对员工完成绩效指标的情况进行监控，并提供信息反馈。

步骤七：进行绩效应用。

组织根据绩效考核结果，采取奖惩措施。

（3）关键绩效指标法的应用案例。[①]

TL公司是一家经营剧场文化产品的企业。2008年，该公司制定了2009—2011年战略目标，计划"三年后成为省级最大、最专业、最优秀、高品质的剧场文化产品供应商"，并且决定通过KPI体系进行绩效管理。该公司成立了KPI管理项目组，项目组专门负责设计KPI体系。项目组由公司中高层管理人员、人力资源专职人员和外部专家组成。

该项目组提出了"两步走"的设计思路：

第一步，建立公司级KPI库。该库是设计各年度KPI的基础，项目组根据各年度目标，从该KPI库中选取相应的指标，按部门及岗位层层分解，构建各年度部门KPI体系和各年度岗位KPI体系。

按照上述思路，该项目组首先要做的一件事是，根据公司2009—2011年战略目标提炼KPI。该项目组使用平衡计分卡法、鱼骨刺分析方法，建立了由4大类、16个KPI组成的KPI库，见表3-12。

表3-12　TL公司KPI库

指标分类	序号	KPI指标名称	指标分类	序号	KPI指标名称
财务类	1	净利润计划完成率	客户类	6	演出场次
	2	销售收入计划完成率		7	上座率
	3	成本计划控制率		8	客户满意度
客户类	4	老客户保留率		9	市场宣传计划完成率
	5	新客户开发率		10	市场知名度

① 徐莉莉. 提高战略性KPI体系的有效性与准确性：以TL公司为例. 中国人力资源开发, 2009（6）：65-69. 引用时有修改。

指标分类	序号	KPI 指标名称	指标分类	序号	KPI 指标名称
	11	精品改造计划完成率		14	企业文化建设计划完成率
运营类	12	剧目引进计划完成率	学习与成长类	15	员工培训计划完成率
	13	制度建设计划完成率		16	员工建议系统计划完成率

第二步，该项目组分析了各年度的发展目标和工作重点，并根据分析结果从表 3-12 所示的 KPI 库中选取了符合各年度发展目标和工作重点的指标。

例如，2009 年 TL 公司的发展目标是"培育市场"，工作重点是：①通过现有演艺节目快速培育市场认知、开发新客户，初步实现"名剧带动名场效应"；②实施员工培训、制度建设和企业文化建设；③对销售收入实施控制。根据发展目标和工作重点，该项目组选择了由 4 大类、10 个 KPI 组成的 2009 年度 KPI 体系，见表 3-13。财务类指标有销售收入计划完成率、成本计划控制率；客户类指标有新客户开发率、客户满意度、市场宣传计划完成率和市场知名度；运营类指标有精品改造计划完成率和制度建设计划完成率；学习与成长类指标有企业文化建设计划完成率和员工培训计划完成率。

表 3-13 TL 公司 2009 年度 KPI 体系

指标分类	序号	KPI 指标名称	2009 年度 KPI 体系
	1	净利润计划完成率	
财务类	2	销售收入计划完成率	√
	3	成本计划控制率	√
	4	老客户保留率	
	5	新客户开发率	√
	6	演出场次	
客户类	7	上座率	
	8	客户满意度	√
	9	市场宣传计划完成率	√
	10	市场知名度	√

续表

指标分类	序号	KPI 指标名称	2009 年度 KPI 体系
运营类	11	精品改造计划完成率	√
	12	剧目引进计划完成率	
	13	制度建设计划完成率	√
学习与成长类	14	企业文化建设计划完成率	√
	15	员工培训计划完成率	√
	16	员工建议系统计划完成率	
指标数量汇总／个			10

注："√"表示选择该指标。

TL 公司有 7 个部门、2 个中心。该项目组分析了这些部门的工作职责，对表 3 - 13 所示的 KPI 体系进行了分解，见表 3 - 14。由于职责不同，各部门在指标选择上既有相似性，也有差异性。除"企业文化建设计划完成率"指标以外，其他 9 个指标均为共担型指标。明确共担型指标，能够避免因某部门的疏漏而影响指标完成的情况，有助于提高年度 KPI 和年度目标实现的准确性，还能够使各部门、部门内部员工清晰地认识到自身在公司战略实施过程中的使命以及应与其他部门共同承担的责任，有利于促进部门之间的沟通与协作，提高团队凝聚力。

表 3 - 14　TL 公司 2009 年度部门 KPI 体系

指标分类	序号	KPI 指标名称	总经办	销售 I 部	渠道部	销售 II 部	销售 III 部	艺术中心	研发策划	市场保障	行管中心
财务类	1	销售收入计划完成率		√	√	√					
	2	成本计划控制率	√	√	√	√	√	√	√	√	√
客户类	3	新客户开发率		√	√	√	√				
	4	客户满意度	√	√	√	√	√	√		√	√
	5	市场宣传计划完成率	√	√	√	√	√		√		
	6	市场知名度	√	√	√	√	√		√		
运营类	7	精品改造计划完成率						√			√
	8	制度建设计划完成率	√	√	√	√	√	√	√	√	√

续表

指标分类	序号	KPI 指标名称	总经办	销售I部	渠道部	销售II部	销售III部	艺术中心	研发策划	市场保障	行管中心
学习与成长类	9	企业文化建设计划完成率	√								
	10	员工培训计划完成率	√	√	√	√	√	√	√	√	√
各部门 KPI 数量统计/个			7	8	8	8	7	5	6	4	5

注:"√"表示选择该指标。

该项目组对表 3-14 所示的部门 KPI 体系做了进一步的分解。以总经办为例,总经办有 7 个岗位。根据总经办所承担的指标以及各岗位的工作职责,对总经办 KPI 体系进行分解,得出该部门的 KPI 体系,见表 3-15。

表 3-15 TL 公司 2009 年度总经办的 KPI 体系

指标分类	序号	KPI 指标名称	总经办主任	财务组长	人事组长	会计	出纳	绩效薪酬专员	人事培训专员
财务类	1	成本计划控制率	√	√	√	√		√	√
客户类	2	客户满意度	√	√		√	√		
	3	市场宣传计划完成率	√						
	4	市场知名度	√						
运营类	5	制度建设计划完成率	√	√	√				
学习与成长类	6	企业文化建设计划完成率	√		√				
	7	员工培训计划完成率	√	√	√				
各岗位 KPI 数量统计/个			7	4	4	2	1	1	1

注:"√"表示选择该指标。

四、综合法

综合法的典型代表是平衡计分卡法。平衡计分卡法是从财务、客户、内部运营过程和学习与成长四个方面管理组织绩效的方法。平衡计分卡法由卡普兰和诺顿于 20 世纪 90 年代初期提出,后来在美国、欧洲以及亚洲国家的企业得到应用。很多企业把平衡计分卡法和目标管理制度、预算管理制度挂钩,按照平衡计分卡法管理思想设计绩效评价指标体系，注重不同战略目标之间的相互平衡，提高绩效管理战略贡献度，取得了较好的效果。

（一）平衡计分卡法的主要内容

平衡计分卡法和上面介绍的特征法、行为法、结果法不同，它不是从特征、行为和结果中选择一个来度量绩效，而是从财务、客户、内部运营过程和学习与成长四个方面来度量绩效。它既评价财务业绩，也评价财务以外的经营状况、运营质量；既考核经营结果，也考核产生经营结果的过程。平衡计分卡法的主要内容可以概括为"四个视角"和"五个平衡"。

1. "四个视角"

平衡计分卡法的基本框架由"四个视角"构成。"四个视角"既是对组织绩效进行分类的视角，又是对战略实现过程进行分类的视角。"四个视角"有两个层面的含义：一是从财务、客户、内部运营过程和学习与成长四个方面衡量组织绩效；二是用财务、客户、内部运营过程和学习与成长来考察组织愿景与战略目标的实现程度。

（1）财务视角指从股东等利益相关者角度思考如何实现组织愿景与战略目标。组织愿景与战略目标的实现，要获得股东等利益相关者的支持。而股东等最关心的是财务回报。这些财务回报取决于组织的价值创造能力，具体体现在财务指标上。因此，为了满足股东等的需求，要把组织愿景与战略目标细化为财务方面的具体目标，即财务指标。财务指标一方面体现了实现组织愿景与战略目标所必要的绩效，另一方面是平衡计分卡法中其他指标合力要达到的绩效目标。常见的财务指标有销售额、利润、营业利润、固定比率、每股收益等，见表3-16。

表3-16　常见的财务指标及其计算方法

指标	计算方法
销售额	销售量×销售价格
利润	销售收入－成本－税金
营业利润	营业收入－营业成本
固定比率	固定资产/固定资本×100%
每股收益	净利润/已发行普通股的股数
人均总资产	总资产/员工人数
自有资本率	自有资本/总资产×100%
总资产利润率	利润总额/平均资产总额×100%
股东回报率	净利润/股东权益×100%
净利润率	净利润/销售额×100%

指标	计算方法
资产负债率	总负债/总资产×100%
每股自有资本	总资产/股票数量
每平方米的销售额	销售额/店铺面积
经济增加值	税后净营业利润 – 全部资本成本
库存资产周转率	已销售产品的成本/库存平均价格
储蓄比率	（流动资产 – 股票）/流动负债
流动比率	流动资产/流动负债
人均经费	总支出/员工人数

（2）客户视角指从客户角度思考如何支持财务指标，以实现组织愿景与战略目标。为了保证财务指标的实现，组织必须关注客户的需求，因为只有客户持续地购买组织的产品和服务，财务指标才有可能达到。客户关心产品和服务的功能、品质、价格、设计、交货时间、形象等因素，组织要充分考虑他们的这些需求，把组织愿景与战略目标细化为客户方面的具体目标，即客户指标。客户指标分为客户导向指标和客户收益性指标两类。常见的客户导向指标有客户忠诚度、产品满意度、产品形象、投诉处理时间、信任度、客户评价、客户购买次数、客户反复购买率等。常见的客户收益性指标有市场占有率、继续购买率、客户人均成本、客户人均合同成交率、客户访问次数、市场销售费用、交易关系平均持续时间、平均交易额、客户人均服务费用、新客户开发人数、老客户介绍新客户人数、退货额、合同解除率等。

（3）内部运营过程视角指从内部运营过程角度思考如何支持财务指标和客户指标，以实现组织愿景与战略目标。内部运营过程包括三个方面：创新过程、操作过程和售后服务。组织只有开发满足客户需要的新产品和新服务，以最快的速度把新产品和新服务提供给客户，并且做好售后服务，才能保证财务指标和客户指标的实现。因此，组织愿景与战略目标也应该被细化为内部运营方面的具体目标，即内部运营过程指标。常见的内部运营过程指标有人均合同销售件数、客户处理时间、网络交易率、网络交易客户人数、电话连接速度、员工人均合同签约件数、制造生产周期、交货时间、故障件数、新产品订单件数、平均故障间隔时间、信息技术能力、设备利用率、行业占有份额、信息技术费用率、系统停止时间、预算内完成的项目比率、断货率、员工人均销售额、环境及安全活动、市场营销资源、次品发生率、产品化周期、新产品销售额、新产品市场份额、市场影响等。

（4）学习与成长视角指思考如何提高和发挥组织的学习能力与变革能力，以支持财务指标、客户指标和内部运营过程指标的实现。为了发挥和提高组织的学习能力与变革能力，组织应该采取措施提高员工的积极性、开发员工能力、积累技术与知识。

因此，组织在设定战略目标时，也应该把组织愿景与战略目标细化为学习与成长方面的具体目标，即学习与成长指标。常见的学习与成长指标有领导力指标、激励指数、资格取得人数、员工人均培训费用、员工平均年龄、年均教育培训时间、临时员工人数占员工总数的比例、大学本科学历员工人数占员工总数的比例、平均缺勤率、女性管理人员人数、应聘人数、分权指数、经理人数、40岁以下员工人数、信息技术费用占总费用的比例、信息检索时间、新产品成功率、员工流动率、员工满意度、员工改革建议件数、能力提高率、专利取得件数等。

2. "五个平衡"

"五个平衡"指财务与非财务的平衡、短期与长期的平衡、外部与内部的平衡、过程与结果的平衡、利益相关者之间的平衡。

（1）财务与非财务的平衡，意为除了重视销售额、利润、资本回报率等财务绩效，还要重视客户满意度、制造生产周期、新产品开发周期、年均教育培训时间等非财务绩效。

（2）短期与长期的平衡指不仅注重短期绩效目标，而且注重长期绩效目标。财务指标表示过去的绩效，客户指标和内部运营过程指标表示当前的绩效，学习与成长指标则表示未来的绩效。所以，平衡计分卡法不仅评价过去的绩效，也评价现在和未来的绩效。

（3）外部与内部的平衡指既重视股东、投资者、客户等外部利益相关者的需求，也重视从内部运营过程、学习与成长两个方面来提高组织绩效。

（4）过程与结果的平衡指不仅把经营结果作为绩效对象，而且把带来经营结果的过程作为绩效对象。在平衡计分卡法中，财务指标衡量经营结果，内部运营过程指标、学习与成长指标衡量经营过程。

（5）利益相关者之间的平衡指要满足不同利益相关者的利益。平衡计分卡法不仅注重维护股东、投资者、客户等外部利益相关者的利益，而且注重维护员工等内部利益相关者的利益。

（二）运用平衡计分卡法的绩效考核流程

运用平衡计分卡法的绩效考核分以下八个步骤实施。

步骤一：分析组织愿景与组织战略。

首先分析组织愿景，明确组织在未来要成为什么样的组织。然后分析组织战略，确定为实现组织愿景应该采取的行动计划。如果组织还未确定愿景和战略，就必须梳理组织理念，确定未来的奋斗目标，同时应用SWOT工具，分析组织的内部环境与外部环境、竞争优势与劣势，确定实现未来奋斗目标的行动计划与目标。

步骤二：设定组织战略目标和制定战略地图。

根据平衡计分卡法的"四个视角"，把组织愿景与战略目标细分为财务、客户、内部运营过程和学习与成长四个方面的具体目标，把抽象的愿景与战略用具体的语言描述出来，并且把实现战略目标的路径用地图的形式表示出来。

以某企业战略目标的设定过程为例。该企业的组织愿景是成为占市场份额最大的企业，创国际一流品牌。为了实现这个愿景，从财务视角看，战略应强调成长性和收益；从客户视角看，战略应强调产品的高品质；从内部运营过程视角看，战略应突出制造效率；从学习与成长视角看，战略重点是员工激励和市场创新。用更加具体的语言从中提炼，可得到以下具体目标：在财务方面，追求规模增长，确保合理利润；在客户方面，提高客户满意度；在内部运营过程方面，提高制造过程的效率和质量，提高创新过程的效率和质量；在学习与成长方面，开发和激活员工能力，积累与活用技术和知识。

步骤三：确定重要成功因素。

确定实现各战略目标的重要成功因素，是把战略目标分解为具体行动的过程。重要成功因素的确定方法如下：

（1）全面梳理实现各战略目标的关键环节、关键因素。

（2）对关键环节、关键因素按照重要程度进行排序，选择其中若干重要的因素。

（3）分析已选择的重要因素与战略目标的因果关系，选择其中关系密切的、稳定的成功因素。

例如，某食品企业的战略目标之一是"提高客户满意度"，那么，为了让客户满意，企业必须做好以下方面的工作：清洁、安全、高品质、品牌可信度、快速服务、友好且亲切的服务态度、客户忠诚度。这些便是实现该战略目标的重要成功因素目标。

步骤四：设定关键绩效指标。

关键绩效指标是客观、具体、可测量的指标，是评价战略目标及其重要成功因素的标准。按照平衡计分卡法的设计原理，绩效领域包括财务、客户、内部运营过程和学习与成长四个方面，因此，关键绩效指标也应该对应这四个方面。关键绩效指标的数量应该适当，一般每个领域的指标数量为 3～10 个。组织关键绩效指标数量为 15～25 个，部门关键绩效指标数量为 10～15 个，员工关键绩效指标数量为 5～10 个。

步骤五：设定关键绩效指标的具体目标值。

例如，具体目标值可以是把股票价格提高 15%，把销售额增加 10%，把运营成本降低 20%。设定目标值时要把握两个原则：第一，设计具有挑战性的目标值。要实现目标值，各方面必须努力。第二，管理者与员工共同设定目标值。要在管理者和员工沟通的基础上设定目标值，提高目标值的合理性和可操作性。

步骤六：制定分级战略目标和关键绩效指标。

当按照以上步骤完成组织层面战略目标、关键绩效指标以及目标值的设计后，要运用平衡计分卡法的原理，制定部门和员工个人的战略目标、关键绩效指标和目标值。具体来讲，部门主管要以组织层面的平衡计分卡为依据，从中找到自己可以施加影响的战略目标、关键绩效指标，然后结合本部门的工作职责，选择对本部门工作有较大影响的若干关键绩效指标，设置它们的目标值和权重，形成本部门的绩效指标体系。接下来，运用平衡计分卡法的原理，从部门战略目标、关键绩效指标中找到员工可以施加影响的战略目标和关键绩效指标，结合员工的工作职责，选择其中重要性较高的若干关键绩效指标，设置它们的目标值和权重，形成员工的绩效指标体系。

步骤七：确定战略计划和行动方案。

根据已设定的关键绩效指标和目标值，确定具体的战略计划和行动方案。

步骤八：实施战略计划和行动方案。

在组织愿景与战略目标的指引下，实施战略计划和行动方案。

（三）平衡计分卡的应用案例[①]

"平衡计分卡"这一概念1992年在《哈佛商业评论》上首次被提出，它为管理人员提供了一种综合性框架，将公司的战略目标转化成一套相互关联的绩效衡量指标。平衡计分卡远不只是一种绩效衡量手段，还是一个管理系统，能够推动公司在生产、流程、客户和市场开发等关键领域实现突破性进步。

平衡计分卡引导管理者从四个不同的维度选择衡量指标，即财务、客户、内部运营过程、学习与成长，而以往仅有财务指标。平衡计分卡有四个显著特征：自上而下地体现公司的使命和战略；具有前瞻性；整合了外部和内部的衡量指标；帮助企业聚焦重点事项。

苹果公司运用平衡计分卡，专门成立了指导委员会，指导委员会根据企业战略和高管思想在四个维度设立绩效衡量类别，然后在每个类别中挑选多个衡量指标。苹果公司在财务维度上注重股东价值；在客户维度上，重视市场份额和客户满意度；在内部运营过程维度上，强调核心竞争力；在学习与成长维度上，关注员工的态度。具体来说，苹果公司选择了五个指标。

一是客户满意度。从历史上看，苹果公司一直以技术和产品为主导，通过设计更好的产品参与竞争。产品的优劣当然要由客户判断。为了掌握客户满意度，苹果公司不仅使用专业客户调研公司的调查结果，还独立开展调研业务，因为它认识到自己的客户群不是单一的，而独立调研能够追踪苹果公司在全球主要细分市场的业务表现。准确掌握客户的满意度，就能使员工直

---

① 卡普兰. 平衡计分卡：驱动苹果公司蝶变的绩效管理系统. （2021－08－28）［2022－10－05］. https：//finance. sina. cn/tech/csj/2021-08-28/detail-iktzqtyt2602288. d. html?fromtech＝1&from＝wap. 引用时有修改。

接感受到客户需求，将苹果公司打造成客户驱动型企业。

二是核心竞争能力。苹果公司高管层希望员工高度关注某些核心能力，例如，友好的用户界面、强大的软件架构，以及高效的分销系统。不过，他们也发现，对这些方面的绩效考核很困难。因此，苹果公司目前正在尝试针对这些难以衡量的核心竞争能力，开发量化指标。

三是员工战略响应。苹果公司每两年对所有下属机构进行一次全面的员工调查，还不定期地随机抽样对员工进行调查。调查内容主要是员工对企业战略的理解程度，以及他们是否接到明确指令要让自己的工作成果与战略保持一致。通过调查结果，公司可以掌握员工对企业战略的响应水平及问题，促进流程管理的改进，强化核心竞争能力。

四是市场份额。客户维度中市场份额是一个重要指标，销售增长不仅带来收益，而且能吸引和留住软件开发者，这对于提高客户满意度至关重要。

五是股东价值。这是平衡计分卡中的重要指标，苹果公司对它赋予了新的理解。苹果公司认为这个指标是绩效的结果，而非驱动因素。此前，苹果公司过分关注利润率和销售增长，忽视了未来的增长来自今日的投资，而设立股东价值指标就是为了对此进行修正。股东价值指标可以衡量计划中的投资对业务发展和新业务创建所产生的影响。苹果公司的大部分业务都是在职能部门的基础上组织进行的，这些部门包括销售、产品设计，以及全球性的制造和运营。因此，苹果此前在计算股东价值时，只能对整个公司而不能对各部门进行计算。有了这一新的股东价值指标，各主要业务单元的高管人员就可以评测部门的运营活动对公司整体股值的影响，还可以对新的商业创投项目进行评估。

尽管这五个衡量指标是最近才开发出来的，但它们已经帮助苹果公司的高管层从多个方面关注企业战略。首先，苹果公司的平衡计分卡主要作为规划工具，而不是控制工具。换句话说，苹果公司运用这些指标来调整公司绩效的"长波"，而不是驱动运营变革。其次，除了股东价值，苹果公司选择的指标既能横向又能纵向地推行到每个业务单元或部门。从纵向看，每一个衡量指标都可以细分成若干组成部分，从而评估每个部分如何帮助整个指标体系发挥作用。从横向看，这些指标能反映某个部门对某个领域的贡献，如设计与制造部门对客户满意度的贡献。此外，苹果公司还发现，平衡计分卡可以在启动和优化项目时使用。苹果公司设计的这五个绩效衡量指标，以业内最佳公司作为标杆，还被整合到高管人员的薪酬方案中。

苹果公司的案例表明平衡计分卡是将绩效管理与企业战略紧密连接的有效手段。为了充分发挥平衡计分卡的作用，相关部门应该深入理解企业战略和高管思想，根据实际情况来选择关键绩效指标，开发出有效、可操作的量化方法，并且将关键绩效指标作为引导组织各部门、员工工作的指针，以及决定员工薪酬的依据。

第三节　绩效考核中的常见问题

研究结果表明，考核者往往采取"直观判断法"或简单化的推理来进行评价，因此，在他们的评价中经常出现误差。为了减少考核者的误判，首先要分析产生误差的原因，然后采取适当的措施减少考核者的误判。

一、绩效考核中的常见误差

在绩效考核中经常出现的误差有以下十个。

（一）宽大化误差

这是指考核者给出超出实际绩效水平的较高评价。造成宽大化误差的原因是多方面的，比如，考核者碍于人情、出于对员工的信任、缺乏自信、平时对员工观察不细致，都可能导致宽大化误差。宽大化误差会引起高绩效员工的不满，给组织造成负担。

（二）严格化误差

这是指考核者给出低于实际绩效水平的评价。造成严格化误差的原因也是多方面的，比如，考核者碍于人情、缺乏自信、平时对员工观察不细致等，都可能导致严格化误差。严格化误差会引起员工的不满，降低他们对绩效考核的信任度。

（三）居中趋势误差

这是指考核者对所有员工都给出不好不坏的评价。造成居中趋势误差的主要原因有三个：一是考核者缺乏自信，有意识地避免极端评价；二是考核者对员工缺乏细致的了解；三是考核者对考核缺乏认真、负责的态度，随便给出评价。居中趋势误差会导致员工绩效差异得不到区分，损害高绩效员工的积极性。

（四）晕轮误差

这是指考核者单凭员工在某一项工作中的优良绩效就对其在全部工作中的绩效给出较高评价，或者单凭对员工的好印象就对其在具体工作中的表现给出较高评价。例如，考核者因为看到员工工作很仔细，就对其工作正确率给出较高评价。造成晕轮误差的原因是考核者不能区分绩效的不同方面。晕轮误差不利于员工发现自己在工作中的不足和改进绩效。

（五）触角误差

晕轮误差的另一端是触角误差。触角误差是指考核者单凭员工在某一项工作中的不佳表现就对其在全部工作中的表现给出较低评价，或者考核者仅仅因为对员工整体印象不好就对其在具体工作中的表现给出较低评价。造成触角误差的原因是考核者不能区分绩效的极端情况。触角误差会导致员工产生挫折感和抵触情绪。

（六）第一印象误差

第一印象误差指考核者在考核初期就对员工持有某种正面或者负面的印象，而且这种印象会对以后的绩效考核产生正面或负面的影响。造成第一印象误差的主要原因如下：一是考核者缺乏对员工持续的、细致的观察；二是考核者被感情左右，缺乏理性思维。第一印象误差会夸大或贬低员工的绩效水平。

（七）近期影响误差

近期影响误差指考核者仅仅凭借员工在考核周期末尾的表现就对其在整个绩效考核周期的表现给出评价。造成近期影响误差的主要原因是，考核者平时对员工观察不细致，没有做好观察记录，以至于到评价时只好根据员工在考核周期末尾的表现给出评价。近期影响误差对在考核周期前期、中期成绩一直都很好，但在后期成绩下降的员工是不公平的。

（八）对比误差

这是指考核者不是按照客观标准，而是按照与其他人的比较来评价员工表现。假定一位员工很优秀，但是他的同事更加优秀，考核者把该员工和其同事对比，对该员工给出较低的评价，这时就产生了对比误差。考核者把员工和自己比较，对比自己差的员工给出较低评价，也属于对比误差的情况。造成对比误差的主要原因是考核者不能理性区分考核对象和缺乏公平理念。

（九）同类人误差

这是指考核者对与自己同一类型的人给出较高评价，对与自己不同类型的人则给出较低评价。例如，考核者特别注重细节，于是对注重细节的员工给出较高评价，对不太注重细节的员工给出较低评价；考核者毕业于某高校，于是对毕业于该高校的员工给出较高评价，对毕业于其他高校的员工给出较低评价；考核者来自某地区，于是对来自该地区的员工给出较高评价，对来自其他地区的员工给出较低评价。

（十）个人偏见误差

这是指考核者根据个人价值观和偏见主观推测员工表现，这时会产生个人偏见误差。造成个人偏见误差的主要原因如下：一是考核者缺乏客观、公正的理念；二是考核者对员工缺乏细致的了解。个人偏见误差会损害员工的积极性。

二、绩效考核问题的规避措施

减少考核者误差的方法可以归纳为以下五个。

（一）实施考核者误差培训

考核者误差培训指使考核者认识考核者误差类型，帮助他们掌握预防误差基本方法的培训。培训分为三个步骤：首先，让考核者阅读一段文字案例或者观看一段录像短片，这些文字案例或录像短片会描述各种考核者误差产生的过程；其次，让考核者进行绩效考核练习，并对照正确的考核结果查找自己的误差，分析误差对考核结果的影响；最后，由培训师根据每个考核者的情况，说明他们产生误差的原因、误差类型以及预防误差的方法。

（二）实施考核者准确性培训

考核者准确性培训又称作参照框架培训。它的目的是让考核者了解每个绩效考核等级的确切含义，学会正确区分不同绩效水平。培训的主要步骤如下：培训师先给出一些绩效表现的范例，然后让考核者讨论这些绩效表现所对应的绩效水平和绩效等级。接着，培训师让考核者阅读一段关于某种绩效表现的文字案例或者观看一段录像短片，然后让考核者对该绩效表现进行评价，并且与其他考核者进行讨论。最后，由培训师给出正确答案，并且解释答案为什么正确。

（三）做好日常绩效记录

一方面，组织要使考核者加强对日常绩效记录的重视与投入。很多考核者误差是由考核者日常对员工观察不用心、不细致造成的。因此，组织高层管理者要严格要求，人力资源部门要加强宣传，促使考核者重视日常绩效记录。另一方面，组织要通过培训，使考核者掌握必要的绩效记录方法。例如，行为观察评价法可以教给考核者如何观察、收集、记录和运用有关关键绩效表现的信息。为了使考核者养成记录日常绩效的习惯，应该建立绩效记录制度。主管领导要对考核者的日常绩效记录进行检查。

（四）建立考核指标体系，明晰绩效考核标准

首先，要建立一个科学、合理和系统的考核指标体系。考核指标体系应该具备明

确性、敏感性、一致性、准确性、可接受性和实用性六个条件。明确性意为绩效标准清楚易懂，考核者能够理解和运用；敏感性指等级之间要有明确的区别；一致性指不同考核者对同一个员工的评价相同，考核者在不同时间段对同一个员工的评价相同；准确性指要明确考核对象，清楚地规定应该考核的事项，除此之外的事项不能涉及；可接受性指考核指标体系要得到员工的认同；实用性指考核指标体系的设计和使用要符合成本收益原则。

其次，要明晰绩效考核标准。要对每个绩效要素设定合适的评价尺度，并且明确界定每个评价尺度所对应的绩效表现。只有明晰绩效考核标准，才能够指导考核者正确地收集绩效信息和实施考核。

（五）树立考核者的自信心

一些考核者误差是由考核者缺乏自信造成的。因此，必须通过领导力培训等来帮助考核者树立自信心，以提高考核的准确性。领导力培训的主要内容有：观察和记录考核者对绩效考核的做法，从中了解考核者对绩效考核的认识、自信程度；对这些认识、自信程度加以分析，区分其中正面的、积极的因素和负面的、消极的因素，在此基础上建立一种正面的、积极的思维方式，让考核者通过练习掌握这种思维方式，并不断强化这种思维方式。

本章小结

1. 绩效考核是绩效管理的一个重要环节，其内涵可概括为 5 个 W 和 1 个 H。

2. 绩效考核的作用包括：提供关于员工工作表现方面的信息，有助于员工认识自己的成绩和不足，发扬成绩，改正不足，提高工作绩效；向员工指出组织的要求，使员工目标和组织目标保持一致，提高组织的管理效率；帮助员工提高专业能力，促进员工职业生涯的发展；作为确定能力开发需求、奖惩以及其他人力资源决策的依据。

3. 组织在绩效考核中应该遵循的原则有：绩效考核内容与工作内容相一致原则、绩效考核指标的可观察原则、绩效考核体系的结构性原则和绩效考核指标的独立性原则。

4. 特征法把人格特征作为决定绩效的重要因素。它先界定有利于带来高绩效的人格特征，然后评价员工在多大程度上具有这些人格特征，以此来推断员工的绩效。

5. 行为法通过评价工作行为来推断员工的绩效。行为法可分为相对行为评价法和绝对行为评价法两类。相对行为评价法通过将员工与其他人进行比较来衡量绩效；绝对行为评价法通过将员工与事先确定好的绩效标准进行比较来衡量绩效。

6. 结果法是根据员工的工作成果来衡量绩效的方法，其基本做法可归纳为三个步骤：①界定职责；②确定目标；③确定绩效标准。

7. 目标管理法的主要步骤有：①制定组织目标；②分解组织目标；③员工执行目标任务；④管理者检查目标实现情况；⑤实施奖惩；⑥制定下一期的目标。

8. 关键绩效指标法的实施步骤主要有：①确定组织关键绩效指标；②细化分解组织关键绩效指标；③制定关键绩效指标的评价标准；④组织和员工签订绩效协议；⑤执行绩效协议；⑥进行绩效监控与反馈；⑦进行绩效应用。

9. 平衡计分卡法是从财务、客户、内部运营过程和学习与成长四个方面管理组织绩效的方法。主要步骤有：①分析组织愿景与组织战略；②设定组织战略目标和制定战略地图；③确定重要成功因素；④设定关键绩效指标；⑤设定关键绩效指标的具体目标值；⑥制定分级战略目标和关键绩效指标；⑦确定战略计划和行动方案；⑧实施战略计划和行动方案。

10. 绩效考核中经常出现的误差有：宽大化误差、严格化误差、居中趋势误差、晕轮误差、触角误差、第一印象误差、近期影响误差、对比误差、同类人误差、个人偏见误差。

11. 减少考核者误差的方法可以归纳为五个：实施考核者误差培训；实施考核者准确性培训；做好日常绩效记录；建立考核指标体系，明晰绩效考核标准；树立考核者的自信心。

思考与讨论

1. 绩效考核包括哪些内容？
2. 有效的绩效考核体系应该具备哪些条件？
3. 试比较特征法、行为法、结果法、综合法的特点。
4. 目标管理法有哪些实施步骤？
5. 试说明关键绩效指标法的特点和实施步骤。
6. 请阐述平衡计分卡法的特点和实施步骤。
7. 绩效考核中有哪些经常出现的误差？应该如何避免误差的产生？

第四章 Chapter 4　绩效反馈

学习目标和技能要求

学习目标：

通过本章的学习，了解绩效反馈的内涵，理解绩效反馈的作用，掌握绩效反馈的常见方式、基本流程、注意事项以及绩效反馈效果的评估方法。

技能要求：

1. 解释绩效反馈的内涵；

2. 说明绩效反馈的作用；

3. 列出绩效反馈的常见方式；

4. 描述绩效反馈的基本流程；

5. 列出绩效反馈的注意事项；

6. 说明管理者在绩效反馈中应具备的能力；

7. 描述绩效反馈效果的评估方法。

导入案例

一次成功的面谈

江晨是一家大型企业销售部的经理，尹峰是江晨下属团队的员工。在绩效考核期间的一天，江晨约了尹峰面谈，地点是远离其他办公室的小会议室。下面是他们谈话的一部分。

江晨：你好，小尹。今天我们谈谈你这个季度的绩效考核情况。你可以随时发表意见，特别是有问题的时候。

尹峰：好的。

江晨：你完成了这个季度的两个主要指标——销售额和客户服务，为我们部门整体目标的实现做出了贡献，谢谢你。

尹峰：别这么客气，没什么。

江晨：可是，你还有三个指标没有完成。

尹峰：什么？我已经尽了最大努力！责任不在我这里，是有些人没有做好他们应该做的。

江晨：小尹，今天我不是想责怪任何人。我是想与你商量一下，看看能不能找到一些办法，使你下季度实现目标，拿到奖金。

尹峰：（扭动椅子，身子一歪，盯着天花板）我已经说了，我确实已经尽了最大的努力。

江晨：我知道你工作很努力。能完成销售额和客户服务这两个指标，说明你有能力、有干劲。我也知道要完成所有指标是很难的。实际上，我刚工作的时候，最初也完不成，最后费了好大的劲才完成的。

尹峰：（稍微摆正了身子）要干的事太多了，确实忙不过来。

江晨：小尹，你看我们能不能一起做点儿什么，想办法完成剩下的三个指标呢？你需不需要其他资源，如学习的机会？

尹峰：我觉得怎样确定每天工作的优先顺序挺困难的。公司倒是有一个确定工作优先顺序的网上培训，可是我太忙了，没有时间上那门课。

江晨：这是个办法。那这样吧，你去选修那门课。上课时间里原定的客户会谈全由我来做。到需要签合同、过账时，我及时通知你，你回来接着干。

尹峰：（端正身子，看着江晨）谢谢你，江经理。非常感谢你这样实实在在地帮助我。

总体来说，江晨做得不错。这次面谈很可能会一团糟，但江晨及时发现了对方通过肢体语言表现出的抵触情绪，积极地表示要给予帮助，而且给出了很实在的帮助方法，使面谈确实起到了具有建设性的信息沟通作用。另外，江晨启发对方思考如何解决问题，而不是自己先给出答案，这一点做得也不错。

　　绩效反馈是绩效管理流程的最后一个环节。在这一环节，管理者把考核信息反馈给下属，或肯定优点或指出不足，鼓励他们再接再厉，共同探讨改进措施。绩效反馈能否成功，与管理者的能力，或者说，绩效反馈的技巧有直接关系。上面的案例显示了选择面谈场所、传递负面考核信息、观察肢体语言、主动给予帮助等绩效反馈的技巧。本章将在介绍绩效反馈的内涵与作用、绩效反馈效果评估与机制的改进的同时，专门设置"绩效反馈的方式、流程及注意事项"一节，集中讲述绩效反馈的技巧。

第一节 绩效反馈的内涵与作用

绩效管理的目的是改进员工绩效。要达到这个目的，就应该把绩效考核的结果反馈给员工，帮助他们了解自己的绩效表现，认识自己的长处与不足，并且给予其必要的能力开发指导。因此，绩效反馈是绩效管理中不可缺少的重要环节。

一、绩效反馈的内涵

绩效反馈是指考核者向员工说明绩效考核的结果并实施相关指导。绩效反馈的内涵可用 4 个 W 和 1 个 H 来概括，见表 4 – 1。

表 4 – 1　绩效反馈的内涵

名　　称	含　　义	内　　　容
Why	反馈目的	·让员工了解自己的成绩与不足 ·向员工提供能力开发指导和绩效改进建议 ·确定新的绩效计划与目标 ·对绩效考核结果达成共识 ·促进沟通，建立良好的信任关系
What	反馈内容	·员工在绩效考核周期内的绩效目标实现程度 ·员工在绩效考核周期内所取得的成绩与突出的行为表现 ·员工在绩效考核周期内表现出来的不足与需要改进的行为表现 ·考核者对员工的能力开发指导和绩效改进建议 ·员工对绩效考核结果的看法和意见
How	反馈方式	·书面通知 ·面谈
When	反馈时间	·期中考核结束后一周内 ·期末考核结束后一周内
Where	反馈地点	·员工所在部门

（一）绩效反馈的目的

绩效反馈的目的包括五个方面。

1. 让员工了解自己的成绩与不足

绩效管理的目的是改进员工的绩效。员工要改进绩效，首先必须了解自己在实现绩效目标方面做得怎样，知道自己有哪些优势和不足，否则，他们不会意识到改进绩效的必要性，也不知道该如何发挥优势和改进不足，员工绩效就会长期处于低水平。

2. 向员工提供能力开发指导和绩效改进建议

如果绩效反馈只是把考核结果与评语告诉员工，它就起不到改进员工绩效的作用，因为员工还是不知道该如何改进绩效。这样的绩效反馈是没有意义的。因此，考核者在指出员工的成绩与不足之后，还必须提出需要改进的方面、改进的方法和步骤，以帮助员工改进绩效。

3. 确定新的绩效计划与目标

绩效反馈通常在一个考核周期的期中和期末进行。这个时期恰好是该考核周期的下半期和下一个考核周期的开始阶段。因此，考核者可以利用绩效反馈的机会，和员工共同确定下一个考核阶段的绩效计划与目标。

4. 对绩效考核结果达成共识

绩效反馈的目的之一是让考核者与员工对考核结果达成共识。如果员工对自己绩效的评价与考核者对该员工绩效的评价不同，考核者就必须向员工解释自己评价的依据，取得员工的理解，否则会伤害员工的自尊心，造成员工对绩效考核的不信任，引起不必要的纠纷，影响绩效管理的有效性。

5. 促进沟通，建立良好的信任关系

有效绩效管理的一个基本条件是，管理者和员工对绩效管理的意义、目的、方法等有一致的认识。为了形成一致的认识，组织就要利用绩效反馈的机会，增进管理者和员工彼此之间的了解，使两者建立起良好的信任关系，为形成一致的认识奠定基础。

（二）绩效反馈的内容

绩效反馈的内容要根据员工的岗位说明书、绩效计划来确定，主要包括员工在绩效考核周期内的绩效目标实现程度、员工在绩效考核周期内所取得的成绩与突出的行为表现、员工在绩效考核周期内表现出来的不足与需要改进的行为表现、考核者对员工的能力开发指导和绩效改进建议、员工对绩效考核结果的看法和意见。必要时，组织还可以要求员工对自己的绩效进行自评，提供绩效自评报告。

（三）绩效反馈的方式

绩效反馈有两种方式：书面通知和面谈。书面通知通常是一张表格，上面记载着考核者的考核评语，包括总体评价、突出成绩、需要改进的地方和改进建议等。面谈是考核者与员工面对面的交谈，其中以一对一的形式最为常见。在面谈中，考核者除了向员工提供记载绩效考核结果的书面通知，还要对绩效考核结果等做出口头解释。

（四）绩效反馈的时间

绩效反馈贯穿于整个绩效考核过程，但本章所说的绩效反馈主要指考核周期期末的绩效反馈。通常情况下，绩效反馈在期中考核结束后一周内或期末考核结束后一周内举行。

（五）绩效反馈的地点

绩效反馈一般在员工所在部门进行。

二、绩效反馈的作用

绩效反馈的作用有以下三个方面。

（一）帮助员工树立信心

在绩效计划阶段，员工与管理者就绩效指标和绩效标准达成了协议，同意管理者按绩效指标对自己的工作进行监控、考核。但管理者究竟会对自己的行为和成果做什么样的评价，给出哪个等级的分数，员工自己也没有十分的把握。如果在反馈过程中，管理者能及时对员工正确的行为、良好的成果给予肯定，员工就能知道自己目前所做的符合绩效指标要求，能得到高等级的分数，就会在今后的工作中继续这样的行为，持续地获得优良成果，这对员工的发展是有利的，同时也达到了绩效管理的目的。

（二）开发员工能力，改进员工绩效

在工作行为或工作结果方面绩效不好的员工，更需要管理者的反馈信息。在严格的绩效管理制度中，处于落后局面的员工会产生焦躁而迷惘的情绪，他们知道落后的后果，想改变局面，但又不知从何做起。管理者大都是本专业的行家里手，能看到落后的根本原因，能从发展的角度给员工提供绩效指导。如果管理者能在员工最困难的时候及时将绩效信息反馈给他们，并帮助他们找出问题的原因和解决方法，就不仅会对员工的心理有很大的安抚作用，更能为员工基本能力的提高指引方向，使员工能逐步地减少错误，提高绩效水平。

（三）强化员工参与，促进沟通

得到管理者的信息反馈，与管理者共同讨论绩效问题，会增强员工对自己在部门业务系统中扮演的角色的认识，提高员工的责任感。在这个过程中，员工能更准确地理解管理者的意图，从管理者那里学习技能和行为方式，同时也能更方便地把自己的看法和意见反映给管理者，这种面对面的、双方向的沟通有利于在工作现场形成团结互信、共同努力提高绩效的良好氛围。

02 第二节　绩效反馈的方式、流程及注意事项

一、绩效反馈的常见方式

绩效反馈实质上是管理者与员工之间的信息交流，是人际关系的一种方式。信息交流、人际关系有多种多样的方式，因此，绩效反馈也会因人、因事、因时而有不同的方式。

从信息的表达方式来看，绩效反馈不仅可以使用明确的语言来传达，也可以采用暗示的方式，还可以采用物质或非物质的奖惩方式。管理者使用明确的语言传达对员工绩效的评价、改进意见或指导是常用的方式。一般来讲，这种方式能清楚地表达管理者的意思，员工也能准确地理解。但是，由于员工的性格及心理承受能力不同，当管理者直截了当地对员工进行批评时，有的员工就可能觉得脸面上不好看，难以接受。但这种人可能悟性较好，只需轻轻一点，便可领会管理者的意思。当遇到这种情况时，管理者也可以用暗示的方式来传递绩效反馈信息，如用眼神、脸色或肢体语言来表示警示、批评等。发奖金或罚款、晋升或降级是管理者对员工工作肯定或否定的表示，一般多用来传递考核结果的信息。

从管理者在反馈过程中扮演的角色来看，绩效反馈可以分为长官式绩效反馈、导师式绩效反馈和顾问式绩效反馈。所谓长官式绩效反馈，就是管理者单方面地向员工传达绩效评判结果和改正措施，员工听从命令，按指示行动。导师式绩效反馈指管理者扮演教授职能的老师，按照员工的理解能力和基础知识水平，因人施教，在传达自己对员工绩效评价的同时，启发员工积极思考，分析存在问题的原因和提出解决方法。顾问式绩效反馈指管理者在绩效反馈中扮演顾问的角色，让员工对绩效做出评价并提出改进意见，然后管理者做修改、补充和最后决策。

以上介绍了绩效反馈过程中可使用的各种方式，它们可以说是管理者对员工进行绩效反馈的技巧，而这些技巧运用的舞台就是面谈。面谈是绩效反馈的基本形式。

面谈的双方是管理者与员工。面谈的内容有四个方面：

第一，工作成果。绩效面谈中，管理者首先要向员工传达自己对其工作成果的意见。如果员工有异议，管理者就要根据绩效标准、记录下来的各种绩效信息，详细解释评价的理由，争取得到员工的理解。

第二，行为表现。这是指管理者对员工的工作态度、技能等的评价。行为表现多

用定性指标和描述型等级，得出的考核结果也就是管理者的主观认识。所以，对行为表现的评价最容易发生争议。为了防止冲突，管理者除了要注意准确领会绩效指标和绩效标准的意义，正确、公正地进行考核，还要在传达负面信息时注意方法，详细、耐心地进行解释。

第三，改进措施。这是指管理者与员工一起分析未完成绩效计划的原因，探讨改进措施。这里的改进措施包括两个方面：一是在业务操作中立即采用的措施，即对以前不正确做法的纠正；二是中长期的措施，即针对员工的具体情况，制订训练基础技能的长期计划。前者可以在实际工作中很快发挥作用，后者对员工的职业生涯发展有积极意义。

第四，下一个管理周期的目标。绩效管理是一个循环的系统。上一个管理周期的最后环节，即绩效反馈，可以看作下一个管理周期的开始。所以，在面谈中，管理者要和员工根据绩效计划的完成情况，确定下一个管理周期的绩效指标和等级目标。

二、绩效反馈的基本流程

绩效反馈并不是单方向地传达考核结果，而是要管理者与员工进行双向沟通，共同探讨改进措施，而面谈最符合这样的要求，所以面谈就成为绩效反馈的基本形式。绩效面谈的基本流程实际上也就是绩效反馈的基本流程。它的基本流程包括制订面谈计划、双方准备、实施面谈、填写面谈记录表、上级审核，见图4-1。

（一）制订面谈计划

面谈计划由管理者制订，内容包括面谈方式、面谈时间、面谈地点、参加人员等。面谈方式主要有三种：管理者与员工一对一面谈；若干管理者与一个员工面谈；管理者与员工团体面谈。面谈时间包括三层意思：一是考核结束后多长时间内举行面谈。从经验上看，面谈最好在考核结束后一周之内进行。二是面谈的具体时间。三是面谈进行多长时间。一般来说，面谈进行的时间不要太短，一小时左右比较适当。面谈地点指实施面谈的具体场所。要注意选择不受干扰的封闭式场所，使面谈在安静、舒适的环境中进行。参加人员指出席面谈的人员。面谈计划制订好之后，要尽快通知相关人员，尤其是被考核者，要在面谈举行的三天之前通知到位。

（二）双方准备

为了使面谈进行得顺利、有效，双方都要做好准备。管理者要准备以下资料：

（1）绩效计划。它是在绩效管理最初阶段管理者与员工就工作成果等达成的共识，是绩效考核的依据。

（2）岗位说明书。它是关于员工在组织中供职时应尽职责的规定。绩效计划就是

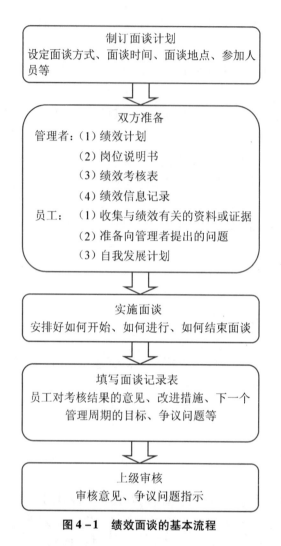

图4-1 绩效面谈的基本流程

参照该说明书制订的。在绩效反馈时，它也是衡量员工工作成果及工作行为的一个尺度。

（3）绩效考核表。它记载着员工绩效考核的结果，是要向员工传达的重要信息。

（4）绩效信息记录。它包括日常工作记录、工作汇报、检查报告等以前积累的有关员工绩效的信息。

面谈是员工向管理者反映意见、展示自我的重要机会。员工为此应该做好以下准备：

（1）收集与绩效有关的资料或证据。员工可以有针对性地收集管理者可能没有注意到的资料，来证明自己的成果、进步。如果被要求填写自我评价表，员工就要根据自我评价表的内容，准备证明资料。

（2）准备向管理者提出的问题。面谈也是员工向管理者求教或表示不满的机会，要提前准备好问题，争取在面谈时畅所欲言。

（3）自我发展计划。绩效管理的一个重要任务就是提高员工的技能水平。员工在面谈时应该将自己的职业生涯规划或想法展示给管理者，为自我发展争取条件。

（三）实施面谈

实施面谈时要注意安排好程序，对如何开始、如何进行、如何结束做好计划。开始的方法，或开门见山，上来就说正题，或先聊聊天气、生活等，缓和一下气氛，再引入正题。在进程安排上，管理者可以先表扬员工好的方面，再提出需改进的方面，然后让员工充分发言，再相互讨论，争取达成共识。要争取在合作、和谐的气氛中结束面谈。管理者也要做好应对争议的准备。当出现争议时，管理者一定要保持冷静，不要当场表态，应另找机会重新沟通。

（四）填写面谈记录表

面谈记录表由参加面谈的管理者（考核者）负责填写，内容主要是员工对工作成果、行为表现等考核结果的意见，以及管理者和员工就改进措施与下一个管理周期的目标达成的共识。如果有争议问题，要详细记载其内容。表4-2列出了一份绩效面谈记录表。

表 4 - 2　绩效面谈记录表

部　门		时　间	
考核者	姓名：　　　　　　　　职位：		
被考核者	姓名：　　　　　　　　职位：		
工作成果			
行为表现			
改进措施			
下一期目标			
争议问题			
上级审核　　　　　　　　时间：			
审核者	姓名：　　　　　　　　职位：		
绩效反馈审核意见			
争议问题处理批示			

（五）上级审核

上级要对绩效面谈记录表进行审核，给出同意与否的批示，并对争议问题的解决做出指示。

三、绩效反馈的注意事项

对于管理者来说，绩效面谈是一项应该掌握的工作技能。但因为这项技能所适用的对象是被考核者，是有思想、有情绪的人，而人的心理状态会因各种因素的影响而变化，所以，面谈技能是一项非常复杂、难以完美掌握的技能。所幸的是，学者和实际工作者经过多年的研究和摸索，总结出了一些注意事项和技巧等，尽管还不成体系，但可以供大家学习、参考。

（一）面谈的注意事项

1. 负面反馈"给希望"

如何把负面评价反馈给被考核者是面谈的一个难题。根据经验，"给希望"是一个较好的做法。这就是在指出被考核者的错误、不足的同时，还要明确给出改进、纠正的方法，表示出组织的期待，使被考核者感到"努力改进、终有回报"的希望。

2. 批评表扬"三七开"

绩效反馈的目的是提供准确的绩效反馈，既包括查找不良绩效，也包括认可优良绩效。根据经验，正面表扬会唤起人的积极心态，所以，在面谈时要注意让表扬多于批评，更不能用过激言辞一味地进行指责。

3. 讲事实，避免套话

面谈时应就事论事，不要使用虚伪的套话。要用准确的事实让被考核者知道自己在哪些地方有了改进，还有哪些不足。

4. 以解决问题为重

一些管理者往往把绩效反馈看作对绩效不良员工进行惩罚的一个机会，因而总是告诉员工他们的绩效如何糟糕。这种做法只会伤害员工的自尊以及增强他们的抵触情绪，不利于员工绩效的改善。因此，管理者要端正面谈的态度，不能发泄私愤，要以解决问题为重，帮助被考核者找出导致不良绩效的真正原因，并就如何解决问题达成共识。

（二）面谈技巧

1. 做好准备

面谈之前，要认真阅读绩效计划、岗位说明书等与被考核者相关的资料，准备要确认、提问、指导的要点。

2. 营造轻松氛围

员工在接受面谈时，一般都会感到很紧张。所以，管理者要态度和蔼，不要跷二郎腿等摆上司架子，可以说些题外话，以缓和气氛。例如，开始先说些闲聊话题，如社会新闻等。但要注意，不要涉及个人隐私问题，如家庭成员、个人兴趣、身体状况等。同时，管理者也不能光想着让员工不紧张而极力迎合员工，这样会给员工不真实的感觉。作为上司，管理者在面谈中要表现出自信、有领导能力和积极指导下属的态度，这样员工才会感觉到管理者可以信赖，才能真正地放松。

面谈时也需要慎重安排管理者与员工的位置。一般来说，管理者与员工应斜对面而坐，相距1~1.8米比较妥当，这个距离既能使双方感觉友好、轻松又不过于亲近。并排而坐虽然显得更亲近些，但会让不太熟悉的人感到过于亲近，并且不利于观察对方的眼神。有很多组织在面谈时，安排管理者与员工相对而坐，管理者面向门口，员工背对门口。这种位置显示的是权威等级、上下有别，会使有些员工感到压抑。在位置方面，要根据员工的性格进行适当安排，具体见图4-2。

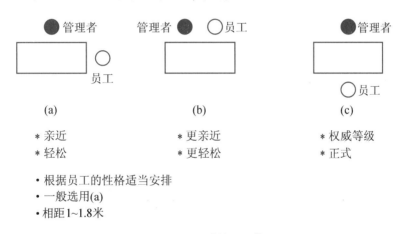

图4-2 面谈的位置①

3. 舍弃偏见

管理者要把员工当作与自己平等的人来看待，不要认为自己高人一等，鄙视员工。

4. 以谦虚的态度倾听员工讲述

虽然在面谈中管理者要对员工进行指导，但在员工讲述时，管理者要谦虚地听，不要打断员工。这种态度会使员工感到自己被重视，从而更愿意与管理者沟通。但要注意，不要过分地对员工表示同情。太露骨的同情会使员工感到虚假、厌烦。面谈中，管理者向员工提问，能显示对员工的关心。但若提问方法不对，反而会带来负面效果。注意不要问有关个人隐私的事，不要问与绩效无关的事，不要连续提问，不要一次问

---

① 松田宪二. 社员の業績評価を正しく行なう手順. 東京：中経出版，2001：268. 引用时有修改。

多个问题，不要问员工仅需回答"是""否"的诱导性问题。

5. 发现员工的优点

找别人的缺点相对容易。但绩效面谈的目的是要提高员工的绩效水平，这就要求发现员工的长处，并对其加以强化，使其发挥作用。当然，对于缺点也不能放过，只是不要仅仅停留在"点出"的程度，而是要给出具体的指导，帮助员工纠正、克服缺点。

6. 抓住话语和表情背后的真实情绪

有时候，人的话语、表情与其真实的情绪是不相符甚至是相反的。所以，管理者要认真聆听、观察，仔细思考，发现员工的真实情绪。员工虽然口头上对管理者的话表示同意，但实际上是无可奈何的忍耐。所以，管理者要多动脑筋，辨别员工话语、表情的虚实。

7. 使用具体和建设性的语言

面谈中的话语必须言有所指，不能抽象，要用资料及数据来辅助说明，不能推测、估计。不要过分强调员工的细枝末节问题，要抓住造成绩效问题的实质原因，进行建设性指导。对于员工的陈述，要把要点记下来，这样有利于以后的指导，但不要录音、录像。

8. 保证履行承诺

面谈中，管理者会对员工提出意见，员工也会给管理者提出要求。如果认为对方说的可以接受，就要明确承诺。在面谈之后的工作中，也一定要履行承诺。对无法承诺的事情，不要强求，可以另行安排时间，再次沟通或设法变更。

（三）管理者的能力

绩效反馈的效果如何与管理者（面谈实施者）的能力有密切关系，见图4-3。管理者的能力可以分为三个方面，即技术能力、对人能力和概念能力。技术能力指与工作相关的知识与技术。没有充分的专业知识和技术，当然无法指导下属的工作。对人能力指与人交流、说服他人、领导他人等方面的能力。没有充分的对人能力，就无法成为团队的领头人。概念能力指进行综合判断、决策的能力。作为管理者，必定要遇到一些难题、新问题，这时就需要分析问题、综合判断和正确决策的能力。面谈实际上也是对管理者能力的考核。要帮助员工提高绩效水平，管理者自己必须精通专业技术，这样才能准确地找到原因，提出解决方法。要使员工通过面谈，对绩效反馈的内容心服口服，管理者必须有充分的人格魅力和语言技巧。概念能力在帮助员工树立并提高绩效的信心、制定职业生涯发展规划方面可以发挥重要作用。因此，组织应该通过各种措施来提高管理者的技术能力、对人能力和概念能力，为成功的绩效反馈打好基础。

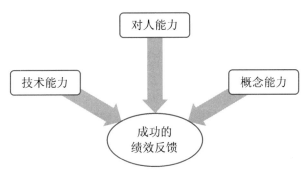

图 4 – 3　管理者的能力与绩效反馈

（四）创造最佳沟通状态

绩效面谈实际上是管理者与员工进行信息、情感上的交流。管理者和员工之间的沟通状态可以用"四扇窗户"的比喻说明，见图 4 – 4。

		员工	
		看见	看不见
管理者	看见	① 透亮窗户	② 单向透亮窗户
	看不见	③ 隐蔽窗户	④ 不透亮窗户

图 4 – 4　沟通状态的"四扇窗户"

"透亮窗户"表示管理者和员工都能"看见"对方，意味着管理者对员工十分了解，注意观察员工的行为，能及时、有效地指导员工；员工也能正确理解管理者的指示，采取正确的行动，有问题及时报告。这是最佳沟通状态。

"单向透亮窗户"表示管理者能"看见"员工，但员工"看不见"管理者，意味着管理者能够观察、理解员工，但员工不能积极地向管理者报告，不能积极地争取管理者的指导和帮助。

"隐蔽窗户"表示员工能"看见"管理者，但管理者"看不见"员工，意味着员工能向管理者提供信息，但管理者没有意识到应该观察、指导员工。

"单向透亮窗户"和"隐蔽窗户"两种状态的沟通都是单方向的。

"不透亮窗户"表示管理者和员工互相"看不见"，意味着管理者和员工双方既没有沟通的欲望，也没有沟通的行动，是最差的沟通状态。

如果管理者和员工之间是"透亮窗户"状态，绩效反馈就能很顺利地进行。而要达到绩效反馈的"透亮窗户"状态，就要在绩效计划、绩效辅导及绩效考核的各个环节实实在在地做好沟通，管理者应具有足够的技术能力、对人能力和概念能力。

03 第三节　绩效反馈效果评估与机制的改进

绩效反馈作为一个管理环节，其效果也应该受到评价，以利于改进、提高管理效率。这里有两项工作要做：一是对反馈效果进行评估；二是对反馈机制进行改进。

一、反馈效果评估

在进行面谈等绩效反馈之后的一周之内，应该开始进行反馈效果评估。

（一）管理者自我评估

绩效反馈结束之后，管理者要对自己主持的面谈进行自我评估，找出不足。评估的要点包括五个方面：开始状态、主角、指导方式、信赖关系、解决问题，见表4-3。

表4-3　管理者自我评估要点

评估要点	做　　法	
	好的做法	不好的做法
开始状态	不给员工施加压力，气氛轻松	立刻就讲问题，强调影响
主角	员工是主角	管理者是主角
指导方式	有诚意地帮助员工	官腔说教、训斥或敷衍了事
信赖关系	强化相互信赖关系	强化上下级关系
解决问题	发现本质原因，进行有针对性的辅导	分析肤浅，空洞地强调结果

1. 开始状态

开始状态指面谈在什么样的气氛中开始。好的面谈应该在轻松的气氛中开始，不给员工施加压力。在不好的面谈中，管理者一开始就对员工的绩效问题发表意见，一味强调问题对团队的影响。

2. 主角

在好的面谈中，管理者应该让员工当主角，让其主动、积极地分析绩效问题，提出看法。管理者应该起辅助、启发的作用。

3. 指导方式

管理者要在面谈中对员工进行指导，要有帮助员工的诚意，而不仅是为了履行上司的职责，官腔说教、训斥或敷衍了事。

4. 信赖关系

通过面谈，管理者应该与员工进一步强化在改进绩效上相互信赖的伙伴关系，而不是再一次强调上下级关系。

5. 解决问题

面谈的目的就是要找出解决绩效问题的方法。在好的面谈结束后，管理者应该发现了问题出现的本质原因，对员工实施了有针对性的辅导。而不好的面谈结束后，管理者没能抓住问题的根本，只是虚张声势地强调要绩效改进的结果。

进行面谈自我评估，可以参考绩效面谈记录表的内容，回忆当时的情景，按要点做出归纳。

（二）听取员工意见

面谈结束后，最好能在一周以内，在员工对面谈记忆清晰时，用访谈、调查表等方式收集员工对绩效反馈的看法。收集的重点如下：

（1）对面谈的整体印象。

（2）管理者提出的哪些问题难以回答。

（3）是否全部说出了想说的话。

（4）在面谈中的收获或遇到的问题。

（5）面谈应该怎样改进。

（三）观察员工行为和绩效水平的变化

绩效面谈应该对员工的实际工作行为和绩效水平有影响。但这两个方面的影响，尤其是对绩效水平的影响，需要经过一段时间才能观察出来。所以，直接观察员工的方法可以在绩效面谈之后的一个月或更长的时间实施。

员工行为的变化可以分为三种，即变得积极、与原来一样和变得消极。面谈之后，对于工作变得积极的员工，可以推测绩效反馈产生了好的影响。比如，在面谈中，员工的三个期待得到了很满意的结果：成绩得到了奖励；问题得到了解决；职业生涯发展得到了支持。对于工作表现与原来一样的员工，可以推测他们的三个期待可能得到了比较满意的结果，但还不足以吸引他们投入更大的热情。对于行为变得消极的员工，可以推测他们的三个期待可能都未得到满意的结果，因此，他们的工作积极性减弱，进取欲望丧失。在通常情况下，通过对所有员工行为的观察，只要"变得消极"的比例在5%以下，就说明绩效反馈产生了正面效果。

员工绩效水平的变化也可以分成三类，即有所提高、与原来一样和有所降低。通过总体分析，只要"有所降低"的比例在5%以下，就说明绩效反馈产生了正面效果。

另外，管理者还可以对员工行为变化与绩效水平变化进行相关分析，总结行为与绩效的相关规律，这样就可以更准确地掌握绩效反馈的效果。例如，如果发现绩效水平"有所提高"同行为"与原来一样"有最强的相关，而不是行为"变得积极"，就说明对员工行为变化的观察、分类不精确，应该加以纠正。

二、反馈机制改进

根据管理者自我评估、听取员工意见、观察员工行为和绩效水平的变化，组织要对绩效反馈的机制进行相应的改进，改进应该从三个方面进行。

（一）提高管理者能力

如上所述，管理者应该具有与职位相称的技术能力、对人能力和概念能力。一般来说，参与绩效反馈的管理者的技术能力应该不成问题，而对人能力和概念能力或许欠缺。组织应该重点加强这两个方面的培训。

（二）熟练掌握面谈技巧

在短短的时间（一小时左右）里，要说服员工接受考核结果，找出解决绩效问题的方法，并激励员工提高工作积极性，是有一定难度的。组织应该在面谈之前组织专业培训，以本组织绩效面谈的经验教训为基础，参考外部经验（包括学习好的专业书、请专家讲课、咨询等），总结出一套面谈技巧，要求全体管理者牢记于心、遵照执行，提高面谈的标准化程度，消除导致面谈失败的随意行为。但同时，组织也要给管理者一些可以根据实际情况决定行为方式的裁量权，这样才能使面谈既有规范化的特点，又有个性化的特点。

（三）反馈效果衡量方法的改进

上面讲述了用管理者自我评估、听取员工意见、观察员工行为和绩效水平变化的方式来衡量反馈效果。这些是常用的方式，但并不是唯一的，也不一定对所有组织都适用。所以，组织要根据自身的具体情况，参考这些方式，制定更能准确衡量本组织绩效反馈效果的方式，这样才能有目的、有针对性地改进绩效反馈机制。

本章小结

1. 绩效反馈是指考核者向员工说明绩效考核的结果并实施相关指导。绩效反馈的内涵可用4个W和1个H来概括。

2. 绩效反馈的作用体现在三个方面：帮助员工树立信心；开发员工能力，改进员工绩效；强化员工参与，促进沟通。

3. 绩效反馈实质上是管理者与员工之间的信息交流。绩效反馈不仅可以使用明确的语言来传达，也可以采用暗示的方式，还可以采用物质或非物质的奖惩方式。绩效反馈可以分为长官式绩效反馈、导师式绩效反馈和顾问式绩效反馈。

4. 面谈是绩效反馈的基本形式。面谈的内容有：①工作成果；②行为表现；③改进措施；④下一个管理周期的目标。绩效面谈的基本流程包括制订面谈计划、双方准备、实施面谈、填写面谈记录表、上级审核。

5. 面谈的注意事项有：负面反馈"给希望"；批评表扬"三七开"；讲事实，避免套话；以解决问题为重。面谈技巧包括做好准备、营造轻松氛围、舍弃偏见、以谦虚的态度倾听员工讲述、发现员工的优点、抓住话语和表情背后的真实情绪、使用具体和建设性的语言、保证履行承诺。

6. 绩效反馈的效果如何与管理者（面谈实施者）的能力有密切关系。管理者的能力可以分为三个方面，即技术能力、对人能力和概念能力。面谈实际上也是对管理者能力的考核。要帮助员工提高绩效水平，管理者自己必须精通专业技术，这样才能准确地找到原因，提出解决方法。要使员工通过面谈，对绩效反馈的内容心服口服，管理者必须有充分的人格魅力和语言技巧。概念能力在帮助员工树立并提高绩效的信心、制定职业生涯发展规划方面可以发挥重要作用。

7. 绩效面谈实际上是管理者与员工进行信息、情感上的交流。管理者和员工之间的沟通状态可以用"透亮窗户""单向透亮窗户""隐蔽窗户""不透亮窗户"的比喻说明。"透亮窗户"表示管理者和员工都能"看见"对方，意味着管理者对员工十分了解，注意观察员工的行为，能及时、有效地指导员工；员工也能正确理解管理者的指示，采取正确的行动，有问题及时报告。这是最佳沟通状态。如果管理者和员工之间是"透亮窗户"状态，绩效反馈就能很顺利地进行。

8. 绩效反馈作为一个管理环节，其效果也应该受到评价，以利于改进、提高管理效率。这里有两项工作要做：一是对反馈效果进行评估；二是对反馈机制进行改进。在进行面谈等绩效反馈之后的一周之内，应该开始进行反馈效果评估。评估方法包括管理者自我评估、听取员工意见、观察员工行为和绩效水平的变化。

思考与讨论

1. 什么是绩效反馈的4个W和1个H？

2. 绩效面谈的基本流程是什么？

3. 为什么需要面谈技巧？面谈技巧包括哪些内容？

4. 解释管理者的技术能力、对人能力和概念能力的含义及各能力在绩效反馈中的作用。

5. 什么是沟通状态的"四扇窗户"？

6. 应该用哪些方法评估绩效反馈效果？

下篇　薪酬设计实务

第五章 Chapter 5 薪酬概述

学习目标和技能要求

学习目标：

通过本章的学习，了解薪酬的内涵和薪酬体系的主要内容，理解薪酬的功能和薪酬设计的目标，掌握薪酬设计的原则。

技能要求：

1. 解释薪酬的内涵；

2. 描述薪酬的三种分类方法；

3. 说明货币性薪酬的主要形式；

4. 说明薪酬构成受哪些因素的影响；

5. 说明三种通行的基本薪酬模式的特点；

6. 分析薪酬水平的影响因素；

7. 分析薪酬结构的三个重要方面；

8. 理解薪酬的三大功能；

9. 理解薪酬设计的基本方法和目标；

10. 理解和运用薪酬设计的五个原则。

导入案例

X 公司的薪酬体系[①]

X 公司是一家技术开发企业，有技术、管理、操作三类从业人员。X 公司为了有效促进企业价值和员工价值的最大化，根据企业战略、行业性质、组织结构、人力资源的具体情况，设计了以职位和岗级、绩效与能力

---

① 陈倩，葛玉辉，赵士军. 基于职位、绩效与能力的三位一体宽带薪酬体系设计：以 X 公司为例. 中国人力资源开发，2010（12）：44 – 46. 引用时有修改。

等级为依据的薪酬体系。

一、以职位和岗级为依据的基本工资

基本工资根据职位和岗级的量化评价结果确定。X公司把所有职位分成A、C~J共九个岗级，每个岗级又分为九个职级，并据此确定了职级的基本工资标准，即薪酬等级，同时在每个薪酬等级上设立了一个上下浮动的薪酬范围。X公司基于职位和岗级的基本工资等级表见表5-1。

二、以绩效为依据的绩效工资和奖金

绩效工资根据绩效考核结果确定。但是，不同岗级的绩效工资占基本工资的比例不同，生产支持型岗级的绩效工资占基本工资的比例较低，中层管理型岗级和技术型岗级的绩效工资占基本工资的比例居中，高层管理型岗级的绩效工资占基本工资的比例较高。如图5-1所示，蓝色部分为绩效工资占基本工资的比例，A岗级为20%，C、D两个岗级为30%，E、F、G三个岗级为50%，H、I、J三个岗级为60%。

奖金根据绩效考核结果确定，分为季度奖和年终奖。奖金发放基数为基本工资和绩效工资之和。第一季度、第三季度的季度奖为发放基数的40%，第二季度、第四季度的季度奖为发放基数的60%，年终奖为发放基数的100%。部门或个人的奖金发放系数与发放比例见表5-2。

奖金的计算方法如下：

已知基本工资为a，绩效工资为b，部门奖金发放系数为d，个人奖金发放系数为e。设奖金发放基数为c，个人奖金金额为Z，则

奖金发放基数计算公式：$c = a + b$

第一季度、第三季度奖金计算公式：$Z = (a + b) \times 40\% \times d \times e$

第二季度、第四季度奖金计算公式：$Z = (a + b) \times 60\% \times d \times e$

年终奖计算公式：$Z = (a + b) \times 100\% \times d \times e$

三、以能力等级为依据的能力工资

X公司把工程师的能力分为六个等级，从第二级开始提高起点基本工资。工程师能力等级与起点基本工资的对应关系详见表5-3。

四、津贴和福利

除了上述薪酬，X公司还提供津贴和福利。津贴包括通信补贴、车补、年休假补贴、高温费、书报费；福利包括"五险一金"（养老保险、医疗保险、失业保险、工伤保险、生育保险和住房公积金）、补充养老保险、补充医疗保险和补充住房公积金。津贴和福利基本上全员享有。

表 5 - 1　X 公司基干职位和岗级的基本工资等级表

岗位族	职位/岗级	薪酬等级 →	1	2	3	4	5	6	7	8	9	10	11	12	13	14	15	16	17	18	19	20	21	22	23	24	25	26	27	28	29
J	副总工程师、总工程师、执行总监																						J1	J2	J3	J4	J5	J6	J7	J8	J9
I	专家工程师、副总监、高级经理															I1	I2	I3	I4	I5	I6	I7	I8	I9							
H	主任工程师、经理、高级经理												H1	H2	H3	H4	H5	H6	H7	H8	H9									
G	主管工程师、系统经理											G1	G2	G3	G4	G5	G6	G7	G8	G9										
F	一级主管									F1	F2	F3	F4	F5	F6	F7	F8	F9												
E	工程师、专员							E1	E2	E3	E4	E5	E6	E7	E8	E9														
D	生产组长				D1	D2	D3	D4	D5	D6	D7	D8	D9																	
C	生产技术支持			C1	C2	C3	C4	C5	C6	C7	C8	C9																		
A	生产服务工人		A1	A2	A3	A4	A5	A6	A7	A8	A9																			
	薪酬等级		1	2	3	4	5	6	7	8	9	10	11	12	13	14	15	16	17	18	19	20	21	22	23	24	25	26	27	28	29
	基本工资下限/元		1 450	1 550	1 650	1 850	2 050	2 250	2 600	2 950	3 300	3 650	4 150	4 650	5 150	5 650	6 150	6 650	7 400	8 150	8 900	9 650	10 400	11 150	11 900	12 900	13 900	14 900	15 900	16 900	17 900
	基本工资上限/元		1 550	1 650	1 850	2 050	2 250	2 600	2 950	3 300	3 650	4 150	4 650	5 150	5 650	6 150	6 650	7 400	8 150	8 900	9 650	10 400	11 150	11 900	12 900	13 900	14 900	15 900	16 900	17 900	18 900
	基本工资上下限差额/元		100	100	200	200	200	350	350	350	350	500	500	500	500	500	500	750	750	750	750	750	750	750	1 000	1 000	1 000	1 000	1 000	1 000	1 000

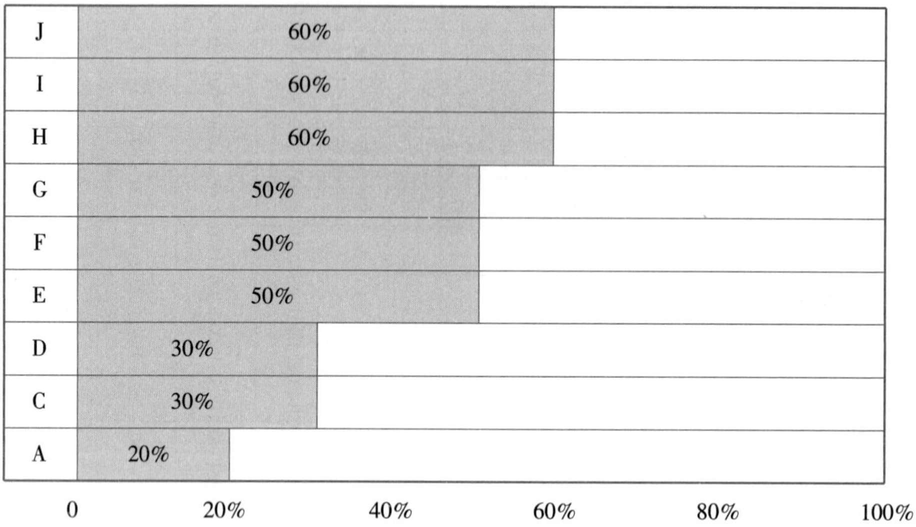

图 5 - 1　各岗级绩效工资占基本工资的比例

表 5 - 2　基于绩效考核的奖金发放系数与发放比例

考核分数/分	4.6~5	4.1~4.5	3.6~4	3~3.5	<3
绩效等级	优秀	良好	合格	基本合格	不合格
部门/个人奖金发放系数	1.2	1.1	1	0.9	0.7
部门/个人奖金发放比例	5%	10%	70%	10%	5%

表 5 - 3　工程师能力等级与起点基本工资的对应关系

职位岗级	工程师能力等级	起点基本工资
工程师、专员	2级	E4
	3级	E6
	4级	E8
主管工程师、系统经理	3级	G3
	4级	G5
	5级	G7
主任工程师、经理、高级经理	4级	H4
	5级	H6
	6级	H8
专家工程师、副总监、高级经理	4级	I3
	5级	I5
	6级	I7

从上述案例不难看出，薪酬是组织对员工付出劳动的报酬，更是对高绩效、高能力员工的奖励。薪酬有基本薪酬、绩效薪酬、津贴和福利等多种形式，它们是根据不同原理和方法确定的。把不同形式的薪酬按照一定比例组合起来，便构成了薪酬体系。每个组织都要设计自己的薪酬体系，因此，必须掌握确定薪酬体系的原则、程序、方法和技巧。第五章至第八章将对与薪酬体系设计有关的概念、原理、方法和技巧进行系统的讲解。

01　第一节　薪酬的内涵、形式和薪酬体系的内容

一、薪酬的内涵

在市场经济中，劳动者作为雇用关系的一方为组织工作，从组织中得到工资、奖金、津贴、福利等报酬，这就是薪酬。

薪酬从本质上看是劳动力价格。劳动者为组织工作，可视为向组织让渡劳动力，而组织"购买劳动力"或"使用劳动力"，就要向劳动者支付费用，这个费用就是薪酬。

薪酬关乎劳动者的切身利益。薪酬是劳动者工作的经济目的，是劳动者经济收入的主要来源。薪酬低有损生活质量，甚至会使劳动者的生活难以为继。因此，劳动者对薪酬水平十分在意。当生活费用提高、物价上涨、实际薪酬水平下降时，劳动者就会产生谋求高水平薪酬的愿望和行动。

薪酬对于组织来讲则是劳动力成本。在全球化经济的形势下，薪酬成本有决定资本流向、劳动力流向的作用。如果技术水平和其他生产成本都相同，那么薪酬成本高，产品的销售价格就高，与薪酬成本低的产品相比，产品就缺少竞争力，难以售出。如果一个地域的薪酬水平低，那么投资这个地域就可以减少薪酬成本。因此，薪酬成本低的地域深受资本青睐。但同时，薪酬太低会影响劳动者的积极性，也吸引不了人才。因此，很多组织都把提高薪酬作为吸引人才、留住人才的手段。

二、薪酬的形式

在通常情况下，可以把薪酬分为内在薪酬和外在薪酬。其中，外在薪酬又可以分为货币性薪酬和非货币性薪酬。货币性薪酬又包括直接薪酬和间接薪酬两种。图5-2

列举了薪酬的这些形式。

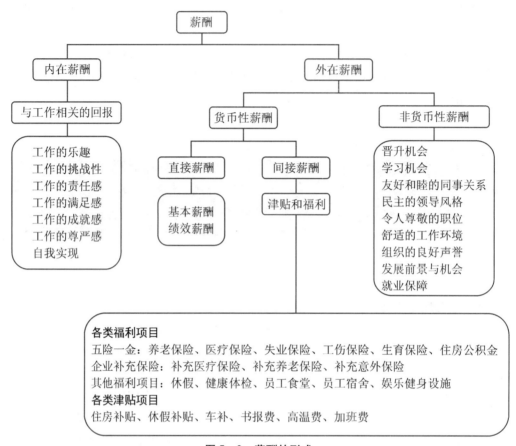

图 5 - 2　薪酬的形式

（一）薪酬的分类

1. 内在薪酬与外在薪酬

内在薪酬指从工作本身以及完成工作中获得的回报，如工作的乐趣、工作的挑战性、工作的责任感、工作的满足感、工作的成就感、工作的尊严感和自我实现等心理效应。外在薪酬则指从组织得到的回报，它既包括可以用货币形式表示的工资、奖金、津贴、福利，也包括不能用货币形式表示的回报，如晋升机会、学习机会、友好和睦的同事关系、民主的领导风格、令人尊敬的职位、舒适的工作环境、组织的良好声誉、发展前景与机会、就业保障等。

内在薪酬不是经济收入，因此容易被忽视。但是，内在薪酬对于激励组织成员具有重要意义。从心理学角度来看，组织成员不仅有获得经济收入的需求，而且有被认可、自尊、自信、获得成就、完善自我的需求。美国学者赫兹伯格指出，来自工作本身的回报如工作的乐趣、丰富性、挑战性、责任、成就、被认可，才是满足组织成员被认可、自尊、自信、获得成就和完善自我需求的因素。因此，组织在薪酬设计中要重视内在薪酬的激励作用。

2. 货币性薪酬与非货币性薪酬

货币性薪酬指可以用货币形式表示的薪酬。不可用货币形式表示的薪酬称为非货币性薪酬。在上述案例中，X 公司的薪酬主要由基本工资、绩效工资、奖金、津贴和福利组成。津贴包括通信补贴、车补、年休假补贴、高温费、书报费。福利包括"五险一金"、补充养老保险、补充医疗保险和补充住房公积金。这些都可以用货币形式表示出来，是货币性薪酬。

从劳动者角度来看，从组织得到的回报实际上不限于货币性薪酬，舒适的工作环境、学习机会、晋升机会等也是回报。虽然这些回报难以用货币形式表示，但它们对劳动者选择职业、决定工作态度有重要影响。

3. 直接薪酬与间接薪酬

直接薪酬是根据劳动者的工作时间、工作结果等因素计算出来的薪酬。间接薪酬则与这些因素无关。在通常情况下，基本薪酬和绩效薪酬是直接薪酬，津贴、福利则是间接薪酬。例如，在上述案例中，X 公司的基本工资、绩效工资和奖金都是按照员工完成工作的实际情况来确定的，是直接薪酬；而津贴和福利与员工完成工作的实际情况无关，属于全员享有的项目，是间接薪酬。

（二）货币性薪酬的主要形式

货币性薪酬是薪酬的核心部分，是本书重点讲述的对象。货币性薪酬的主要形式有基本薪酬、绩效薪酬、津贴和福利。

1. 基本薪酬

基本薪酬也叫基本工资，是指按照薪酬等级标准支付且在一定时期内固定不变的薪酬。薪酬等级一般以劳动技能、劳动责任、劳动强度和劳动条件等因素为依据，根据员工实际完成的劳动定额、劳动时间或劳动消耗来决定。员工完成组织规定的工作定额后，就能获得基本薪酬。基本薪酬反映的是员工工作的价值或者员工具有的技能、能力的价值。

基本薪酬在薪酬等级不变时是不变的，但在以下两种情况下，基本薪酬会有所变化：一是生活费用，通货膨胀，劳动力市场价格，产品竞争程度，市场需求，员工的知识、技能与能力等因素发生变化；二是把基本薪酬与员工的实际工作绩效挂钩，依据员工的绩效考核结果对基本薪酬做出调整。

基本薪酬的计量有计时和计件两种形式。计时薪酬是按照员工的工作时间支付的薪酬，主要有时薪、日薪和月薪三种形式。在我国，绝大多数组织按照月薪来支付基本薪酬，而在美国，领取月薪或年薪的主要是管理人员和专业技术人员，但他们没有加班薪酬，蓝领工人领取时薪，有加班薪酬。计件薪酬是按照员工实际劳动成果的数量计发的薪酬。计时薪酬的适用范围较广，计件薪酬的适用范围较窄。一般来讲，在自动化、机械化程度较高，产品数量主要取决于机械设备的性能，劳动成果难以用数量衡量，生产经营需要以集体劳动的形式进行的企业，比较适宜采用计时薪酬；在主要依靠体力劳动和手工操作进行生产的企业，比较适宜采用计件薪酬。目前，采取纯粹的计件薪酬的企业已不太多，多数企业采取的是一种修正了的计件薪酬形式，即员工的薪酬由计时薪酬和计件薪酬构成。

2. 绩效薪酬

绩效薪酬是根据员工的努力程度和绩效高低来决定的劳动报酬。由于基本薪酬在一定时期内固定不变，难以及时反映员工的实际努力状况及绩效的变化，因此需要制定绩效薪酬来补充基本薪酬，对员工的突出表现和超额贡献给予回报。绩效薪酬根据绩效状况浮动。绩效薪酬的常见形式有绩效加薪、奖金、销售提成、利润分享、股票期权等。

（1）绩效加薪。绩效加薪是指根据绩效考核结果增加的基本薪酬部分。绩效加薪和奖金等其他绩效薪酬有两个较大的区别。

第一，绩效加薪是永久性奖励，而奖金等其他绩效薪酬是一次性奖励。绩效加薪是基本薪酬增加的部分，这部分加上原来的基本薪酬就成为下一年的基本薪酬，也是下一年绩效加薪的基础。因此，绩效加薪会长期影响劳动力成本。而奖金等其他绩效薪酬是一次性奖励，与基本薪酬无关，因此不会持续影响劳动力成本。

第二，绩效加薪用于对员工过去业绩的认可，而奖金等其他绩效薪酬用来激励员工的未来行为。组织在实施绩效加薪时，一般不事先确定绩效目标，加薪范围和加薪程度也在评估员工绩效之后确定。而在采用奖金等其他绩效薪酬时，通常要事先确定好绩效目标和奖励规模，如销售人员事先就知道销售提成的目标及提成比例。

（2）奖金。奖金是根据员工完成绩效目标的状况支付的报酬。常见的绩效目标有生产率提高、成本下降、产量增加、销售额增加、客户满意度提升、回款率提高、收益增加等。奖金既可以和员工的个人绩效挂钩，也可以和团队或部门的绩效挂钩。在世界五百强的美国纽柯钢铁公司，工人的奖金与其所在作业队完成生产指标的程度挂钩，车间主任和业务经理的奖金与其所在厂的资产收益率挂钩。[①] 斯考特造纸公司的员工奖金的70%取决于员工所在部门的绩效，30%取决于个人绩效。[②] 在本章的导入案例中，X公司的员工奖金由部门绩效和个人绩效共同决定，数额按照奖金发放基数与部门奖金发放系数和个人奖金发放系数的乘积计算。

（3）销售提成。销售提成（佣金）是对产品或服务销售人员的销售业绩进行奖励的报酬。它是根据销售量、销售额、市场占有率、货款回笼率等来决定的。例如，房

[①] 周小庄. 美国纽柯钢铁公司的管理实践：精干的管理体制与民主的管理方式. 经济社会体制比较，1999（1）：5.

[②] 罗宾斯. 组织行为学：第7版. 孙健敏，李原，等译. 北京：中国人民大学出版社，1997：205.

地产销售人员的提成比例是销售额的1%。[1] 销售提成比例取决于产品的价格、销售量及产品销售的难易程度等因素。在销售提成比例一定的情况下，销售人员的销售提成收入取决于其本人销售额的大小。

（4）利润分享。利润分享是根据组织完成利润目标的状况而给员工支付的报酬，其目的在于鼓励员工关心组织发展。利润分享实际上是把超过目标利润的部分分配给全体员工。分配形式或是以现金形式在当期分配，或是把利润分享份额存入员工账户，等员工退休后领取。后者是一种延期支付形式。利润分享只有在利润目标实现的情况下才会实施。

（5）股票期权。奖金和利润分享都以短期绩效目标为基础，是短期激励形式；股票期权则是以长期（多年度）绩效目标为奖励基础的长期激励形式。股票期权激励主要包括员工持股计划和股票期权计划。百事可乐、林肯电气、杜邦、可口可乐等公司实施了员工持股计划。林肯电气公司的员工总共持有公司28%的股票，据称这是为了增加员工对组织的参与程度。[2] 有的企业授予员工一定数量的公司股票，但对股票的抛售等有限制。例如，规定持股员工只有在规定的服务期限内完成绩效目标时，才能够抛售股票。这类股票称作限制性股票。有的企业授予员工股票期权，员工可在规定时间内以事先确定的价格购买一定数量的公司流通股票。ATC（中国）公司对所有管理员工和专业技术员工授予限制性股票，股权激励四年为一期，每年一次，下年年初授予当年的股权。公司根据当年业绩评估情况进行授予，如目标的下限未达到，则该年不授予股权。[3]

3. 津贴

津贴是指为了补偿员工额外或特殊的劳动消耗，保证员工的薪酬水平不受特殊条件影响而支付的报酬。津贴的种类有很多，如岗位津贴、职务津贴、工龄津贴、地区津贴、加班津贴、夜班津贴、出差津贴、物价津贴、交通费津贴、伙食津贴、高温津贴等。与绩效薪酬一样，津贴也是用于补充基本薪酬的一种辅助薪酬。津贴在整个薪酬中所占的比重较小。

4. 福利

福利是薪酬的重要组成部分，但它不依据劳动时间来计算，通常以延期支付方式提供。大多数福利具有全员享受的普惠性质，与组织成员的职位、贡献没有必然联系。福利有两种形式：公共福利和组织补充福利。公共福利是国家法律规定的社会福利项目，如我国的"五险一金"、法定节假日、带薪休假等。组织补充福利是组织出于自身发展的需要而向员工提供的福利项目，如补充医疗保险、补充养老保险、医疗护理、

① 刘昕. 薪酬管理. 北京：中国人民大学出版社，2002：291.
② 米尔科维奇，纽曼. 薪酬管理：第9版. 成得礼，译. 北京：中国人民大学出版社，2008：276.
③ 于林，赵士军，李真. 高科技外资企业知识型员工股权激励研究：以ATC（中国）公司为例. 中国人力资源开发，2010（12）：63-66.

健康体检、娱乐健身设施、食堂、免费午餐、培训学习、班车、住房贷款等。

福利的费用由组织全部或部分承担。因此，福利对于组织来讲是一笔数额较大的劳动力成本。一方面，如果福利项目太多，就会造成财务负担；另一方面，福利可以满足员工的多样化需求，吸引和留住高素质人才，提高员工的组织忠诚度，是构建组织竞争优势的重要手段。

三、薪酬体系的内容

薪酬体系的内容可以概括为四个方面：薪酬构成、基本薪酬模式、薪酬水平和薪酬结构。

（一）薪酬构成

薪酬构成指总薪酬的组成部分以及各部分占总薪酬的比重。例如，某企业的总薪酬由基本薪酬、绩效薪酬、津贴和福利组成。各组成部分占总薪酬的比重如下：基本薪酬占60%，绩效薪酬占30%，津贴和福利占10%。

组织在设计薪酬构成时，要考虑工作性质与特点、薪酬的激励性和灵活性、成本可控性、组织发展阶段、组织战略等因素。因此，不同的组织会有不同的薪酬构成，不同岗位的薪酬构成也会不一样。

通常情况下，工作成果越容易衡量、与员工的个人努力程度关系越大，绩效薪酬占总薪酬的比重就越大。例如，企业有销售和行政事务两种岗位，销售岗位的工作成果容易衡量，与销售人员的个人努力程度关系大；而行政事务岗位的工作成果不容易衡量，与员工的个人努力程度关系也不大。因此，销售岗位的绩效薪酬占总薪酬的比重较大，而行政事务岗位的绩效薪酬占总薪酬的比重较小。

员工对组织整体绩效的贡献越大，其绩效薪酬占总薪酬的比重就越大。例如，企业中直接业务人员的绩效薪酬比重大于间接业务人员，管理人员的绩效薪酬比重大于管理支持人员。在本章的导入案例中，X公司有九个岗级，A、C、D三个岗级是生产支持型岗级，E、F、G三个岗级是中层管理型岗级和技术型岗级，H、I、J三个岗级是高层管理型岗级。从绩效薪酬比重来看，高层管理型岗级绩效薪酬的比重大于中层管理型岗级和技术型岗级，中层管理型岗级和技术型岗级绩效薪酬的比重又大于生产支持型岗级。

薪酬构成与组织发展阶段有关系。在创业初期，组织为了鼓励员工拼搏进取、开拓市场，通常会加大绩效薪酬在总薪酬中的比重。进入成长期后，组织为了扩大规模和业务，要求员工发挥潜力，往往会把基本薪酬与能力挂钩，提高能力薪酬占总薪酬的比重。进入成熟期后，组织为了维持稳定发展的局面，培养员工的组织忠诚度，通常会提高基本薪酬、福利占总薪酬的比重。

薪酬构成与组织战略也有关系。组织如果采取增长型战略，试图通过开发新产品和新工艺、缩短生产周期、开拓新市场而获得增长，需要员工创新和承担风险，就会提供形式多样的绩效薪酬，提高绩效薪酬在总薪酬中所占的比重。组织如果采取稳定型战略，试图通过维持市场份额或者运营成本来获得增长，需要员工稳定就业和积累技能，就会提高基本薪酬、福利在总薪酬中所占的比重，减少绩效薪酬在总薪酬中所占的比重。组织如果采取紧缩型战略，要缩小业务规模，减少经营风险，降低劳动力成本，需要员工与组织分担风险，就会提高绩效薪酬在总薪酬中所占的比重。

（二）基本薪酬模式

基本薪酬模式指决定基本薪酬的依据与方式。决定基本薪酬的依据有三个：岗位/职位、技能、能力。以岗位/职位为基础的基本薪酬模式叫作岗位/职位薪酬模式，以技能为基础的基本薪酬模式叫作技能薪酬模式，以能力为基础的基本薪酬模式叫作能力薪酬模式。这是目前国际上通行的三种基本薪酬模式。

1. 岗位/职位薪酬模式

岗位/职位薪酬模式运用最为广泛。在该模式中，基本薪酬根据岗位/职位的相对价值来确定。岗位/职位的相对价值越大，基本薪酬就越高，反之亦然。岗位/职位的相对价值相同，基本薪酬就相同。岗位/职位的相对价值一般通过工作分析和岗位/职位评价得出。所谓工作分析，就是对岗位/职位的工作职责、任务以及从事该岗位/职位工作的人员所应具备的教育程度、技能水平、工作经验、身体状况进行描述。岗位/职位评价就是在工作分析的基础上，对岗位/职位本身的价值或贡献大小进行评价，以确定岗位/职位之间的相对价值关系。

岗位/职位薪酬模式有以下特点：一是具有以岗位/职位价值确定薪酬的价值取向，薪酬因岗而异，对岗不对人；二是按照岗位/职位系列管理薪酬，操作简单，管理成本较低；三是员工的薪酬增加主要依靠岗位/职位的晋升。

但是，岗位/职位薪酬模式有以下不足：第一，岗位/职位薪酬体现不出员工个人的努力程度和实际能力大小，因此不利于激发员工的潜能；第二，员工薪酬的增加取决于岗位/职位晋升，如果晋升机会较少，员工就会失去努力工作的动力。

2. 技能薪酬模式

技能薪酬模式指依据员工所掌握的与工作相关的技能水平来确定基本薪酬的薪酬模式。员工的技能水平越高，基本薪酬就越高，反之亦然。在技能薪酬模式下，员工薪酬的增加主要取决于其技能水平的提高。

技能薪酬模式又分为广度技能薪酬模式和深度技能薪酬模式。在广度技能薪酬模式中，基本薪酬根据员工能够胜任的工作的种类数目，即技能的广度来确定；在深度技能薪酬模式中，基本薪酬根据员工已达到的技能的最高水平，即技能的深度来确定。这两种确定技能薪酬的方法都以员工的技能特征为依据，这和以工作特征为依据的岗位/职位薪酬模式是明显不同的。

技能薪酬模式的优势体现在以下五个方面：第一，技能薪酬模式能够激励员工学习技能，形成高水平技能。因为基本薪酬的高低取决于员工的实际技能水平，所以，员工有动力不断提高自身的技能水平，掌握更多的技能，从而形成高水平的技能。第二，技能薪酬模式有利于提高员工应对环境变化的能力。员工掌握了多种技能之后，可以应对组织环境的变化。例如，具有多种技能的工人能担任多种产品、多道工序、多台设备的操作，能从事质量管理、设备维修等方面的工作，替补缺勤人员等。组织成员的适应能力提高，增强了组织应对环境的灵活性。第三，技能薪酬模式为员工全面、深刻地认识业务系统功能提供了机会。员工掌握的技能越多，达到的技能水平越高，他对整个业务系统功能的认识就越全面、深刻。第四，技能薪酬模式有利于降低劳动力成本。由于员工掌握了多种技能，可以弥补由流动或缺勤造成的工作空当，所以，组织可以不必为应对变化而增加劳动力。第五，技能薪酬模式有利于新技术的引进。因为基本薪酬按照技能水平确定，所以员工对学习新技术有积极性，对引进新技术会持支持态度。

技能薪酬模式也存在局限性：第一，进行技能培训投资决策比较困难。实施技能薪酬模式的组织需要对技能培训进行投资。既然是投资，就需要进行成本与成果的比较。如果成本大于成果，投资回报率低，就说明该投资是不合理的。因此，要对技能未来的变化趋势、技能对组织效率的影响、成员学习能力等方面做出正确预测，但这有很大的难度。第二，技能薪酬模式本质上存在增长"瓶颈"。这是当薪酬完全建立在技能基础上时会出现的一种状况。因为薪酬增长完全取决于技能水平，一旦员工掌握了所有技能、达到最高技能水平之后，他就没有增加薪酬的余地，因而会失去提高自身技能水平的动力。第三，技能薪酬模式的设计和管理与岗位/职位薪酬模式相比更加复杂。组织要建立培训制度，对工作所需要的技能进行界定、评价并和薪酬建立联系，还要对员工所掌握的技能水平进行评价，因此需要投入较大的管理成本。

3. 能力薪酬模式

能力薪酬模式指根据员工所掌握的与岗位/职位相关的能力水平确定基本薪酬的模式。能力主要指员工为履行岗位/职位职责所必须具备的知识、经验、技能、行为特征以及个人特征的集合。

能力薪酬模式和技能薪酬模式相同，都是以人为基础的薪酬模式。能力薪酬模式是在技能薪酬模式的基础上扩展出来的，与技能薪酬模式在基本概念、设计理念、设计程序等方面相似，可看成广义技能薪酬模式的组成部分。但能力薪酬模式和技能薪酬模式在实践中的适用对象不同，能力薪酬模式一般用于白领职位，而技能薪酬模式通常用于生产操作职位以及事务职位。[①]

---

① 刘昕．薪酬管理．北京：中国人民大学出版社，2002：121.

能力薪酬模式的设计理念是，高绩效取决于员工的能力。因此，能力应该成为组织支付报酬的根据。为了便于操作，组织一般从以下三个方面来界定员工的能力：核心能力、能力模块和能力指标。核心能力是指员工为实现组织目标所应具备的核心技能和素质，它们是从组织的使命、愿景、核心价值、经营哲学以及经营战略中抽象出来的概念，如创新性、挑战性、合作性、成就意识、质量意识、诚信等。能力模块是指构成核心能力的品质、人格特征以及行为。界定能力模块是为了找出核心能力的表现形式，把核心能力这一抽象的概念转化为可观察的品质、人格特征和行为。能力指标是能力模块的具体表现形式。例如，可将"合作性"这一核心能力进一步定义为以下品质和行为：自愿参与团队活动；支持团队决策；积极承担团队工作；与团队成员分享信息；积极向团队成员学习；善于鼓励他人；用积极态度解决冲突；等等。组织通过界定能力指标及其等级，来评价员工的能力和确定其薪酬。

能力薪酬模式具有促进员工不断学习、提高其能力的作用。能力薪酬模式还有利于提高员工应对环境变化的能力，增强组织应对环境变化的灵活性。但是，能力薪酬模式的设计与管理比较复杂，尤其是能力概念比较抽象，要对它做出清楚界定，需要较深的专业知识和较先进的分析工具。另外，和技能薪酬模式一样，能力薪酬模式如果设计不好，也可能出现"投入较大，回报较少"的问题。

（三）薪酬水平

薪酬水平是指组织支付的劳动力费用的人均值。它的计算公式是

$$薪酬水平 = （基本薪酬 + 绩效薪酬 + 津贴 + 福利）/员工人数$$

薪酬水平是表示组织人力资源政策基本态度的指标。如果组织的薪酬水平低于市场或竞争对手的薪酬水平，组织就很难在劳动力市场上招募到合格的劳动力，同时，过低的薪酬水平也会有损在职员工对组织的忠诚度，产生员工离职现象增加的后果。相反，如果组织的薪酬水平高于市场或竞争对手的薪酬水平，组织就容易招募到优秀的员工，并且会提高员工对组织的忠诚度，降低员工流失率。

此外，如果组织的薪酬水平高于市场或竞争对手的薪酬水平，员工消极怠工的动机就比较小。因为员工一旦消极怠工被发现并被解雇，将不可能再找到如此高薪的工作。

同时，如果其他条件不变，薪酬水平越高，就意味着劳动力成本越大。薪酬水平超出竞争对手的部分越大，组织所提供的产品或服务相对于竞争对手的成本比较优势就越小。因此，组织在确定薪酬水平时，既要考虑薪酬水平在吸引、留住和激励员工方面的作用，又不能忽视薪酬水平对劳动力成本的影响。总之，在确定薪酬水平时，要考虑劳动力市场状况、产品或服务市场状况、政府立法规定、工资集体协商、组织战略、组织薪酬策略、组织的薪酬支付能力、组织所在行业的特征、组织规模等。

1. 劳动力市场状况

劳动力市场状况对薪酬水平具有重要影响。可以认为，薪酬水平在劳动力市场上

的竞争状况及劳动力市场的供需状况规定了薪酬水平的下限。如果组织的薪酬水平在劳动力市场上没有竞争力，它就不能吸引和留住自己所需要的员工。因此，组织在确定薪酬水平时，一般都会进行市场调查，考察竞争对手的薪酬水平，进行综合衡量后确定自己的薪酬水平。劳动力市场的供需状况也会对薪酬水平起调节作用。当组织所需要的员工在劳动力市场上处于供不应求的状态时，组织就会面临薪酬上涨的压力；当组织所需要的员工在劳动力市场上处于供大于求的状态时，组织就没有动力增加员工的薪酬。

2. 产品或服务市场状况

产品或服务市场状况在很大程度上决定了组织的支付能力，进而也决定了薪酬水平的上限。市场需求和竞争程度是影响组织支付能力的主要因素。一方面，如果市场需求减少、销售量下降、收入减少，组织就不可能确定较高的薪酬水平；另一方面，如果组织为了维持较高的薪酬水平而采取提高销售价格的方式，就会降低产品或服务在市场上的竞争力，威胁组织的生存。因此，产品或服务市场状况对组织薪酬水平的高低有很大的制约作用。20世纪80年代以前，美国三大汽车公司（通用汽车公司、福特汽车公司、克莱斯勒汽车公司）靠提高汽车销售价格抵消了工资增长对利润的侵蚀。但20世纪90年代以后，物美价廉的日本汽车大量进入美国市场，三大汽车公司遭受到前所未有的竞争压力，不得不调整薪酬策略，采取了冻结工资增长、按绩效付酬等方法来降低成本。

3. 政府立法规定

政府立法规定对组织薪酬水平的影响主要体现在关于最低工资、加班津贴标准、最长工作时间、福利要求、平等付酬原则等的法规中。这些法规从维护社会公平、保障个人基本权益的角度出发，要求组织按照规定支付员工薪酬，并对受到不公平待遇的成员给予经济补偿。截至2022年4月1日，我国32个省、自治区、直辖市调整了最低工资标准。从人力资源和社会保障部公布的全国各地区最低工资标准来看，月最低工资标准突破2 000元的地区已经增加到了13个。这些地区是上海（2 590元）、深圳（2 360元）、北京（2 320元）、广东（2 300元）、江苏（2 280元）、浙江（2 280元）、天津（2 180元）、山东（2 100元）、四川（2 100元）、重庆（2 100元）、福建（2 030元）、湖北（2 010元）、河南（2 000元）。从月最低工资标准来看，上海月最低工资标准达到2 590元，为全国最高。①

4. 工资集体协商

我国于2000年11月颁布了《工资集体协商试行办法》，要求企业依法开展工资集体协商。截至2019年年底，全国工会基层组织数达到261.1万个，工会会员人数达到

---

① 李金磊. 各地最低工资标准公布! 13 个地区 ≥2 000 元. (2022 – 04 – 14) [2022 – 10 – 05]. http: // news. china. com. cn/2022 – 04/14/content_ 78164456. htm. 引用时有修改。

2.83 亿人。① 据统计，截至 2016 年年底，全国共签订集体合同 242.2 万份，覆盖企业 679.4 万家，覆盖职工 2.9 亿人，31 个省级工会和新疆生产建设兵团工会已建工会企业集体协商建制率均达到 80% 以上，百人以上已建工会企业集体协商建制率均达到 90% 以上。② 在工业发达国家，工资集体协商是决定企业薪酬制度的主要机制。尽管工资集体协商的影响力近年来有所下降，但它对组织薪酬水平的影响仍然不可忽视。工资集体协商的重点是工资率、加班工资、工资调整、工资与福利形式等。工资集体协商不仅会影响有工会并开展工资集体协商的组织的薪酬水平，而且会影响没有工会的组织。因为这些没有工会的组织要想在薪酬水平上有竞争力，就必须参照实施工资集体协商的组织的薪酬动向来调整自己的薪酬水平。

5. 组织战略

一般认为，薪酬制度应该支持组织战略的实现，与组织文化相容，并且具备应对外部环境变化的能力。战略性薪酬管理是近年来西方管理学界和企业界讨论最多的新理念之一。所谓战略性薪酬管理，是指根据组织战略有计划地制定和实施一系列薪酬决策，以帮助组织获取并保持竞争优势。在既定的战略之下，组织需要制定的战略性薪酬决策主要有：①薪酬管理的目标是什么。例如，如何支持组织战略的实施；如何调整薪酬战略，以适应经营和文化的压力。②如何达成薪酬的内部一致性，即如何决定不同岗位/职位和不同技能、能力员工的薪酬。③如何形成外部竞争力，即相对于竞争对手，应该如何定位组织的薪酬水平。④如何评价员工个人的贡献，包括基本薪酬调整的依据是什么。⑤如何管理薪酬体系，即谁来设计和管理薪酬决策，应该如何设计薪酬决策的过程。⑥如何提高薪酬成本的有效性。③

在实践中，很多组织从战略需要出发制定薪酬制度，并随着战略要求的变化调整薪酬制度。例如，当组织采取创新战略时，它希望通过开发新产品和缩短产品生命周期来赢得竞争优势，因此，它在人力资源管理中鼓励员工具有冒险精神、富于创新和积极承担多种任务。体现在薪酬制度上就是，组织制定高于市场或竞争对手水平的薪酬水平，对包括产品、生产方法等在内的创新行为和成果给予奖励等。当组织采取成本控制战略时，它希望在不改变品质的前提下通过降低产品价格的方法占领市场而获取竞争优势。因此，一方面，组织力保生产过程精确无误，并寻找各种方法降低成本；另一方面，组织在人力资源管理上详细而具体地进行工作描述，严格按照工作描述来管理员工，密切了解竞争对手的情况，使薪酬水平与竞争对手的薪酬水平相当，在薪

————————

① 国家统计局人口和就业统计司，人力资源和社会保障部规划财务司. 中国劳动统计年鉴: 2020. 北京: 中国统计出版社，2020.

② 王奎，王小攀. 工资集体协商制度的实施效应研究: 以山东省为例. 山东工会论坛，2019，25 (6): 8 - 13，21.

③ 刘昕. 薪酬管理. 北京: 中国人民大学出版社，2002: 29.

酬构成上提高与绩效挂钩部分所占的比例。[1]

6. 组织薪酬策略

组织要根据市场或竞争对手的薪酬水平确定自己的薪酬水平。这个薪酬水平可以高于、相当于或低于市场或竞争对手的薪酬水平。把组织薪酬水平设定为高于市场或竞争对手的薪酬水平的策略叫作市场领先策略；把组织薪酬水平设定为相当于市场或竞争对手的薪酬水平的策略叫作市场跟进策略；把组织薪酬水平设定为低于市场或竞争对手的薪酬水平的策略叫作市场滞后策略。

选择市场领先策略，是为了吸引和留住高素质员工，降低员工对薪酬的不满足感和提高劳动生产率；选择市场跟进策略，是为了保持与竞争对手大致相等的劳动力成本，并且避免在劳动力市场上招聘不到合格的劳动力；选择市场滞后策略，是出于控制劳动力成本的目的。组织到底采取哪种薪酬策略，取决于它如何判断薪酬水平可能产生的影响。如果较高的薪酬水平在吸引、留住和激励员工方面所产生的影响足以抵消其增加的劳动力成本，那么采取市场领先策略；如果较低的薪酬水平在吸引、留住和激励员工方面所产生的损失可以用较少的劳动力成本以及其他形式的薪酬（如提高未来受益）来补偿，那么采取市场滞后策略。另外，有的组织可能针对不同职位或不同员工采取不同的薪酬策略，如对核心员工或紧缺员工，采取市场领先策略，支付高于市场或竞争对手水平的薪酬；对普通员工，则采取市场跟进策略或市场滞后策略，提供相当于或低于市场或竞争对手水平的薪酬。

7. 组织的薪酬支付能力

组织的薪酬支付能力直接影响薪酬水平的高低。组织的薪酬支付能力在很大程度上取决于产品或服务市场等外部因素。当经济形势不好、行业萧条、竞争激烈时，一些组织出现财务困难，通常会采取大幅度裁员、冻结工资、降低薪酬水平、减少福利项目等措施来应对。

8. 组织所在行业的特征

组织所在行业的特征不同，薪酬水平也不同。劳动密集型行业的薪酬水平一般低于资本密集型行业和技术密集型行业的薪酬水平。例如，汽车制造、石油化学、生物医药、软件开发等行业的平均薪酬水平要高于纺织、服装、造纸等行业。

9. 组织规模

规模大的组织的薪酬水平一般高于规模小的组织。美国一项研究结果表明，员工数量为 100 ~ 500 人的公司支付的工资要比规模较小的公司高 6%；员工数量多于 500 人的公司支付的工资要比规模较小的公司高 12%。[2]

---

① MILKOVICH G T, NEWMAN J M. Compensation. 7th ed. New York：McGraw-Hill, 2002：31－32.

② 米尔科维奇，纽曼. 薪酬管理：第 9 版. 成得礼，译. 北京：中国人民大学出版社，2008：175.

（四）薪酬结构

薪酬结构指一个组织中不同岗位或职位的薪酬水平之间的相互关系。这个相互关系有两个方面的含义：一是不同岗位或职位之间薪酬差异的绝对水平；二是不同岗位或职位之间薪酬差异的相对水平。薪酬结构有三个重要方面：薪酬等级的数量、不同等级之间的薪酬差异、确定这些差异的标准。例如，在本章导入案例中，X 公司的基本薪酬结构可通过以下三个方面界定：①29 个薪酬等级；②相邻等级之间的工资差异从 100 元到 1 000元不等；③不同等级之间的工资差异是由职位和岗级不同造成的。

工作内容、完成工作所需的技能和知识、工作对实现组织目标的相对价值是确定薪酬结构的基础。在岗位/职位薪酬模式中，组织会对岗位/职位工作的复杂性、难度、责任、条件等因素进行评价，确定这些岗位/职位之间的相对价值，得到工作结构，进而通过薪酬调查等方法确定各岗位/职位的薪酬水平，并与工作结构相结合，形成薪酬结构。在技能薪酬模式或能力薪酬模式中，组织首先会对岗位/职位的工作所需的技能、知识、能力等因素进行评价，确定这些岗位/职位之间的相对价值，得到技能结构或能力结构，然后通过薪酬调查等方法确定各岗位/职位的薪酬水平，并与技能结构或能力结构相结合，形成薪酬结构。

薪酬结构在很大程度上反映了组织对岗位/职位重要性（价值）的看法。如果薪酬结构不能正确反映岗位/职位工作的复杂性、难度、责任、条件以及所需技能、知识和能力等特征，就可能导致重要岗位/职位的薪酬水平过低、非重要岗位/职位的薪酬水平过高，从而造成高素质员工离职或工作积极性不高。因此，一个公平、合理的薪酬结构应该具备以下四个方面的特征：第一，工作越复杂、难度越大，相对应的薪酬就越高；第二，工作所需的技能、知识、能力越多，相对应的薪酬就越高；第三，工作环境越不好，相对应的薪酬就越高；第四，工作对组织整体目标的贡献越大，相对应的薪酬就越高。

薪酬结构受多个外部因素和组织因素的影响。外部因素有劳动力市场状况、产品或服务市场状况、政府法规、外部利益相关者的要求、文化与习俗；组织因素有发展战略、人力资本的量与质、工作设计、人力资源政策。[①]

从外部因素来看，第一，劳动力供求关系决定了生产率差异，从而确定了薪酬差异。第二，组织的工作结构随着市场供求状况的变动而变动，从而对薪酬结构产生影响。第三，政府在薪酬方面有诸多规定，如"同工同酬""按劳分配"，组织的薪酬结构必须符合这些规定。第四，在股份制企业，股东等外部利益相关者可能要求高层管理者与员工之间的薪酬差距不得过大，组织在确定薪酬结构时必须考虑员工的诉求。第五，文化也是影响薪酬结构的因素之一，如日本有重视资历的传统，所以薪酬中按

---

① 米尔科维奇，纽曼. 薪酬管理：第 9 版. 成得礼，译. 北京：中国人民大学出版社，2008：55 – 58.

照资历支付的部分相对较多。

从组织因素来看，第一，薪酬结构要与组织的战略目标以及组织所提倡的精神相一致。第二，员工所具有的教育、经验、知识、能力、技能等人力资本越多，薪酬就越高。第三，工作设计影响工作结构，如组织的扁平化带来职位等级减少、工作内容增加，改变了职位的价值和职位结构，对薪酬结构带来了影响。第四，组织的人力资源政策也会影响薪酬结构。例如，如果组织认为设计较多的职位等级并与薪酬挂钩，可以激励员工为晋升而不断努力，那么薪酬等级的数量就会较多，但等级之间的薪酬差异较小。

02 第二节 薪酬的功能

薪酬的功能可从劳动者和组织两个方面分析。从劳动者方面来看，薪酬是他们让渡劳动力所得到的回报，是生活的经济来源；薪酬还对劳动者的劳动积极性有刺激作用。从组织方面来看，薪酬是推动组织战略目标实现的强有力工具，是改进组织绩效的有效手段。薪酬的调整和变化对引导人力资源的流动和配置产生重要影响。

一、补偿功能

薪酬可以理解为对劳动者劳动付出的补偿。劳动者在劳动过程中要消耗体力和脑力，如果不对其进行相应的补偿，劳动能力就得不到恢复，劳动者就无法继续进行劳动。劳动者通过劳动得到薪酬，就可以用它来购买物质生活资料，以恢复体力和脑力，从而保证劳动力的生产和再生产。同时，劳动者还可以将部分薪酬用于学习、锻炼和自我开发，以增强劳动能力，实现劳动力的增值再生产。

在市场经济条件下，薪酬是劳动者的生活来源，对劳动者及其家庭的生活水平有非常重要的影响。薪酬的调整和变化意味着劳动者及其家庭生活水平的调整和变化。如果薪酬过低，就会导致劳动者及其家庭生活水平下降。因此，劳动者在选择职业或工作单位时，一般会把薪酬当作首要的条件来考虑。美国某机构在对积累了 20 年的数据进行分析之后得出结论，管理人员、事务类人员及小时工都将薪酬看成第一位重要的就业要素，只有技术人员将薪酬看成第二位重要的就业要素，而将技能提高看成第一位重要的就业要素。[1]

---

① 刘昕. 薪酬管理. 北京：中国人民大学出版社，2002：130.

二、激励功能

薪酬对劳动者的劳动积极性具有刺激作用。马斯洛的需求层次理论认为，人有五种基本需求，即生理需求、安全需求、社会需求、尊重需求和自我实现需求。人的行为在很大程度上都是为满足这些基本需求而产生的。因此，满足人的基本需求是激励人努力工作的有效方法。薪酬的激励功能就在于它是全面满足劳动者多种需求的重要基础。合理而公平的薪酬水平和薪酬制度，不仅可以满足劳动者及其家庭的基本生活需求，使劳动者产生安全感和应对预期风险的心理保障意识，增强对组织的归属感，而且可以满足劳动者追求被认可、获得成就感等更高层次的需求，提高劳动者的劳动积极性。

赫兹伯格的双因素理论把相关因素分为两种，即保健因素和激励因素。保健因素满足员工的较低层次需求，如工资、公平待遇、安全、良好的工作条件等；激励因素满足员工的较高层次需求，如丰富的工作内容、被认同、晋升、成就感等。该理论认为，员工行为受到保健因素和激励因素的影响。如果保健因素缺乏或不足，员工会感到不满意，因此，改善保健因素能够降低员工的不满意度。但是，保健因素即使再多，也不会使员工感到满意。只有足够的激励因素才能使员工感到满意，从而对提高员工工作积极性和绩效产生影响。赫兹伯格的双因素理论说明，薪酬对员工劳动积极性的影响分为两个层次：一是满足员工的保健需求；二是满足员工的激励需求。首先，薪酬若设定得合理、公平，就能够向员工提供满足其保健需求的经济支持。其次，薪酬如果与工作内容、工作责任、人际关系、晋升等因素相结合，就能够满足员工在工作内容、被认同、成就感等方面的需求，从而对提高绩效产生刺激作用。

一般来说，薪酬的激励功能体现在四个方面：第一，薪酬具有在劳动力市场上吸引高素质求职者的作用。研究结果表明，在货币性薪酬与非货币性薪酬中，求职者更关注货币性薪酬。较高的薪酬水平、与绩效挂钩的薪酬体系能够吸引高素质的求职者。第二，薪酬具有留住高素质员工的作用。许多研究结果认为，当员工感觉自己在薪酬方面没有得到公平待遇时，他们就会选择离开公司，另谋高就。尤其当薪酬与个人绩效相关时，绩效差的员工的离职率要高于绩效好的员工的离职率。[①] 第三，薪酬在员工绩效方面具有激励作用。大多数对照研究结果表明，在那些把薪酬与组织或部门绩效的评价结果进行挂钩的公司，每年的绩效增加了4%~6%。[②] 但是，关于薪酬与个人绩效挂钩能否提高员工个人的绩效，学者们至今尚未达成共识。有的学者认为薪酬与个人绩效挂钩能提高员工个人的绩效，但也有学者认为薪酬与个人绩效挂钩，会减少员

---

① 米尔科维奇，纽曼. 薪酬管理：第9版. 成得礼，译. 北京：中国人民大学出版社，2008：240-241.
② 米尔科维奇，纽曼. 薪酬管理：第9版. 成得礼，译. 北京：中国人民大学出版社，2008：243.

工对工作的兴趣，从而对个人绩效产生负面影响。第四，薪酬在员工学习技能方面具有激励作用。目前多数研究结果认为，技能薪酬对生产率的影响是不确定的，但可以促进产品质量的提高。

三、调节功能

薪酬的差异可以促进人力资源的合理流动和配置。在组织内部，不同部门、不同岗位之间客观存在劳动强度、工作条件的差别。组织成员都愿意到劳动强度小、工作条件好的部门或岗位工作，这样就会出现有些部门或岗位的劳动力供不应求，而另一些部门或岗位的劳动力供大于求的现象。为了消除这种现象，组织可以通过调整内部薪酬水平来引导人员流动，实现人力资源的合理配置。另外，组织还可以利用薪酬的差异从市场上吸引急需的人才。例如，组织可以把急需人才的薪酬水平设定为高于市场水平，采取薪酬差异化战略来吸引足够数量的急需人才。

03 第三节 薪酬设计的目标

薪酬设计是指对薪酬的构成、水平、结构以及基本薪酬模式进行设计。薪酬设计的目标（简称"薪酬目标"）是薪酬设计的指导方针，当组织因为经营战略的改变需要调整薪酬制度时，首先要明确新战略下的薪酬目标。实践证明，成功的组织在对其薪酬制度进行调整时，都有一个明晰的目标。这个目标对薪酬制度的具体调整起指导作用。

在实践中，每个组织的薪酬目标都有所不同。有的侧重于提高绩效和减少固定成本，有的侧重于提高绩效和公平待遇。但是，从总体来看，效率、公平和合法三个目标是每个组织都普遍强调的目标。根据美国管理学家米尔科维奇和纽曼的定义，效率目标指提高绩效、改进质量、取悦客户及股东和控制劳动力成本；公平目标指确保员工获得公平的薪酬，意思是薪酬既能体现员工个人的贡献，又能满足员工的基本需求；合法目标指薪酬决策要符合国家法律、法规的要求，一旦这些法律、法规发生变化，薪酬决策也应做相应的调整，以保持与合法方面的一致性。[①] 在经济全球化的背景下，跨国公司还必须遵守所在国的法律、法规。根据米尔科维奇和纽曼的观点，我们把薪酬目标归纳为四个：提高效率、改进产品或服务质量、满足利益相关者的利益、控制

---

① 米尔科维奇，纽曼. 薪酬管理：第9版. 成得礼，译. 北京：中国人民大学出版社，2008：12-13.

劳动力成本。

需要说明的是：①"提高效率"目标中的"效率"与"绩效"具有相同的含义；②"满足利益相关者的利益"目标，具体指满足股东利益、满足消费者利益和满足员工的公平需求。为了阐述方便，下文中把"满足消费者利益"的内容放到"改进产品或服务质量"中讲解。

一、提高效率

薪酬对于员工的工作态度、工作行为以及工作绩效有重要影响。薪酬不仅决定了组织可以招聘到的员工的数量和质量，而且决定了组织的人力资源存量，还决定了现有员工受到激励的状况，影响他们的工作绩效以及对组织的忠诚度，从而影响组织的能力和绩效。合理、公平的薪酬可以激发员工的积极性，促进员工学习和团队合作，提高员工绩效。不合理、不公平的薪酬会打击员工的积极性，降低其工作绩效，影响组织目标的实现。

在实践中，组织对"提高效率"目标的表述有所不同。例如，有的表述为"吸引和留住具有创造力的员工"，有的表述为"提高员工的工作绩效"，有的表述为"鼓励员工提高技能和能力"，还有的表述为"培养适应性强、不断学习新知识的员工队伍"。组织要根据不同的薪酬目标制定与之相适应的薪酬内容。

如果薪酬目标是"吸引和留住具有创造力的员工"，组织就应该制定高于市场或竞争对手水平的薪酬政策，同时要科学、合理地评估员工的创造力，对有创造力的员工进行奖励，使他们能够得到更多的利益，并且采取股票期权等长期激励形式，鼓励他们长期服务于组织。

如果薪酬目标是"提高员工的工作绩效"，组织就应该使薪酬与个人绩效挂钩，提高绩效薪酬占总薪酬的比重，减少固定薪酬（基本薪酬）占总薪酬的比重，对做出高绩效的员工进行奖励。

如果薪酬目标是"鼓励员工提高技能和能力"，那么，组织在薪酬制度上，一是要制定不低于市场或竞争对手水平的薪酬政策，二是要建立以技能或能力为基础的基本薪酬体系，构建有效的技能或能力评估体系，根据员工的技能或能力来确定薪酬。另外，组织还可以减少职位等级，建立相应的宽带薪酬结构。

如果薪酬目标是"培养适应性强、不断学习新知识的员工队伍"，组织就应调整薪酬体系，使之能体现员工之间的知识差异，增加与知识和技能相联系的薪酬所占的比例。

二、改进产品或服务质量

组织通过向客户提供有价值、质量稳定的产品或服务，获取利润。只有客户持续购买组织的产品或服务，组织才可能盈利。客户关心产品和服务的功能、品质、价格、设计、交货时间、形象等因素。为了满足客户的需求，薪酬体系的设计要与改进产品或服务质量紧密相关。对于在提高产品质量或开发新产品方面有贡献的员工，组织应该给予一定的奖励。在薪酬体系中，组织要对如何确定贡献程度、奖励形式等做出规定。这些规定不仅可以使那些做出贡献的员工得到实际利益，而且可以起到号召广大员工的作用，使员工形成产品质量的提高与自身利益相关的意识。

三、满足利益相关者的利益

组织的所有权归股东及其他形式的投资者。组织经营的好坏与股东等所有者的利益直接相关。薪酬是组织经营的内容之一，所以在决定薪酬时，也要考虑满足所有者的利益。所有者投入的资本要靠劳动者的劳动才能转换成产品或服务，在市场上实现从产品或服务向货币的转换，带来剩余价值，即利润。在这个转换过程中，劳动者付出了劳动，拿到了作为薪酬的工资。在这个意义上，所有者的利益与劳动者的利益是一致的，即维持生产过程对双方都有益。同时，所有者的利益与劳动者的利益之间也有矛盾的一面。当所有者的实际利润低于预期时，他们或许会采取压低劳动力成本的手段，来保证利润目标的实现。这时就会发生劳资摩擦。组织应该在充分考虑物价、社会工资水平、劳动力供求关系、工作所需技能水平等因素的基础上，制定让利益相关者认可的、合理的薪酬制度。

公平理论指出，员工从薪酬中得到的公平感对其行为产生重要影响。员工对薪酬公平的认可程度取决于两个方面：一是薪酬的设定程序；二是薪酬的实际结果。因此，要满足员工的公平需求，既要使决定薪酬的程序公平，又要使薪酬的实际结果公平。在使决定薪酬的程序公平方面，组织应该使薪酬结构适用于全体员工，体现岗位或职位价值以及个人能力与贡献的大小；吸收员工参与薪酬制度的制定过程，获得员工对薪酬制度的认可；设置对薪酬不满的申诉程序，调节员工的不满情绪；采取科学的方法，提高薪酬数据的准确性。在使薪酬的实际结果公平方面，组织要紧跟市场薪酬水平和竞争对手薪酬水平的变化趋势，及时调整自己的薪酬水平，保持自己薪酬的竞争力。

四、控制劳动力成本

由于薪酬水平会直接影响组织在劳动力市场上的竞争力，所以，组织必须保持一个相对较高的薪酬水平，这样才有利于吸引和留住员工。但是，较高的薪酬水平又会给组织造成成本压力，对组织在产品或服务市场上的竞争产生不利影响。因此，一方面，组织为了获得经营过程中不可或缺的人力资源，不得不付出一定的代价；另一方面，组织处于产品或服务市场，其面临的竞争压力使其不能不注意控制劳动力成本。如果薪酬目标是控制劳动力成本，组织就应该采取延缓提薪、冻结工资、调整福利项目、缩小福利范围、增加绩效工资比重等方法来控制薪酬增长。

04 第四节　薪酬设计的原则

不同的组织可以有不同的薪酬制度，但不论选择哪一种类型的薪酬制度，都必须遵循五个基本原则。

一、内部一致性原则

内部一致性原则也称内部公平性原则，它强调一个组织内部不同的工作、不同的技能水平对应的薪酬应该由同一标准决定。这可以从按劳取酬和同工同酬两个方面来理解。

按劳取酬要求按照劳动的数量和质量进行薪酬分配。这是在薪酬制度中正确处理组织与员工之间的关系、调动员工劳动积极性的首要原则。劳动有潜在形态、流动形态和物化形态三种形态。所谓劳动的潜在形态，是指员工的个人素质和能力；所谓劳动的流动形态，是指员工的实际劳动投入；所谓劳动的物化形态，是指员工的实际成果或贡献。劳动的数量和质量主要体现为劳动的物化形态，但又取决于劳动的潜在形态和流动形态。因此，在贯彻按劳取酬原则时，需要综合考虑三种劳动形态，以劳动的物化形态为主要依据，同时考虑劳动的潜在形态和流动形态。

在决定薪酬形式和薪酬结构时，组织可根据具体情况，选择侧重点不同的薪酬形式，对各薪酬单元所占的比例做出合理安排。比如，对劳动的实际成果或贡献易于量化的员工，可采取以绩效薪酬为主、兼顾其他薪酬的薪酬形式；对劳动的实际成果或贡献难以量化，而劳动的实际投入与员工的个人能力易于观察的员工，可采取以岗位、技能薪酬为主，兼顾其他薪酬的薪酬形式。为了真正体现按劳取酬原则，必须使组织各类、各级职务之间的薪酬水平拉开适当的距离。

同工同酬则要求对从事相同工作的员工支付同样的薪酬。这是处理不同岗位工作之间薪酬关系的基本原则。薪酬制度是否符合同工同酬原则直接影响薪酬制度的内部公平性，员工的劳动积极性也会由此受到影响。组织内部存在各种各样的工作，在这些工作中，有一些从表面到实质都是相同的，也有一些虽然从表面看不同，但从劳动强度、劳动责任、劳动技能和劳动环境上看是相似的。采取同工同酬原则，就是要做到，凡在实质基本相同的岗位工作的员工，就应得到相同的薪酬，不能因性别、年龄、种族、民族、婚姻状态、信仰等而受到不平等对待。贯彻同工同酬原则，必须使组织各类岗位之间的薪酬水平保持差距，同岗同薪、易岗易薪。

二、外部竞争性原则

外部竞争性原则要求组织的薪酬水平应与外部同类组织的薪酬水平大体保持平衡。薪酬水平是否符合外部竞争性原则，不仅关系到组织能否招聘到所需要的人才，而且关系到组织能否留住优秀员工，以及能否提高在职员工的劳动积极性。为了贯彻外部竞争性原则，组织应该以同类组织的市场薪酬水平为参照，结合本组织的具体情况来合理决定薪酬水平，力求使本组织的薪酬水平既具有市场竞争力，以吸引和留住人才，又不过于增加劳动力成本，影响组织的产品（服务）竞争力和盈利水平。

外部竞争性原则不仅强调比较薪酬水平的重要性，而且强调比较薪酬构成或薪酬组合的重要性。因为影响员工行为的，不仅有薪酬水平，还有薪酬构成或薪酬组合。在实践中，有的组织采取市场领先策略，其基本薪酬的水平高于竞争对手；而有的组织采取市场跟进策略，其基本薪酬的水平不比竞争对手高，但把基本薪酬与团队绩效挂钩，在团队绩效达到合理目标时向员工提供高额奖金，或根据公司绩效向员工分配股票，同时提供多种形式的福利。

例如，IBM 公司的基本薪酬仅相当于甚至低于竞争对手的基本薪酬水平，绩效薪酬也仅与竞争对手相当，但它提供多种培训机会和员工福利计划；微软公司的基本薪酬低于竞争对手的基本薪酬水平，绩效薪酬与竞争对手持平，但它提供市场领先型的员工持股计划。[1] 虽然这两个公司的基本薪酬都不高于竞争对手的基本薪酬水平，但是它们一个提供了优厚的福利，另一个提供了优厚的长期绩效薪酬，所以这两个公司的薪酬水平实际上还是具有竞争优势的。总而言之，组织如果不能在基本薪酬上保持竞争优势，就必须通过绩效薪酬、福利的形式来提高薪酬的竞争力。

三、员工激励性原则

员工激励性原则强调，薪酬设计要充分考虑薪酬的激励作用，它要求每个员工所得到的薪酬应该与他们各自对组织的贡献相匹配。这意味着薪酬还应该体现员工个人之间的绩效差异、资历差异和表现差异。

---

① 米尔科维奇，纽曼. 薪酬管理：第 6 版. 董克用，等译. 北京：中国人民大学出版社，2002：195.

公平理论指出，员工习惯把薪酬与贡献的比值同他人相比较，并从中获得公平感。如果员工认为自己的比值小于他人，他就会感觉不公平，从而出现消极怠工的行为。只有当员工认为自己的比值大于或等于他人时，他才会有得到公平待遇的感觉，从而受到激励。因此，对于从事相同工作的员工来讲，薪酬要能够体现他们每个人的工作态度和工作表现，否则，员工就会感到不公平。具体来讲，在薪酬中，既要有以岗位/职位、技能或能力为基础的基本薪酬，也要有以员工个人绩效和其他个人特征为依据的薪酬，并且要注重对不同类型的员工使用不同的薪酬构成或薪酬组合，在合理的基础上适当拉开员工之间的薪酬差距。

四、管理可行性原则

管理可行性原则强调，组织应该进行科学的规划，以保证薪酬体系能够有效运行，确保薪酬目标的实现。薪酬管理工作包括分析和控制薪酬体系的成本、与员工保持沟通并让他们了解薪酬体系的作用、支持组织变革、对薪酬体系的实施效果进行评估。

美国管理学家米尔科维奇和纽曼构建了一个薪酬决定模型。该模型表明，薪酬决定是按照薪酬设计原则运用薪酬设计技术和工具实现薪酬目标的过程。表5－4列出了根据米尔科维奇和纽曼的理论整理的薪酬决定模型。第六章、第七章将介绍在薪酬设计过程中如何实现内部一致性、外部竞争性和员工激励性。

表5－4 薪酬决定模型①

薪酬设计原则	薪酬设计技术和工具				薪酬目标
内部一致性	职位分析	职位描述	评价/认证	内部结构	提高效率、改进产品或服务质量、满足利益相关者的利益、控制劳动力成本
外部竞争性	市场定位	市场调查	薪酬水平	薪酬结构	
员工激励性	资历定薪	绩效定薪	绩效加薪	激励计划	公平待遇
管理可行性	预算与成本控制	沟通	变革	评价	合法

五、合法性原则

合法性原则要求组织的薪酬制度必须符合国家的法律、法规和政策。关于薪酬的法规是员工权益的保障。《中华人民共和国劳动法》等法律、法规对工资平等、最低工资、工资率、加班工资、社会保险等都做出了规定。组织在制定薪酬制度时，应该严

---

① 米尔科维奇，纽曼．薪酬管理：第9版．成得礼，译．北京：中国人民大学出版社，2008：12. 引用时有修改。

格遵守这些法律、法规和政策，不能有疏忽，更不能故意侵犯。

本章小结

1. 薪酬是劳动者作为雇用关系的一方从组织得到的工资、奖金、津贴、福利等报酬。薪酬从本质上看是劳动力价格。薪酬是劳动者工作的经济目的，是劳动者经济收入的主要来源。薪酬对于组织来讲是劳动力成本。

2. 薪酬可以分为内在薪酬和外在薪酬。外在薪酬又可以分为货币性薪酬和非货币性薪酬。货币性薪酬又包括直接薪酬和间接薪酬。

3. 货币性薪酬的主要形式有基本薪酬、绩效薪酬、津贴和福利。基本薪酬是指按照薪酬等级标准支付且在一定时期内固定不变的薪酬。它反映员工工作的价值或者员工具有的技能、能力的价值。绩效薪酬是根据员工的努力程度和绩效高低来决定的劳动报酬，其常见形式有绩效加薪、奖金、销售提成、利润分享、股票期权等。津贴是指为了补偿员工额外或特殊的劳动消耗，保证员工的薪酬水平不受特殊条件影响而支付的报酬。福利是具有普惠性质的报酬，它不依据劳动时间来计算，与组织成员的职位、贡献没有必然联系。

4. 薪酬构成指总薪酬的组成部分以及各部分占总薪酬的比重。组织在设计薪酬构成时，要考虑工作性质与特点、薪酬的激励性和灵活性、成本可控性、组织发展阶段、组织战略等因素。

5. 国际上通行的三种基本薪酬模式是岗位/职位薪酬模式、技能薪酬模式和能力薪酬模式。在岗位/职位薪酬模式中，基本薪酬根据岗位/职位的相对价值来确定。在技能薪酬模式中，基本薪酬依据员工所掌握的与工作相关的技能水平来确定。在能力薪酬模式中，基本薪酬根据员工所掌握的与岗位/职位相关的能力水平来确定。这三种基本薪酬模式各有优点和局限性。

6. 薪酬水平指组织支付的劳动力费用的人均值。薪酬水平受以下因素的影响：劳动力市场状况、产品或服务市场状况、政府立法规定、工资集体协商、组织战略、组织薪酬策略、组织的薪酬支付能力、组织所在行业的特征、组织规模等。

7. 薪酬结构指一个组织中不同岗位或职位的薪酬水平之间的相互关系。它的三个重要方面是薪酬等级的数量、不同等级之间的薪酬差异和确定这些差异的标准。

8. 薪酬的主要功能是补偿功能、激励功能和调节功能。

9. 薪酬目标包括：提高效率、改进产品或服务质量、满足利益相关者的利益、控制劳动力成本。

10. 薪酬设计应遵循的五个基本原则是内部一致性原则、外部竞争性原则、员工激励性原则、管理可行性原则和合法性原则。

思考与讨论

1. 货币性薪酬有哪些形式？它们各有什么特征和作用？
2. 薪酬体系包括哪些内容？
3. 岗位/职位薪酬模式与技能薪酬模式、能力薪酬模式有什么区别？
4. 应该从哪些方面界定薪酬结构？
5. 在设计薪酬水平时应该考虑哪些因素？
6. 薪酬设计有哪些主要目标？
7. 在设计薪酬时应该遵循哪些原则？

第六章 基本薪酬设计

学习目标：

通过本章的学习，了解基本薪酬设计的主要依据，理解基本薪酬设计的原理，掌握基本薪酬设计的主要步骤与方法。

技能要求：

1. 列出岗位薪酬的优缺点；

2. 列出技能/能力薪酬的优缺点；

3. 概述岗位薪酬设计的主要步骤；

4. 列出岗位评价的内容；

5. 说明工作排序法、工作分类法、要素比较法和点数法；

6. 说明薪酬调查的内容和程序；

7. 比较薪酬水平定位的四种策略；

8. 描述薪酬结构的设定方法；

9. 列出四种薪酬结构调整方法；

10. 概述技能/能力薪酬设计的主要步骤；

11. 说明技能/能力分析的主要方法。

导入案例

华为：基于职位的薪酬体系①

1987 年成立的华为公司（简称"华为"），在创业初期并没有薪酬标准，因为公司规模不大，创始人任正非能够认识所有的员工，直接掌握评

---

① 张强. 华为基于职位的薪酬管理体系. [2021 – 12 – 17]（2022 – 10 – 05）. https://new.qq.com/rain/a/20211217A086HN00. 引用时有修改。

价的尺度，可以凭感觉给每一个员工确定薪酬。但是，随着华为的快速发展，员工人数不断增加，任正非再也不可能认识所有的员工，而每个月每个部门都在申报要给员工调薪，任正非不得不给不认识的员工签发调薪单，这让他感到很头疼，华为的薪酬改革开始提上议事日程。

1995 年，华为成立的薪酬改革小组在设计薪酬方案时碰到了难题：确定员工薪酬的依据是什么？是绩效或者职位，还是能力？要不要考虑资历？为了解决这些难题，1997 年华为从美国海氏公司引进职位与薪酬管理体系，建立职位等级与薪酬水平的对应关系。1998 年，华为引进英国任职资格管理体系，以明确员工与职位的匹配关系。2006 年，华为在海氏公司等咨询公司的帮助下，逐步建立了基于职位的"以职定级、以级定薪、人职匹配、易职易薪"的薪酬管理体系。

1. 以职定级

这是指通过职位职级对照表来确定职级。职位是组织机构的基本单位。每一个职位会确定一个对应的职级，职级就是这个职位对企业贡献的价值评估。1997 年，华为在美国海氏公司的帮助下开始进行职位评估，建立职位和职级的对应关系。具体分为两个步骤。

首先，划分序列，确定职位。华为职位分为五类六级：①管理类，包括三级管理、四级管理、五级管理等职位；②技术类，包括系统、软件、硬件、技术支持、IT、制造、质量管理等职位；③营销类，包括销售、产品、营销策划、营销工程、市场财经、公共关系等职位；④专业类，包括计划、物流管理、人力资源、财经、采购、秘书等职位；⑤操作类，包括装配、调试、物料、设备、技术员等职位。

其次，逐个对职位进行评估，确定职级，建立职位和职级的对应关系。华为借鉴海氏公司的"三维度八要素法"。该方法对职位从三个维度、八个要素进行评价和确定等级。每个维度都有一张评分表，每个职位都从三个维度评估得分（见表 6-1）。

表 6-1　三维度八要素法的基本框架

三维度	八要素	等级
知识技能	管理技巧	五级：起码的、相关的、多样的、广博的、全面的
	人际能力	三级：基本的、重要的、关键的
	专业知识	八级：基本教育水平、初等教育水平、中等教育水平、高等教育水平、基本专业知识、熟练专业知识、精通专业知识、权威专业知识
解决问题的能力	思维环境	八级：高度常规性的、常规性的、半常规性的、标准化的、明确规定的、广泛规定的、一般规定的、抽象规定的
	思维难度	五级：重复性的、模式化的、中间性的、适应化的、无先例的

续表

三维度	八要素	等级
职位责任	职位责任的大小	四级：微小的、少量的、中等的、大量的
	职位对结果的作用	四级：后勤作用、辅助和咨询作用、分摊作用、主要作用
	行动的自由度	九级：有规定的、受控制的、标准化的、一般性规范的、有指导的、方向性指导的、广泛性指导的、战略性指导的、仅有一般性或无指导的

不同职位的三个维度可以设置不同的权重，如管理类职位的职位责任维度权重较大，技术类职位的知识技能、解决问题的能力维度权重较大，加权计算三个维度得分就可以得到每个职位的总分，总分将作为职位排序的依据，最后得到职位职级对照表（见表6-2）。

表6-2　华为的职位职级对照表

职级	说明	管理类	技术类	营销类	专业类	操作类
23	愿景领导者	公司领导				
22	领域发展领导者	一级部门主管	高级技术专家			
21	领域权威	一级部门主管	高级技术专家			
20	资深专家	二级部门主管、总监	技术专家	资深客户/营销经理		
19	专家	三级部门主管、开发代表	技术专家	高级客户/营销经理	主任专员	
18	准专家	项目经理	主任工程师	高级客户/营销经理	主任专员	高级技师
17	关键贡献者	项目负责人	高级工程师	客户/营销经理	高级专员	高级技师
16	团队贡献者	项目负责人	高级工程师	客户/营销经理	高级专员	技师
15	独立贡献者/初步的团队贡献者		工程师	销售/营销工程师	专员	高级工
14	初步的独立贡献者		工程师	销售/营销工程师	专员	高级工
13	例行工作执行者		助理工程师	助理销售/营销工程师	助理专员	中级工
12	基础工作执行者				助理专员	初级工

注：在华为应届本科毕业生入职时的职级一般是13级，18级以上的管理者构成中高级管理层。

2. 以级定薪

这是指界定薪酬范围，实际上是制定职级薪酬表。华为2006年的

《员工工资管理规定》指出，员工工资的确定基于其所承担的职位责任、实际贡献和持续贡献的能力。员工的学历、工龄、社会关系等不作为其工资确定的因素。

基于职位分析结果，华为采用宽带薪酬体系，形成了职级薪酬表，每一职级、薪酬从最低到最高都有一个较宽的区间。一方面，管理人员可以依据员工的绩效表现、在同一职级的薪酬区间范围内对薪酬进行调整，具有一定的灵活性，对管理者的管理能力也有着较高的要求；另一方面，员工即使没有晋升职级，只要持续贡献、绩效足够好，薪酬也有提升空间，这不仅有利于引导员工在一个职位上做久、做实、做深，而且也有助于职位的稳定性。

3. 人职匹配

这是指通过评估员工与职位能力要求的匹配度来确定员工的职级。1998 年，华为借鉴英国任职资格管理体系制定了自己的任职资格标准。该任职资格标准包括基本条件、核心标准和参考项三部分内容。

基本条件是从事某个职位所必须具备的条件，由三个方面组成：①职位（非操作类）任职资格；②专业经验，本专业领域工作经历、成功经验等；③绩效，员工在现职位最近一年的绩效考核结果。核心标准是从事职位所必须具备的知识、技能、行为和素质，包括公司相关规章制度、流程、业务知识；胜任职位的关键工作行为；胜任职位的关键素质。参考项即品德和个性特征。

华为认为，要做好人与职的匹配，把合适的人用在合适的职位上去，这样不仅可以达到理想的人才配置，实现组织和个人的共赢，还能通过员工职位任命、工作安排指导员工承担责任、做出贡献。

为了使人职匹配更加精准，2017 年华为对职位重新分类，划分职员族、专家族、管理族。针对三类人才，允许一部分部门和职位（主要对应于职员族、专家族）实行绝对考核，以激发活力、加强团队协作。相对考核用于管理干部，针对不同职位类别进行差异化的人职匹配。

4. 易职易薪

这是指针对员工职位的变化情况来确定薪酬的调整，包括晋升和降级。关于晋升，如果员工的薪酬已经达到或超过了新职位职级的薪酬区间下限，根据其绩效表现，薪酬可以不变，也可以提升；如果员工的薪酬尚未达到新职位职级的薪酬区间下限，可以调整到新职位职级的薪酬区间下限，对于绩效表现好的员工，也可以调整到薪酬区间下限以上。关于降级，也是根据员工的绩效情况，在新职位职级的薪酬区间范围内确定调整后的薪酬：如果降级前薪酬高于新职位职级的薪酬区间上限，就要将薪酬降到新职位职级的薪酬区间上限或者上限以下。

早在 1998 年，《华为公司基本法》就明确了干部能上能下的原则，制定了员工晋升与降级的办法。2007 年，华为的《关于近期公司人力资源变革的通告》表明有 93 名主管（含中高级主管）的职位向下做了调整，自愿降职降薪聘用。2013 年 9 月 11 日，任正非在《激活员工最有效的是改进管理方式》中提出要建立横向换职机制、建设内部人才市场，实现人才合理流动，形成易职易薪的正常氛围。

从上述案例可以看出，所谓基本薪酬的设计，是指确定基本薪酬等级以及各等级的薪酬水平。华为借鉴美国海氏公司的方法（海氏法）建立了基于职位的薪酬体系。海氏法是确定基本薪酬等级以及各等级薪酬水平的方法之一。实际上，基本薪酬还有其他的设计原理和方法。在本章，我们将系统地学习基本薪酬设计的原理和主要方法。

01 第一节 基本薪酬的设计依据

基本薪酬也叫作基本工资，是组织按照员工承担或完成的工作，或者员工为工作而掌握的技能或能力所支付的货币性薪酬。确定基本薪酬的依据有三个：一是岗位/职位（简称"岗位"）；二是员工技能；三是员工能力。

一、以岗位为依据

以岗位为依据确定基本薪酬，是指根据岗位在组织内的相对价值支付薪酬。岗位的相对价值取决于岗位的复杂性、难度、责任、技能要求、知识要求、工作环境、对组织的贡献等因素。根据这些因素，评价岗位之间的相对价值，进而为每个岗位设定与其价值相当的薪酬水平，这个薪酬就是岗位薪酬。

（一）岗位薪酬的优缺点

设定岗位薪酬是最常见的基本薪酬设定方法。它之所以被广泛运用，一方面是因为岗位薪酬适应了 20 世纪工业技术的发展趋势，另一方面是因为岗位薪酬有利于协调组织内部关系，容易与市场薪酬水平对接，在薪酬管理和决策工作中具有较强的可操作性。

岗位薪酬适应了 20 世纪工业技术的发展趋势。岗位薪酬适应岗位细分化、作业标准化的大批量生产体制。在大批量生产体制下，岗位作业得以明确设计，工人需要掌握的技能也得以清楚规定。工人只要具有规定的技能，只需按照作业标准操作，就可以保证生产顺利进行。因此，按照工人所承担的工作的价值支付薪酬是合适的。同时，在大批量生产体制下，生产和技术处于相对稳定的状态，工作内容变化少，工作岗位比较固定，不需要企业经常进行工作分析和工作评价，因此，岗位薪酬的管理成本也很小。

岗位薪酬有利于协调组织内部关系。确定岗位薪酬的依据是岗位本身对于组织整体的价值大小，而与在该岗位工作的员工的个人特征没有必然联系。因此，岗位薪酬减少了人为因素对薪酬的影响，有利于协调组织内部关系，提高员工的公平感，激励他们的积极性。

岗位薪酬容易与市场薪酬水平对接。大多数岗位的市场薪酬水平都能够通过薪酬调查获得。组织通过薪酬调查，可以结合本组织的情况，设定在劳动力市场上具有竞争力的薪酬水平。

岗位薪酬在薪酬管理和决策工作中具有较强的可操作性。薪酬管理和决策的工作量与员工数量呈较强的正相关关系。当员工数量增加时，组织的薪酬管理和决策的工作量也会增加。如果采取以员工个人特征为依据的薪酬制度，为每个员工确定薪酬，员工人数越多，工作量就会越大。但是，如果以岗位为依据确定薪酬，对相同岗位的员工设定相同的薪酬，就可以在很大程度上减少薪酬管理和决策的工作量。

但是，岗位薪酬本身也存在局限性，概括起来有以下三点：

第一，对薪酬等级划分过细，容易误导员工。传统上，组织倾向于把岗位划分为数量较多的等级，把每个岗位的责权界定在较狭窄的范围内。基本薪酬和特定的、单一的岗位紧密相连。员工主要关注的是规定好的、范围狭窄的职责和任务，而对没有规定但有必要做的职责和任务没有积极性。但是，随着经营环境的不确定性增加、工作内容经常变化、绩效对员工决策的依赖性增强、工作中团队合作增加，组织需要员工轮换岗位，承担更多的职责和任务，掌握更多的技能，发挥更大的主动性，而传统的岗位薪酬难以对此起到积极作用。

第二，岗位薪酬不利于发挥现场员工的知识和技能优势。实践证明，组织成功的关键之一在于有效发挥现场员工的知识和技能优势。要发挥现场员工的知识和技能优势，就不能单纯以员工所从事工作的价值来衡量员工个人的价值，还要注重员工的能力，根据员工所拥有的经验与知识来支付薪酬。但是，在岗位薪酬制度下，薪酬根据工作岗位而定，而工作岗位的价值是通过职责、责任、权力来衡量的，因此，很容易形成权力至上、强调地位、重上轻下的组织文化。这种局面不利于发挥那些处在组织下层的员工的知识和技能优势。

第三，岗位薪酬不利于员工的能力拓展和职业生涯发展。岗位薪酬强化地位差别和权力关系。工作岗位在组织层级中的地位越高，其责任就越重，价值就越大；工作岗位在组织层级中的地位越低，其责任就越轻，价值就越小。晋升是员工提高基本薪酬的最重要途径。因此，员工接受晋升这样的垂直流动，而不愿意进行横向流动。但是，随着知识和技能成为组织竞争优势的基础，组织对掌握多种技能的员工的需求逐渐上升，岗位薪酬的局限性就更加明显。

（二）岗位薪酬的适用条件

总体来讲，岗位薪酬比较适合于生产、技术体制相对稳定，工作容易标准化，劳动生产率主要取决于机器设备，而对人的主观能动性与技能依赖程度较小的组织，因为它能够为这些组织提供一种兼顾内部一致性与外部竞争性的薪酬制度。但是，如果组织希望成为一个敏捷型的组织，以适应环境变化的需要，单纯依靠岗位薪酬就会产生很多问题。这主要是因为岗位薪酬不能区分员工个人之间的能力差别，不能发挥员工的主观能动性和灵活性，强化地位差别和权力关系。

岗位薪酬适合用于岗位内容基本稳定的组织。如果岗位内容经常变化，组织就不得不经常调整薪酬，这样就会增加人力资源部门的工作量，造成管理成本的上升。当管理成本的增加部分超过了组织绩效的增加部分时，实施岗位薪酬就得不偿失了。

岗位薪酬适合用于工作容易标准化的组织。岗位薪酬以工作内容为依据，因此，工作必须容易描述、区分和评价。对于各项工作，组织要能够准确而清晰地界定出它们所包括的任务、完成这些任务所需要的知识与技能、完成这些任务的条件等。

岗位薪酬适合用于工作种类与数量较多的组织。如果组织中的工作种类与数量较多，组织就有必要按照工作种类与数量对组织整体目标的价值大小进行区分，建立具有内部一致性的工作结构，支付与之相对应的薪酬。

岗位薪酬适合用于劳动生产率主要取决于机械设备的组织。如果劳动生产率主要取决于机械设备，而对人的主观能动性和技能的依赖程度不高，组织就不需要用薪酬来激励员工发挥超出工作规定的能力和掌握更多的技能与知识，只需要员工"循规蹈矩"地做好规定的工作，因此，岗位薪酬是合适的薪酬。

二、以技能、能力为依据

以技能为依据的薪酬主要用于蓝领员工，以能力为依据的薪酬主要用于白领员工。但在技能、能力依附于人这一点上，这两种薪酬是相同的。由于技能、能力有这样的共同点，为了节省篇幅，本节将两者一并说明。

以员工掌握的技能、能力为依据确定薪酬，就是根据员工所掌握的与工作相关的技能、能力来确定薪酬。其基本程序是：首先对员工所掌握的技能、能力进行评价，然后根据评价结果，赋予该员工与评价结果相匹配的薪酬。

（一）技能/能力薪酬的优缺点

技能/能力薪酬有两种表现形式：一种是以多元技能为基础的薪酬，称作宽化型技能薪酬，一般所说的技能/能力薪酬就是这种薪酬；另一种是以知识为基础的薪酬，称作深化型薪酬。这两种形式的区别在于薪酬决定的依据不同：宽化型技能薪酬是根据员工能够胜任的工作种类的数量，也就是技能、能力的广度来确定薪酬的；深化型薪酬是根据员工完成工作所需要的技能、能力的深度来决定薪酬的。

技能/能力薪酬很早就被运用于一些专业性强的劳动者，如教师、会计师、研究开发人员的薪酬就属于技能/能力薪酬。近三十年来，技能/能力薪酬也被逐渐用于普通员工。这是因为技能/能力薪酬有利于劳动力的灵活使用和减员增效。在技能/能力薪酬模式中，员工可以通过增加工作经验来拓宽能力范围，掌握多种工作技能，从而为组织灵活配置劳动力、减员增效提供可能性。例如，当一个部门的生产任务因为零部件不够、需求下降等减少时，可以把员工临时调配到其他部门；相反，当一个部门的生产任务增加而人手不够时，可以从其他部门补充一些员工进来。

另外，技能/能力薪酬有利于促进员工的横向流动，营造组织的学习氛围。技能/能力薪酬还有助于提高工作效率。员工具备多种技能、能力，就会对组织整体工作的理解更加全面，组合任务的效率就会更高。有研究结果发现，大部分企业在实施技能/能力薪酬制度之后，员工缺勤率和离职率均有所下降，员工满意度有所提高。这是因为，员工对自己的工资甚至生活有了更大的主动权，对企业的整体运作有了更全面的了解，从而感到工作更有价值。[①]

但是，技能/能力薪酬也存在局限性：一是它可能导致较高的劳动力成本。因为员工的薪酬是由其所掌握的技能或能力的数量、水平决定的，所以，员工会积极地参加培训、自学，以便尽快达到最高级别的薪酬水平。如果所有员工的薪酬水平都达到了上限，劳动力成本就会随之上升。二是建立技能或能力评价体系有难度。三是薪酬管理的工作量较大。另外，组织很难通过薪酬调查找到关于各种技能或能力的市场薪酬数据，因此，不得不通过推测市场薪酬水平来确定技能或能力薪酬水平。这有可能造成薪酬水平缺乏外部竞争力。

（二）技能/能力薪酬的适用条件

技能/能力薪酬适用于工作技能明确化、组织与员工之间有长期雇用关系、岗位等级不过分细化的组织。

首先，工作技能明确化。组织能够界定出员工为履行岗位职责所需要掌握的技能，

---

① LAWLER E E. Strategic reward systems//DUNNETTE M D, HOUGH L M. Handbook of industrial and organizational psychology：vol. 3. 2nd ed. Palo Alto, CA：Consulting Psychologists Press，1992：1022 - 1023.

包括技能的广度和深度。技能的广度指员工在履行岗位职责时掌握的与该岗位相关的不同技能种类的数目；技能的深度指员工在该岗位需要的专业技能领域中所达到的高度。此外，界定技能还有"垂直技能"的维度。所谓垂直技能，是指组织成员所掌握的管理技能，如时间规划、领导、解决群体性问题、培训、成员内部沟通与协调等能力。[1] 如果在本岗位所要求的专业技能之外，员工还掌握了一些管理技能，那么说明他的技能水平较高。一般来讲，在技能的广度、深度以及垂直技能三个维度上程度越高的组织，越适合实施技能/能力薪酬模式。

其次，组织与员工之间有长期雇用关系。这包括两个方面：一是组织视员工为合作伙伴，愿意向他们提供长期雇用保障，为他们提高技能创造条件，鼓励员工自主创新、承担风险，积极发挥他们的作用；二是员工愿意在组织长期工作，积极学习技能。

最后，岗位等级不过分细化。这类组织在工作的水平层次和垂直层次上有一定的灵活性，工作职责的界定不过分严格，员工有很多机会学习技能。

02 第二节 基于岗位的薪酬设计

岗位薪酬设计按照以下六个步骤进行：岗位分析、岗位评价、薪酬调查、薪酬水平定位、薪酬结构设定和薪酬结构调整，见图6-1。

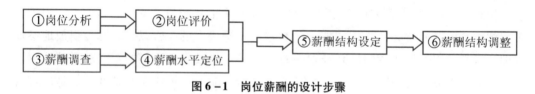

图6-1 岗位薪酬的设计步骤

（1）岗位分析：收集、分析与岗位相关的信息，结合岗位的实际执行情况，编写岗位说明书。

（2）岗位评价：依据一定的规则和方法，对岗位的价值做出评价并进行排序，建立岗位结构。

（3）薪酬调查：通过一定的调查途径，收集组织所在行业、地区以及竞争对手的薪酬数据，对薪酬水平、薪酬构成的趋势进行分析。

（4）薪酬水平定位：根据薪酬调查结果，选择组织的薪酬政策，确定组织的薪酬水平。

---

① 刘昕. 薪酬管理. 北京：中国人民大学出版社，2002：92.

（5）薪酬结构设定：根据已确定的岗位结构和组织的薪酬水平定位，建立薪酬等级、薪酬区间及薪酬重合范围。

（6）薪酬结构调整：根据员工的个人特征对薪酬结构进行调整。

一、岗位分析

岗位分析是指对特定岗位的基本任务、基本职责以及该岗位承担者应具备的特征进行分析、记录的过程。只有通过岗位分析得到岗位的基本信息，才能够确定岗位的相对价值，同时区别、确定该岗位上应该给予补偿的因素，进而设计薪酬结构。因此，岗位分析是薪酬设计的基础。

岗位分析主要做两件事：一是对岗位的基本任务、基本职责做出记录，得出工作描述；二是对承担岗位的人应具备的特征做出记录，得出工作规范。在工作描述中，要记录的信息有岗位目的、岗位职责、岗位范围、岗位关系、工作环境、工作条件等；工作规范也就是任职资格要求，主要包括任职者应具备的知识、技能、能力、经验等。

岗位分析的方法分为定性的岗位分析方法和定量的岗位分析方法。定性的岗位分析方法有工作日志法、观察法、访谈法、问卷法等；定量的岗位分析方法有岗位分析问卷法、管理岗位描述问卷法等。

1. 工作日志法

工作日志法是指通过任职者每天填写的工作日志，来收集岗位信息。

2. 观察法

观察法是指管理人员观察岗位工作过程，以标准格式记录与工作任务、责任和环境相关的信息。

3. 访谈法

访谈法是指通过与员工个人、员工群体以及主管人员进行访谈来了解工作内容，并以标准格式做出记录。

4. 问卷法

问卷法是指设计岗位工作调查问卷，询问包括工作职责、工作难度、工作关系在内的问题，请任职者回答。岗位分析人员对每个回答给出一个分数，经过汇总得到岗位的基本信息。

5. 岗位分析问卷法

岗位分析问卷法的问项分为六个部分：信息投入、推理决策过程、工作产出、同他人的关系、工作环境和其他特点。岗位分析人员让任职者填写该问卷，并对每个回答给出评分。岗位分析问卷法用于划分岗位等级。

6. 管理岗位描述问卷法

管理岗位描述问卷法的问项分为 13 个部分：产品、市场和财务战略计划，与其他部门和人事管理工作的协调，内部业务控制，产品和服务责任，公共与客户关系，高层次咨询指导，行动自主性，财务审批权，雇员服务，监督，复杂性与压力，重要财务责任，人事责任。岗位分析人员让任职者填写问卷，并对每个回答给出评分。管理岗位描述问卷法用于划分管理职务的等级。

岗位分析的最终目的是编写岗位说明书。岗位说明书包括以下内容：岗位名称、岗位目的、岗位职责、关键绩效标准、岗位范围、岗位关系、工作环境、工作条件、任职资格要求、其他有关信息。

二、岗位评价

（一）岗位评价的内容

岗位评价指对岗位的工作内容、技能要求、努力程度要求、工作责任、工作环境等要素做出评价，据此确定岗位之间的相对价值。岗位评价以岗位分析为基础。在岗位分析中，各岗位的基本任务、基本职责以及岗位承担者应具备的特征都被写入岗位说明书。在岗位评价中，就要根据岗位说明书来比较各个岗位的工作内容，评价各个岗位对组织整体的价值，对不同岗位之间的相对价值进行排序。这个排序是确定岗位之间薪酬关系的基础。

组织中有很多岗位，如果对所有岗位都进行评价，工作量就会很大。每个岗位对组织整体的作用和贡献不同，没有必要都投入相同量的管理成本。因此，可根据组织规模的大小来确定评价岗位的数量。如果组织规模不大，如岗位总数在 100 个以下，就可把所有岗位作为评价对象；如果组织规模很大，岗位数量超过了 100 个，就可考虑选择一些关键性岗位、代表性岗位进行评价，总数控制在 80 ~ 100 个。[①]

组织要组建一个岗位评价小组，成员为熟悉业务的人员，要规定评价人员只对自己所属部门以及合作关系密切部门的岗位进行评价。例如，生产部门成员对生产部门岗位做出评价，研究开发部门成员对研究开发岗位做出评价。对于关键性岗位，可采取各部门负责人评价和岗位评价小组成员评价相结合的方法。[②]

（二）岗位评价的方法

岗位评价的方法可分为非量化评价方法和量化评价方法两种。非量化评价方法指将岗位作为整体进行比较和排序的方法，具体有工作排序法、工作分类法等；量化评价方法指按照薪酬要素和一定尺度对岗位做出评价的方法，具体有要素比较法、点数法等。

---

① 王小刚. 企业薪酬管理最佳实践. 北京：中国经济出版社，2010：28 – 29.
② 王小刚. 企业薪酬管理最佳实践. 北京：中国经济出版社，2010：28 – 29.

非量化评价方法和量化评价方法的区别有两点：第一，是否有系统的等级评价尺度。工作排序法和工作分类法没有系统的等级评价尺度，而要素比较法、点数法有系统的等级评价尺度。第二，是比较岗位整体还是比较岗位要素。工作排序法和工作分类法不考虑岗位要素，而是把岗位作为整体进行比较，要素比较法和点数法则是通过确定岗位要素的相对价值进行比较。

1. 工作排序法

工作排序法是对所有岗位按价值进行比较和排序的方法。工作排序法又可分为直接排序法、交替排序法、配对排序法。直接排序法的做法是：评价人员根据岗位说明书，对岗位的价值从高到低进行排序。交替排序法的做法是：先从被评价岗位中挑出价值最高的岗位，然后挑出价值最低的岗位，接着挑出价值次高的岗位，再挑出价值次低的岗位，如此循环，直至为所有岗位的价值排出高低顺序。配对排序法的做法是：先将第一个岗位与其他岗位进行比较，确定该岗位在所有比较中的得分，再将第二个岗位与其他岗位进行比较，如此循环，最后根据每个岗位在所有比较中的得分，排列岗位之间的等级顺序。

工作排序法的操作分四个步骤进行：

（1）确定需要评价的岗位。

（2）通过岗位分析，收集与岗位相关的基本信息，包括岗位职责、技能要求、努力程度要求、工作责任、工作环境等，得到有关岗位价值的总体状况。

（3）进行评价排序。常见做法是，发给评价人员一套岗位卡片，每张卡片上有对被评价岗位的说明，然后由评价人员对岗位卡片进行排序。

（4）综合排序结果。岗位评价小组将所有结果汇总，根据评价人员的评价计算每个岗位的平均值，得出所有岗位的顺序结果。

工作排序法最简单、方便、容易理解，同时它也有缺陷。

首先，对岗位进行排序时通常以岗位说明书为依据，而岗位说明书之间缺乏可比性，把它作为排序标准难免过于笼统，容易使排序结果受到评价人员主观因素的影响，不能真实地反映不同岗位之间的价值关系。

其次，在规模大的组织中进行工作排序，工作量较大。

2. 工作分类法

工作分类法是把所有岗位与事先设定的岗位级别进行比较和分类，得出不同岗位之间价值序列的方法。工作分类法的操作分三个步骤进行。

（1）确定岗位级别的数目。岗位级别的数目一般为 5 ~ 15 个，常见的情况是 8 个左右。[①] 岗位级别的数目与组织规模有关，规模大的组织，一般岗位较多，所需要的岗位级别的数目就相对较多。岗位级别的数目还与组织对员工控制的理念有关。强调内

---

①　张一弛. 人力资源管理教程. 北京：北京大学出版社，1999：208.

部等级、权力关系的组织划分的岗位等级较多，而强调发挥员工潜能的组织划分的岗位等级较少。

（2）对每个级别的岗位进行定义。定义的内容包括岗位内容简介、技能要求、努力程度要求、工作责任、工作环境、工作条件等。

（3）根据定义对岗位进行等级分类。把各个岗位与已确定的岗位级别进行对照，确定适当级别。

工作分类法简便易行、成本低廉，尤其适合在内容、责任、所需技能、劳动强度和劳动条件方面存在较大差异的岗位。同时，它还具有较高的灵活性，当组织中增加新的工作种类时，很容易确定它们的适当等级。

但是，工作分类法最大的问题是，不太容易确定岗位级别的数目。如果岗位级别太多，就会增加岗位定义的复杂程度；如果岗位级别太少，又难以区别不同岗位的价值。另一个问题是，对岗位的定位难免牵强附会。例如，一些岗位可能并不适合被定位到任何事先设定的岗位级别上，但也只能被勉强定位，结果可能影响薪酬关系的内部一致性。为了避免这个问题，可以为每个岗位等级增加一些标准工作，为岗位划分提供更加具体化的标准。

3. 要素比较法

要素比较法指把所有工作岗位与基准岗位按照薪酬要素进行比较和排序的方法。所谓薪酬要素，是指所有岗位共有的、能够为评价岗位价值提供依据的工作特征。要素比较法的操作分七个步骤进行。

（1）获取岗位信息，确定薪酬要素。通过岗位分析，获取与岗位相关的基本信息，包括心理要求、身体要求、技术要求、工作责任、工作条件五个要素。

（2）挑选基准岗位。挑选 15~20 个基准岗位作为评价对象。基准岗位是指具有普遍性，工作内容比较稳定，并且其市场薪酬水平容易获得的岗位。其余岗位的价值可以通过与基准岗位的价值进行比较得到。

（3）确定基准岗位的薪酬金额。参照市场薪酬水平，为每个基准岗位确定薪酬金额。

（4）按照薪酬要素对基准岗位的价值进行排序。每个岗位评价小组成员先排出在基准岗位上五个薪酬要素的顺序，然后计算成员排序的平均值。

（5）把基准岗位的薪酬金额分配到该岗位的每个薪酬要素上。首先，评价小组成员根据自己的排序，确定不同薪酬要素对特定岗位价值贡献的大小，即确定薪酬要素的权重，用百分比表示。其次，把事先确定好的薪酬金额分配到各薪酬要素上。最后，对所有岗位评价小组成员的计算结果取一个平均值，得到基准岗位每个薪酬要素的最终价值。如果基准岗位 A 的薪酬水平为 5 元，则三个评价成员可按照如表 6 - 3 所示的方法来确定基准岗位 A 中各薪酬要素的最终价值。

表6－3　基准岗位A中各薪酬要素的最终价值[1]

项　　目	心理要求	身体要求	技术要求	工作责任	工作条件	合　　计
评价者甲	10% (0.5元)	20% (1.00元)	15% (0.75元)	25% (1.25元)	30% (1.50元)	100% (5.00元)
评价者乙	15% (0.75元)	10% (0.50元)	15% (0.75元)	40% (2.00元)	20% (1.00元)	100% (5.00元)
评价者丙	5% (0.25元)	25% (1.25元)	15% (0.75元)	35% (1.75元)	20% (1.00元)	100% (5.00元)
最终价值 （甲＋乙＋丙）/3	0.50元	0.92元	0.75元	1.67元	1.17元	5.00元

注：忽略四舍五入引起的误差。

（6）建立基准岗位薪酬要素等级量表。根据基准岗位薪酬要素的薪酬金额，建立基准岗位薪酬要素等级量表，如表6－4所示。

表6－4　基准岗位薪酬要素等级量表

薪酬水平/元	心理要求	身体要求	技术要求	工作责任	工作条件
0.50				岗位A	
1.00	岗位A				
1.50		岗位B	岗位A		岗位B
2.00		岗位A			
2.50			岗位B	岗位C	
3.00	岗位B				岗位C
3.50					
4.00			岗位C	岗位B	
4.50	岗位C				岗位A
5.00		岗位C			

（7）确定非基准岗位的薪酬水平。把非基准岗位的薪酬要素和基准岗位的薪酬要素逐个进行比较，确定非基准岗位每个薪酬要素应得的薪酬金额，再把这些金额加总，就得到了非基准岗位的薪酬水平。

在要素比较法中，岗位价值通过薪酬要素的价值来确定，而薪酬要素的金额又是由基准岗位的市场水平决定的。因此，该评价方法比较客观、合理，较少受评价者主观因素的影响，根据要素比较法建立的薪酬结构具有外部竞争性。

---

[1]　刘昕．薪酬管理．北京：中国人民大学出版社，2002：83.

但是，要素比较法存在三个方面的局限性：第一，基准岗位的薪酬水平是由市场薪酬水平决定的，它不一定满足内部一致性。第二，要素比较法缺少把基准岗位的薪酬金额分配到薪酬要素中的规范办法。在现实中，分配薪酬金额的方法是很随意的，多种多样，这不利于建立规范的薪酬结构。第三，要素比较法的结构较为复杂，不太容易被理解。

4. 点数法

点数法是运用最为广泛的岗位评价方法。据调查，美国95%以上的大企业、50%以上的小企业使用点数法来进行工作评价。[1] 点数法是一种根据事先设定的薪酬要素和点数来评价岗位价值和决定岗位价值序列的方法。点数法的操作分六个步骤进行。

（1）选择薪酬要素。点数法中的薪酬要素主要涉及工作责任、技能要求、努力程度要求、工作条件四个方面。工作责任指任职者所承担的职责的重要性，主要通过决策权的大小、控制范围、影响范围、工作关系、工作风险程度来衡量。技能要求指任职者应具备的经验、知识、教育和能力水平，主要通过技术能力、专业知识、组织能力、教育水平、工作资历、人际沟通能力来衡量。努力程度要求指任职者为完成工作所应付出的脑力和体力程度，主要通过任务的多样性、复杂性、创造性等维度来衡量。工作条件指工作对人的伤害程度以及工作的物理环境，主要通过工作对人的潜在危害性、工作过程中的不舒适感、暴露性、卫生清洁程度等维度来衡量。

在选择薪酬要素时，要综合考虑工作特点、组织战略、股东的接受程度以及既有岗位评价系统等方面的情况。薪酬要素的数目随着组织情况的不同而不同。从美国企业的经验来看，薪酬要素的数目一般为3~25个，典型的情况是10个左右。[2] 各种点数法所选择的薪酬要素也不尽相同。在由美国产业经营者协会（The American Association of Industrial Management）开发的、被广泛运用于生产操作岗位的点数法中，薪酬要素包括技能（skill）、努力（effort）、责任（responsibility）和工作条件（job condition）四个类型，每个薪酬要素类型还有更加详细的划分，见表6-5。

表6-5　美国产业经营者协会制定的点数法的薪酬要素（操作岗位）[3]

薪酬要素类型	薪酬要素	薪酬点数的幅度
技能	教育程度	14~70
	工作经验	22~110
	判断力、能力	14~70

① LAWLER E E. Strategic reward systems//DUNNETTE M D, HOUGH L M. Handbook of industrial and organizational psychology：vol. 3. 2nd ed. Palo Alto, CA：Consulting Psychologists Press, 1992：1018.

② 张一弛. 人力资源管理教程. 北京：北京大学出版社, 1999：209.

③ 日本劳働研究机构，连合総合生活開発研究所. 賃金要求水準と賃上げ交渉方式の国際比較. 東京：日本劳働研究机构, 1994：85.

薪酬要素类型	薪酬要素	薪酬点数的幅度
努力	肉体负荷	—
	精神负荷	—
责任	设备责任	5～25
	原材料、产品责任	5～25
	安全责任	5～25
	工作责任	5～25
工作条件	作业环境	—
	危险程度	—

（2）对薪酬要素的水平进行定义。每个薪酬要素的等级数目取决于被评价岗位在该薪酬要素上的差异程度。差异程度大，等级数目就多；差异程度小，等级数目就少。

（3）确定薪酬要素价值占岗位总价值的比重（权重）。每个薪酬要素价值占岗位总价值的比重体现了它对岗位价值的贡献程度，一般用百分比来表示，如工作责任占40%，技能要求占25%，努力程度要求占25%，工作条件占10%。这个百分比的确定有两种方法：一是经验法，即由岗位评价小组根据经验来确定；二是统计法，即通过运用数学方法对基准岗位进行评价来确定。

（4）确定薪酬要素在不同等级上的点数。首先，确定岗位评价的总点数，如100点、500点或1 000点。这个总点数的大小与要评价的岗位数目的大小有关，岗位数目越多，总点数就越大。

其次，计算出每个薪酬要素的总点数。例如，在总点数为100点的岗位评价中，如果工作责任占40%，则其总点数是40点；如果技能要求占25%，则其总点数是25点；如果努力程度要求占25%，则其总点数是25点；如果工作条件占10%，则其总点数是10点。

最后，计算每个薪酬要素在不同等级的点数。假设每个薪酬要素都有五个等级。先把每个薪酬要素的总点数作为该薪酬要素最高等级的点数，再把该薪酬要素的总点数除以5得到的点数作为该薪酬要素在不同等级之间的点数差值，然后用第五级的点数减去点数差值就得到第四级的点数，用第四级的点数减去点数差值就得到第三级的点数，依次类推，即可得到所有级别的点数。例如，工作责任的总点数是40点，那么第五级的点数是40点，第四级的点数是32点，第三级的点数是24点，第二级的点数是16点，第一级的点数是8点。

（5）根据上述薪酬要素的评分标准对要评价的岗位进行分析。计算要评价的岗位在每个薪酬要素上的点数，汇总之后得到该岗位的最终评价点数。表6－6是某岗位的点数法量表。

表6-6　某岗位的点数法量表

薪酬要素	薪酬要素权重	薪酬要素等级	点数/点
工作责任	40%	1	8
		2	16
		3	24
		4	32
		5	40
技能要求	25%	1	5
		2	10
		3	15
		4	20
		5	25
努力程度要求	25%	1	5
		2	10
		3	15
		4	20
		5	25
工作条件	10%	1	2
		2	4
		3	6
		4	8
		5	10
合　计	100%	—	300

（6）对所有岗位进行价值排序，建立岗位点数结构。按照每个岗位所得的总点数，排出全部岗位的点数顺序。

点数法有十分明显的优点：一方面，点数法有明确的薪酬要素，它通过薪酬要素来评价和比较各个岗位的价值，评价结果较为客观、全面；另一方面，点数法采取量化的评价标准，因此，它不仅可以用来计算每个岗位价值的大小，而且可以用来排列岗位之间的相对价值顺序，这为建立合理的薪酬结构提供了很大方便。可以说，点数法克服了工作排序法、工作分类法所具有的主观评价问题，同时又比要素比较法操作简便、易于理解。尽管其设计起来比较复杂，但一旦被设计出来，使用时还是比较方便的。目前，一些管理咨询公司结合点数法和要素比较法的优点，开发了较实用的岗位评价工具，如海氏评价系统。该评价系统适用于管理类岗位和专业技术类岗位的评价。

组织内部可能存在多个不同的岗位系列，如管理系列、专业技术系列、事务系列、生产系列等。由于工作性质不同，对不同岗位系列所采取的评价方法也有所不同，由此建立的岗位结构也不相同。一般来讲，管理系列、专业技术系列多使用海氏评价系统来评价，而事务系列、生产系列多采用点数法、工作分类法来评价。

三、薪酬调查

组织在对所有岗位的相对价值进行评价之后，一般要实施薪酬调查，了解市场薪酬水平和竞争对手的薪酬状况，然后参照调查结果，确定组织的薪酬水平。

（一）薪酬调查的内容

薪酬调查指组织通过调查，了解相关行业和市场的薪酬水平以及竞争对手的薪酬状况。在薪酬调查中，一般选择一些基准岗位作为调查对象。基准岗位指有普遍性、工作内容比较明确、涉及人数较多的岗位。

薪酬调查的项目主要包括基准岗位描述、最低小时工资、平均小时工资、中位数小时工资、最高小时工资、基本薪酬及其结构、奖金、其他绩效薪酬、各种补充福利计划、薪酬政策等。

薪酬调查的对象是在业务、规模以及地域上具有竞争关系的组织。

薪酬调查有四个目的：第一，了解市场薪酬水平和竞争对手的薪酬状况，有针对性地确定组织的薪酬水平，增强组织薪酬水平在劳动力市场上的竞争力。第二，了解竞争对手的薪酬结构状况，为调整组织的薪酬结构提供依据。第三，学习竞争对手的薪酬管理经验，提高组织的薪酬管理能力。第四，评估竞争对手的劳动力成本，有效控制组织的劳动力成本。

薪酬调查有两种方法：一是由组织自己来进行；二是委托管理咨询公司、行业协会、政府机构来实施。

（二）薪酬调查的程序

薪酬调查按照如图6-2所示的七个步骤进行。

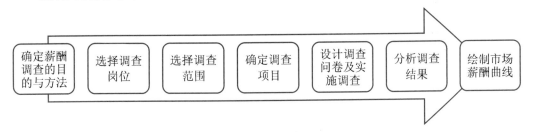

确定薪酬调查的目的与方法 → 选择调查岗位 → 选择调查范围 → 确定调查项目 → 设计调查问卷及实施调查 → 分析调查结果 → 绘制市场薪酬曲线

图6-2 薪酬调查的基本程序

1. 确定薪酬调查的目的与方法

确定薪酬调查的目的对选择调查范围、确定调查项目有很大影响。对于是由自己调查，还是委托外部机构实施调查，要视组织的调查能力、数据分析能力以及调查成本而定。

2. 选择调查岗位

选择在多数组织存在的、工作内容比较稳定的、任职者人数较多的、劳动力供求关系比较稳定的基准岗位进行调查。

3. 选择调查范围

需要确定的调查范围包括相同行业的组织、相同地域的组织、相同规模的组织、相同薪酬结构的组织、竞争对手、行业标杆组织。

4. 确定调查项目

调查项目一般包括以下内容：组织名称、规模、财务等基本信息；岗位描述及岗位规范；薪酬理念及薪酬政策；基本薪酬水平及薪酬结构；各种绩效薪酬；各种补充福利计划。

5. 设计调查问卷及实施调查

调查问卷要根据调查目的来设计。问卷应易读、易懂、易回答。调查可采取书面问卷调查、电子文件问卷调查、电话调查三种形式。表6-7所示的是一份薪酬调查问卷。

表6-7　薪酬调查问卷①

（1）基本情况。

企业名称	企业总人数	企业组织结构	企业年度营业额
所属行业	国企、民营、外资	电话	通信地址
您的姓名	年龄	性别	在本专业/领域工作年限
您所在的部门	岗位	学历	职称

（2）任职情况。

上级	下属

---

① 王小刚. 企业薪酬管理最佳实践. 北京：中国经济出版社，2010：34-37.

职责与工作任务		任职资格条件	
职责一		学历	
职责二		外语	
职责三		专业	
职责四		经验 （行业经验、专业经验）	
职责五		知识	
		技能	
		其他	

工作协作关系		
	沟通单位（部门）/岗位	沟通程序（内容）/结果
外部关系		
内部关系		

（3）您的年薪为＿＿＿元。

年薪的构成	占年薪的比例
基本工资	
奖金（季度、年度）	
现金津贴	
股票期权	
法定福利	
企业补充福利	
其他	

（4）目前的薪酬水平与您的贡献成正比吗？

薪酬已经很高了	薪酬跟贡献差不多	薪酬很低

（5）非货币性薪酬占您年薪的比例是多少？

50%	40%	30%	20%	10%	其他（请说明）

（6）您所在企业提供的福利有哪些？（如有具体金额与比例，请填写）

社会养老保险缴纳基数_____	每月____元，企业承担____%，个人承担____%
社会医疗保险缴纳基数_____	每月____元，企业承担____%，个人承担____%
社会失业保险缴纳基数_____	每月____元，企业承担____%，个人承担____%
住房公积金缴纳基数_____	每月____元，企业承担____%，个人承担____%
生育保险、工伤保险缴纳基数_____	每月____元，企业承担____%，个人承担____%
商业养老保险	每月____元，企业承担____%，个人承担____%
商业医疗保险	每月____元，企业承担____%，个人承担____%
报销通信费	每月____元
免费用车	
车辆补贴	每月____元
报销交通费	每月____元
在职培训	每年____元
带薪休假	每年____天
劳保物品	每年____元
俱乐部会员	每年____元
加班补贴	每小时____元
公司旅游与活动	每年____元
住房	____居室/无住房
其他项目	

（7）您所在企业多久做一次薪酬调整？

三年	两年	一年	半年	基本不做薪酬调整	视情况而定（请详细说明）

（8）您认为贵企业的薪酬在同行业中属于何种水平？

高于同行业20%	高于同行业10%	基本持平	低于同行业10%	低于同行业20%

6. 分析调查结果

收回调查问卷之后，首先，要对每一份问卷的内容进行逐项检查。如果发现数据可疑，就要联系被调查者进行核实。如果问卷存在问题，又无法解决，就要剔除该问卷。其次，要对调查得到的数据进行分析。数据分析的主要目的：一是了解市场薪酬水平的分布状况；二是了解竞争对手的薪酬构成状况。

常用的数据分析方法有频率分析、趋中趋势分析、离散分析和回归分析。

（1）频率分析。频率分析的做法是：先把薪酬数据从低到高排列，同时确定若干薪酬变动范围（薪酬组），再统计落入各薪酬变动范围的数据的次数。该次数叫作频数，频数与总次数（数据总数）的比值叫作频率。此外，也可用各矩形的高低来表示各薪酬组频数的多少，由此得到的图叫作直方图。通过频率分析便可知道调查样本特定岗位薪酬水平的状况。

（2）趋中趋势分析。趋中趋势分析是用平均数来描述数据大体状况的方法，具体可使用算术平均数、加权平均数、中位数、众数等指标。

算术平均数的计算方法是：把全部薪酬数据加总后除以数据个数。加权平均数的计算方法是：先对不同组织的薪酬数据设定一个权数，权数反映数据的"重要程度"，一般使用组织的人数，然后把每个薪酬数据乘以其权数，再进行汇总，最后用汇总数除以数据总数。中位数的计算方法是：把薪酬数据从低到高（或从高到低）排列，如果数据的个数是奇数，则处于中间位置的就是中位数；如果数据的个数是偶数，则中间两个数据的算术平均数就是中位数。众数是一组数据中出现次数最多的数据。

算术平均数、加权平均数、中位数、众数都可作为数据的代表，反映薪酬水平的大致状况，调查者要具体分析实际情况，选择适当的数据来代表薪酬数据。

（3）离散分析。离散分析是分析一组数据离散状况的方法，有百分位、四分位、标准差等指标。

百分位的计算方法是：把薪酬数据从低到高排列，分成 10 组，每组中的样本数占样本总数的 10%，处在第五小组最后的一个数据必须是全部数据的中位数。如果一个组织的薪酬数据处在全部数据的第 60 个百分位上，则说明在样本中大约有 60% 的组织的薪酬水平比它低。四分位的计算方法是：把薪酬数据从低到高排列，分成 4 组，每组中的样本数占样本总数的 25%，处在第二小组最后的一个数据必须是全部数据的中位数。其他指标的操作和百分位一样。标准差的计算方法是：计算各薪酬数据与它们的平均数的差的平方，加总后除以数据个数，所得的值再取算术平方根。

（4）回归分析。回归分析是通过回归方法分析两个变量或多个变量之间关系的方法，它可以用来分析一组变量对薪酬水平的影响程度。

7. 绘制市场薪酬曲线

通过分析得到基准岗位的市场薪酬数据，把这些数据和通过岗位评价得到的岗位结构结合起来，就可以绘制出一条关于基准岗位的市场薪酬曲线。例如，以岗位评价后的基准岗位等级点数作为横坐标，以市场薪酬金额作为纵坐标，就可绘制一条关于基准岗位的市场薪酬曲线。

四、薪酬水平定位

确定薪酬水平的基本原则是要使薪酬具有外部竞争力。基于这个原则，组织在确定薪酬水平时必须参照市场薪酬水平或竞争对手的薪酬水平，但同时也要具体分析实际情况，战略性地选择一个既能吸引和留住高素质员工，又不至于造成劳动力成本过高的薪酬水平。因此，组织必须明确其薪酬水平的市场定位，即薪酬是高于市场或竞争对手的薪酬水平，还是低于或相当于市场或竞争对手的薪酬水平。

有关薪酬水平定位，组织有四种策略：市场领先策略、市场跟进策略、市场滞后策略、混合策略。市场领先策略是使组织薪酬水平高于市场或竞争对手的薪酬水平的策略；市场跟进策略是使组织薪酬水平相当于市场或竞争对手的薪酬水平的策略；市场滞后策略是使组织薪酬水平低于市场或竞争对手的薪酬水平的策略；混合策略是组织针对不同岗位类别确定不同薪酬水平的策略。这四种策略在吸引人才、留住人才、控制劳动力成本、减少员工不满和提高劳动生产率方面的效果不同，见表6-8。

表6-8 四种薪酬策略的效果[①]

薪酬策略	薪酬目标				
	吸引人才	留住人才	控制劳动力成本	减少员工不满	提高劳动生产率
市场领先策略	好	好	不明确	好	不明确
市场跟进策略	中	中	中	中	不明确
市场滞后策略	差	不明确	好	不明确	不明确
混合策略	不明确	不明确	好	不明确	好

市场领先策略在吸引人才、留住人才和减少员工不满方面有好的效果，但在控制劳动力成本和提高劳动生产率方面的效果不明确。同样，市场滞后策略虽然在控制劳动力成本方面有好的效果，但在吸引人才方面的效果差，在留住人才、减少员工不满和提高劳动生产率方面的效果不明确。因此，对于是否采取市场滞后策略，组织应该充分权衡其利弊关系，做出适当的决策。从保险的角度出发，最适当的策略是市场跟进策略或者混合策略，如对关键性岗位、核心技术和技能人才采取市场领先策略，而对其他人员采取市场跟进策略。

薪酬的竞争力除了体现在薪酬水平上，还体现在薪酬构成上。一个组织的基本薪酬水平可能相当于或低于市场薪酬水平，但如果把基本薪酬与组织绩效挂钩，同时提供丰富多样的福利计划，那么总体来看，该组织薪酬的实际水平就有可能高于市场薪

---

① 米尔科维奇，纽曼. 薪酬管理：第9版. 成得礼，译. 北京：中国人民大学出版社，2008：193. 引用时有修改。

酬水平，从而具有竞争优势。

在确定了薪酬策略之后，组织接着要对通过薪酬调查得到的薪酬水平做适当调整，预测薪酬水平的增长状况。

假如组织要在年底做出下年度的薪酬预算，而市场薪酬水平下年度还是按照本年度的增长率增长，那么可以预测出下年度各时期的市场薪酬水平。

如果组织决定使组织的薪酬水平高于市场薪酬水平，就把预测的下年度期末的市场薪酬水平作为组织下年度的薪酬水平。

如果组织决定使组织的薪酬水平与市场薪酬水平保持一致，就把预测的下年度期中的市场薪酬水平作为组织下年度的薪酬水平。

如果组织决定使组织的薪酬水平低于市场薪酬水平，就把预测的下年度期初的市场薪酬水平作为组织下年度的薪酬水平。

五、薪酬结构设定

薪酬结构是指组织内部不同岗位之间的薪酬关系。有效的薪酬结构必须兼顾内部一致性和外部竞争性的要求。因此，在设计薪酬结构时，要把通过岗位评价得到的岗位结构数据和通过薪酬调查得到的薪酬数据结合起来。薪酬结构有三个重要的要素：薪酬等级、与薪酬等级相对应的薪酬区间、不同等级之间的薪酬重合度。薪酬结构的设定主要包括薪酬等级数目的确定、薪酬区间的确定、薪酬重合度的设置，最后得到薪酬结构表。

（一）薪酬等级数目的确定

薪酬等级的数目要根据岗位评价所得到的岗位等级来确定。在前述岗位评价中，最后得到了一组代表岗位等级相对价值的数据，把这些数据从低到高排列，就得到了岗位等级序列（参见点数法）。接下来要做两件事：一是把点数相近的岗位并入同一等级；二是确定薪酬等级的数目。

1. 岗位的合并分组

合并分组就是把评价点数相近的岗位合并成一个等级。同一级别所对应的点数的变动范围可以根据实际情况自由设定。例如，按照50点的区间划分，把0~50点的岗位合并到等级1，把51~100点的岗位合并到等级2，把101~150点的岗位合并到等级3，把151~200点的岗位合并到等级4，依次类推，直至涵盖所有岗位，最后得到分组式岗位等级。

2. 薪酬等级的划分

这里对分组式岗位等级做进一步划分。等级划分主要基于两个原则：一是价值差异原则；二是管理便利原则。理论上，等级数目越多，同一级别内的价值差异就越小，等级划分就越能体现内部一致性。实践中，等级划分需考虑两方面因素。一方面，等级数目越多，管理成本就越大。因此，岗位等级不宜设置过多。另一方面，等级数目越少，管理成本就越少，但是，同一级别内的价值差异就越大，等级划分就越不能体现不同岗位之间的价值差异。因此，岗位等级也不宜设置太少。那么，到底划分多少等级最为合适？根据经验，蓝领工人的岗位等级一般为12～16级，专业技术人员、中级管理人员的岗位等级一般为10～15级，高级管理人员的岗位等级一般为8～10级。[1]

假设某组织已得到分组式岗位等级，见表6-9。现在该组织要对岗位等级做进一步的划分。该组织经过权衡组织结构、内部一致性和管理成本后，决定把岗位划分为11级。用最高点数减去最低点数的差除以11，可大致得到相邻两个等级之间的点数差值是38点。按照点数差值38点，可以得到11个等级及其点数变动区间，见表6-10。如此确定下来的等级就是薪酬等级。

表6-9　根据岗位评价得到的分组式岗位等级[2]

岗位等级	岗位名称	点数/点
1	出纳	140
2	离退休事务主管 行政事务主管	210 260
3	工会财务主管 总经理秘书 行政事务主管 报销会计	335 345 355 355
4	招聘主管 会计主管 项目经理	405 425 470
5	总经办主任 财务部经理 市场部经理	545 550 565

表6-10　岗位（薪酬）等级划分及其点数变动区间[3]

岗位等级	点数/点
1	137～175
2	176～214

---

[1]　HENDERSON R I. Compensation management. 6th ed. Upper Saddle River, NJ：Prentice Hall, 1994.

[2]　刘昕. 薪酬管理. 北京：中国人民大学出版社, 2002：181.

[3]　刘昕. 薪酬管理. 北京：中国人民大学出版社, 2002：183-184.

续表

岗位等级	点数/点
3	215~253
4	254~292
5	293~331
6	332~370
7	371~409
8	410~448
9	449~487
10	488~526
11	527$^+$

（二）薪酬区间的确定

当薪酬等级确定后，要把确定好的薪酬等级及其点数与市场薪酬调查数据对应起来。与每个等级所对应的薪酬不是唯一的，而是一组薪酬，其取值范围叫作薪酬区间。通常，薪酬区间的中间值可通过对岗位的点数与其市场薪酬调查数据的回归分析得到。具体做法是：把岗位的点数作为自变量，把其市场薪酬调查数据作为因变量，采取最小二乘法对二者的关系进行拟合，得到薪酬政策曲线，再将相应岗位的点数带入其中，得到经过平滑处理之后的岗位薪酬水平。这个薪酬水平就是薪酬区间的中间值。

得到每个薪酬区间的中间值后，还要将它与市场薪酬水平用比较比率指标进行对比。其计算公式为

$$比较比率 = 薪酬区间的中间值/市场薪酬水平 \times 100\%$$

如果比较比率减去100%的值在±10%以内，就说明薪酬区间的中间值与市场薪酬水平基本吻合，不需要再做调整。如果发现两者的差距超过了10%，就要分析原因，判断这个差距是否合理。如果差距不合理，就要对薪酬区间的中间值进行调整。

假设薪酬以中间值为基准上下浮动某个比率，这个比率叫作薪酬浮动比率。薪酬区间的中间值与（1＋薪酬浮动比率）的乘积为最高薪酬值；薪酬区间的中间值与（1－薪酬浮动比率）的乘积为最低薪酬值。

组织在设置薪酬浮动范围时，要考虑工龄、绩效等情况。一般来讲，越是等级低的工作，其薪酬浮动范围就越小，最高薪酬值与最低薪酬值的差距就越小；越是等级高的工作，其薪酬浮动范围就越大，最高薪酬值与最低薪酬值的差距就越大。这样做的理由有三个：第一，从事薪酬价值低的工作，任职者容易提高能力；而从事薪酬价值高的工作，任职者不容易提高能力。因此，需要设置较大的薪酬浮动范围来鼓励那

些承担薪酬价值高的工作的员工提高能力。第二，从事薪酬价值高的工作，任职者工作绩效的差异大；而从事薪酬价值低的工作，任职者工作绩效的差异小。因此，只有设计较大的薪酬浮动范围，才能够激励那些承担薪酬价值高的工作的员工努力工作。第三，从事薪酬价值低的工作，任职者晋升的机会多；而从事薪酬价值高的工作，任职者晋升的机会少。因此，需要设置较大的薪酬浮动范围来激励那些从事薪酬价值高的工作的员工继续努力。

根据美国的经验，薪酬浮动比率一般为 5%~60%，见表 6-11。需要指出的是，在实践中，也有组织为所有薪酬等级都设置一个相同的薪酬浮动比率。另外，海氏评价系统建议把各薪酬等级的最高薪酬值和最低薪酬值设置为薪酬区间的中间值 ±20%。

表 6-11　不同岗位的薪酬浮动比率[①]

岗位类别	薪酬浮动比率
高级管理岗位	30%~60%
中级专业和管理岗位	15%~30%
办公和生产岗位	5%~15%

（三）薪酬重合度的设置

为了鼓励员工长期工作，组织通常还会为相邻两个薪酬等级设置一个重合范围。在相邻两个薪酬等级出现重合的情况下，较低等级的最高薪酬值高于较高等级的最低薪酬值。相邻两个薪酬等级的评价点数的差异越大，重合度就越小；相邻两个薪酬等级的评价点数的差异越小，重合度就越大。如果同一薪酬等级内部的薪酬调整主要取决于员工的年资，相邻两个薪酬等级的重合度就较大。这是为了使那些长期工作的员工有更多增加薪酬的机会。但是，如果同一薪酬等级内部的薪酬调整取决于绩效考核，相邻两个薪酬等级的重合度就较小。在一般情况下，企业的薪酬重合度在相邻三个等级之内。

假设 A、B 是两个相邻的薪酬等级，A 是较低的等级，B 是较高的等级，则薪酬重合度的计算公式为

$$\text{薪酬重合度} = \frac{\text{A 所在等级的最高值} - \text{B 所在等级的最低值}}{\text{A 所在等级的最高值} - \text{A 所在等级的最低值}} \times 100$$

（四）薪酬结构表

根据在前述分析中得到的薪酬等级、薪酬区间的中间值和薪酬浮动比率，建立薪酬结构，最后得到与表 6-10 相对应的薪酬结构表，见表 6-12。

---

① 米尔科维奇，纽曼. 薪酬管理：第 9 版. 成得礼，译. 北京：中国人民大学出版社，2008：214.

表 6－12　薪酬结构表①

薪酬等级	所在区间点数的跨度/点	岗位	岗位评价点数/点	市场薪酬水平/元	薪酬区间的中间值/元	比较比率
1	137～175	出纳	140	1 530	1 530	100%
2	176～214	离退休事务主管	210	1 800	1 732	96%
3	215～253	无		—	1 962	—
4	254～292	行政事务主管	260	2 030	2 221	109%
5	293～331	无		—	2 515	—
6	332～370	工会财务主管 总经理秘书 行政事务主管 报销会计	335 345 355 355	2 300 2 300 2 430 2 560	2 848	124% 124% 117% 111%
7	371～409	招聘主管	405	2 920	3 224	110%
8	410～448	会计主管	425	3 160	3 651	116%
9	449～487	项目经理	470	3 600	4 134	115%
10	488～526	无		—	4 681	—
11	527$^+$	总经办主任 财务部经理 市场部经理	545 550 565	4 900 5 300 5 700	5 300	108% 100% 93%

六、薪酬结构调整

按照组织通常的做法，一个员工走上某个岗位之后，首先获得该岗位等级最低的薪酬，经过一段时间，随着其工作能力的增强，薪酬逐步上升到薪酬区间的中间值，最后达到薪酬区间的最高值。如果上级岗位不出现空缺，则该员工即使业绩再好，除因通货膨胀、劳资集体谈判等因素上调薪酬以外，其薪酬基本不可能上调了。

在同一个薪酬等级内，最高薪酬值和最低薪酬值代表着组织在相应岗位上愿意支付的最高薪酬水平和最低薪酬水平，而在两点之间，组织根据员工的个人情况进行薪酬结构调整。常见的薪酬结构调整方法有四种：绩效加薪、年资加薪、综合加薪、集体谈判加薪。

---

① 刘昕. 薪酬管理. 北京：中国人民大学出版社，2002：187.

1. 绩效加薪

绩效加薪把员工的基本薪酬与绩效直接挂钩。通常的做法是：首先对员工进行绩效考核，然后根据员工在绩效考核中得到的评定等级和员工原来的基本薪酬在薪酬等级内所处的位置决定员工的薪酬增幅。一般来讲，员工在绩效考核中得到的评定等级越高，其薪酬提高的幅度就越大；员工在绩效考核中得到的评定等级越低，其薪酬提高的幅度就越小。

对于绩效考核评定等级相同的两个员工而言，薪酬等级低的员工的薪酬提高幅度要大于薪酬等级高的员工。这样做是因为薪酬等级高的员工的薪酬基数较大，而薪酬等级低的员工的薪酬基数较小。对这些员工采取不同的薪酬增幅政策，可以防止员工之间薪酬差距的扩大。为了控制劳动力成本，组织还要对绩效考核评定等级的分布进行严格控制，如限定获得最高评定等级的人数。

绩效加薪重视员工个人之间的绩效差异，具有激发员工积极性和控制劳动力成本的作用。但是，有人认为，绩效加薪存在较大的局限性。首先，基于绩效加薪的薪酬增长是永久性的。这就是说，本次的薪酬增长是下次薪酬增长的基础。这种薪酬增长方式容易造成员工的"既得权益心理"。绩效加薪所带来的成本会随着时间的延长而变得越来越大，可能超过员工的实际绩效，甚至超过组织的盈利能力所能够支付的界限。[①] 调查表明，越来越多的组织意识到绩效加薪的问题，有的组织便弃用绩效加薪，改用与基本薪酬没有关系的奖励手段。另外，绩效加薪鼓励员工关注个人绩效，而对组织或部门绩效的关注不够。

2. 年资加薪

年资加薪（自动加薪）根据员工的资历来调整薪酬。考虑年资因素主要基于两个方面：一是对于薪酬等级低的员工来讲，个人绩效方面的差异较小，因此，以年资作为加薪依据比较实际。二是有的组织缺乏有效的绩效考核体系，所以采取年资加薪比较客观。有调查表明，年资加薪有助于提高员工的忠诚度，鼓励员工长期工作。但是，年资加薪可能造成劳动力成本的上升。尤其当员工队伍逐渐老年化时，薪酬就会变得十分昂贵。因此，在现实中，大多数组织并不单独使用年资加薪，而是将年资加薪与绩效加薪结合起来使用。在一些以年资和绩效为依据调整薪酬的组织，从薪酬区间的最低值上升到薪酬区间的中间值的过程中主要依据年资因素，而从薪酬区间的中间值上升到薪酬区间的最高值的过程中主要依据绩效考核的结果。

3. 综合加薪

综合加薪根据员工的年资、绩效考核结果和消费者物价指数等因素来决定员工的薪酬增幅。一般来讲，如果组织重视员工的生活水平、经验、对组织的忠诚度和消费

---

① 诺伊，霍伦拜克，格哈特，等. 人力资源管理：赢得竞争优势. 刘昕，译. 3 版. 北京：中国人民大学出版社，2001：544.

者物价指数，年资在薪酬增幅中的权重就会相对大一些。如果组织重视员工个人的绩效差异，绩效考核因素的权重就会大一些。从国外经验看，管理人员和专业技术人员通常采用绩效加薪，而普通员工一般采用年资加薪。

4. 集体谈判加薪

在有工会的组织中，员工薪酬都是通过组织和工会的集体谈判来决定的。在集体谈判中，每个岗位通常只有一个工资率。工资率单纯反映的是岗位的价值，而不体现员工个人的绩效差别。但是，集体谈判一般会要求组织根据物价指数的变动情况和年资因素来调整员工薪酬。

03 第三节 基于技能的薪酬设计

技能薪酬是以员工的技能或知识水平为基础的薪酬。波格-瓦纳公司实施了这种制度，我们来看它的内容。[①]

波格-瓦纳公司汽车零部件工厂的传动链生产线上设有八个岗位：①材料准备岗位；②出厂检验岗位；③产品整理岗位；④检查设备操作岗位；⑤不良品修正岗位；⑥组装岗位；⑦切割机操作岗位；⑧管理岗位。

最初，公司为每个岗位配置了工人，同时实施岗位工资制度，对这些工人按照其所在岗位支付工资。后来，公司改为以技能为基础的工资制度。在该制度下，八个岗位被重新组合，分别对应 A、B、C 三个技能模块。

技能 C：①至⑤中任何一个岗位或者全部岗位所需要的技能。

技能 B：技能 C 加上⑥和⑦中任何一个岗位或者全部岗位所需要的技能。

技能 A：技能 B 加上⑧所需要的技能。

工人从技能 C 中的岗位开始做起，一旦通过考核，被认定掌握了技能 C 中所有岗位的技能，就有资格参加技能 B 中岗位技能的培训。工人通过考核，被认定掌握了技能 B 中所有岗位的技能后，就有资格参加技能 A 中岗位技能的培训。掌握了技能 B 的工人可以胜任①至⑦的所有工作，掌握了技能 A 的工人可以胜任①至⑧的所有工作。工人每掌握一种技能，其工资就能增加一定数额。掌握的技能越多，其工资就越高。与最初的岗位工资不同，技能工资与操作岗位无关。例如，一个有技能 B 资格的工人在技能 C 范围内的岗位工作，仍得到与技能 B 相当的工资。

---

① 笹島芳雄. アメリカの賃金・評価システム. 東京：日経連出版部，2001：192-193.

从这个例子看到，波格-瓦纳公司的工资是由技能决定的。这里的技能是指一个或若干个岗位所需要的技能。因此，确定技能薪酬，就要对所需要的技能进行分析。另外，工人的实际技能水平与企业的培训、考核和认定有关，因此，技能薪酬的设计，还应该包括制订技能培训计划和制定技能资格认证制度。工人每掌握一种新技能，其工资就相应增加一定数额。因此，设计技能薪酬还有一个重要目的，就是给每种技能确定相应的薪酬水平。

如图6-3所示，把技能薪酬的设计步骤概括为四个：①技能分析；②技能认证；③薪酬调查；④薪酬结构设定。需要说明的是，技能认证和薪酬调查的先后顺序不是绝对的，也可以先进行薪酬调查，后设计与技能认证相关的制度，还可以同时进行技能认证制度的设计和薪酬调查。

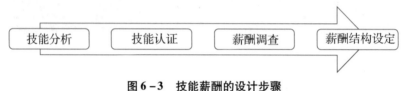

图6-3 技能薪酬的设计步骤

一、技能分析

技能分析与上一节讲述的岗位分析和岗位评价基本相同，是识别、收集和评价完成工作所需技能的信息的过程。[①] 具体来讲，技能分析要做三件事：描述工作任务；组合工作任务并建立技能模块；划分技能模块等级并建立技能结构。

（一）描述工作任务

首先，组建技能薪酬设计小组。该小组由将要实施技能薪酬制度的部门的员工以及人力资源部、财务部、信息部等管理部门的人员组成。普通员工的意见对技能的定义、技能模块的划分有着重要的参考价值，因此，有必要把普通员工吸收进技能薪酬设计小组。

然后，系统地描述所有工作任务。工作任务描述所需要关注的内容包括以下方面：

（1）工作任务包括哪些活动？

（2）工作任务是如何完成的（包括方法、程序和原材料）？

（3）为什么要执行这个工作任务？执行这个工作任务要达到什么目的？

（4）什么时候执行这个工作任务？

（5）在哪里执行这个工作任务？

---

① 米尔科维奇，纽曼. 薪酬管理：第6版. 董克用，等译. 北京：中国人民大学出版社，2002：138.

（二）组合工作任务并建立技能模块

在描述工作任务的基础上，按照技能类型及等级对工作任务进行组合，得到技能模块。组合工作任务的方法有要素分组法和观察分组法。

1. 要素分组法

要素分组法是指按照某种评价要素对工作任务进行分组的方法。常用的评价要素有工作任务的重要性和工作任务的难度。对于工作任务的重要性，可从工作任务对实现组织整体目标的影响、对完成部门目标的影响以及对其他环节的影响等方面进行评价；对于工作任务的难度，可从工作任务所要求的知识水平、任务的困难程度以及工作任务所需逻辑判断能力等方面进行评价。

在使用要素分组法时，由评价人员给每个工作任务打分。常见的评价尺度有5分制评价尺度、7分制评价尺度等。假设评价要素是工作任务的难度，7分制评价尺度如下：

1分：极其简单；

2分：简单；

3分：一般难度；

4分：相当难度；

5分：很困难；

6分：非常困难；

7分：极其困难。

根据所有评价人员给出的得分，计算出每个工作任务得分的平均值和方差，然后按照得分高低对工作任务进行排序，最后把得分相似的工作任务组合在一起。这个由不同工作任务（包含技能与活动或行为）组成的集合称作技能模块（skill block）。

例如，某制造企业首先对44个工作任务的难度进行评价，得到了工作任务难度的得分序列，然后根据工作任务对技能要求的程度，把它们组合成若干个技能模块。[①] 表6-13列举了其中的3个技能模块。表中序号表示工作任务序号。一级技能模块包括7个工作任务，其难度得分为1.34～2.29，这些工作任务的共同点是对任职者的知识和技能要求较低。二级技能模块包括10个工作任务，其难度得分为2.71～3.14，这些工作任务要求任职者具备中等水平的专业知识、判断能力和应变能力。三级技能模块有9个工作任务，其难度得分为3.29～4.71，这些工作任务对任职者的专业知识、判断能力和应变能力有较高的要求。

---

① 刘昕. 薪酬管理. 北京：中国人民大学出版社，2002：104-113.

表 6 – 13　与工作任务相对应的技能模块①

三级技能：技术专家	需要具备高水平的专业知识、判断能力和应变能力
	24）对零部件进行再加工　　　　　　　　　　　4.71
	33）检修设备故障　　　　　　　　　　　　　　4.43
	30）解决质量问题　　　　　　　　　　　　　　3.86
	39）编写设备专用的程序系统　　　　　　　　　3.86
	44）执行高级的计算机功能　　　　　　　　　　3.86
	10）装配转子　　　　　　　　　　　　　　　　3.86
	18）装配和拆卸专门的零部件　　　　　　　　　3.57
	34）确定生产优先顺序　　　　　　　　　　　　3.29
	27）确认质量问题　　　　　　　　　　　　　　3.29
二级技能：熟练工人	需要具备中等水平的专业知识、判断能力和应变能力
	06）在已有设备上操作　　　　　　　　　　　　3.14
	08）检验零部件规格　　　　　　　　　　　　　3.14
	21）维护机器设备　　　　　　　　　　　　　　3.00
	42）计划安排测量仪器、原材料以及刀具　　　　3.00
	43）安排生产日程并编制派工表　　　　　　　　3.00
	15）检查液压位和设备是否准备就绪　　　　　　2.86
	28）使用精确的衡量仪器和手工工具　　　　　　2.71
	37）运用升降机等移动原材料和机器　　　　　　2.71
	19）按照安全法规及公司标准操作起重机　　　　2.71
	25）遵守 ISO 质量标准、公司质量管理标准以及部门质量保证标准
	2.71
一级技能：学徒	需要具备一定的知识和技能，完成基本的、简单的工作任务
	02）确认刀具和量器的可用性　　　　　　　　　2.29
	09）读取游动卡尺　　　　　　　　　　　　　　2.14
	31）阅读派工表　　　　　　　　　　　　　　　2.14
	36）输入维护工作单　　　　　　　　　　　　　2.14
	12）记录所要求的数据　　　　　　　　　　　　2.14
	03）检查材料是否准备好　　　　　　　　　　　2.00
	04）清洗并准备好在装配线上需要使用的零部件　1.34

2. 观察分组法

观察分组法指由工作分析专家和资深员工根据专业知识和经验对工作任务进行分组的方法。分组的着眼点是工作任务的性质、特点、类型以及工作任务所需要的技能。根据对美国企业的调查，28%的企业把工作任务本身作为技能模块的划分依据，16%的企业把工作任务所需要的技能作为技能模块的划分依据，41%的企业把工作任务和工作任务所需要的技能两者都作为技能模块的划分依据，15%的企业以其他要素作为技能模块的划分依据。② 常见的划分依据有工作任务或技能的管理属性、技术属性、机

---

① 刘昕. 薪酬管理. 北京：中国人民大学出版社，2002：113. 引用时有修改。

② 笹島芳雄. アメリカの賃金・評価システム. 東京：日経連出版部，2001：194-195.

械属性，对人的智力的依赖程度，对人的体力的依赖程度，对组织目标实现的影响程度，等等。

（三）划分技能模块等级并建立技能结构

一个组织要建立多少个技能模块？一项对美国企业的调查显示，对于这一问题，企业之间的差别很大，少则 2 个，多则 550 个，但是 50% 的企业所建立的技能模块不超过 10 个，只有 20% 的企业有 25 个以上的技能模块。[①] 由此推算，一个组织技能模块的平均数量为 2 ~ 10 个。因此，要把技能模块和薪酬联系起来，就要对技能模块之间的相对价值做出评价，确定技能模块的等级，建立能体现技能模块之间相对价值的技能结构。

技能模块的价值主要取决于五个要素[②]：第一，技能模块的重要性。技能模块的重要性指技能模块对组织整体目标实现的影响、对部门业绩的影响、对业务流程关键环节的影响等。第二，技能模块的贡献度。技能模块的贡献度指技能模块范围内的工作任务或技能在业务流程关键环节中所占的比重、关键业务对该技能模块的依赖程度。第三，技能模块对人力资源素质的要求。这些要求主要指任职者熟练掌握该技能模块所需要的科学知识、人文知识以及潜在能力。第四，技能模块的技能水平。技能模块的技能水平包括技能的深度和广度。技能的深度是指任职者的最高技能水平；技能的广度是指任职者掌握的技能的种类和数量。第五，技能模块的监督责任。技能模块的监督责任即该技能模块所涉及的管理技能、人际沟通技能、团队合作技能、培训技能等。

一般来讲，组织可首先运用点数法，对技能模块在上述五个要素的表现打分。然后，设置每个要素的得分在价值评价总分中所占的比重（权重），再根据每个要素的得分和权重，计算出每个技能模块的综合得分。该综合得分表示该技能模块的价值大小、等级高低。综合得分越高，技能模块的价值就越大，等级就越高。最后，根据每个技能模块的综合得分，从高到低（或从低到高）排出顺序。不同技能模块之间的关系就构成了技能结构。

二、技能认证

技能认证是对员工技能进行培训和评价的过程。

（一）技能培训计划的制订

制订技能培训计划，首先要对员工的实际技能水平进行评估。因此，要组建一个技能评估小组。该小组的成员可从员工的直接上级、同事、下级以及客户中选出。根据评估结果，预测培训需求，然后制订技能培训计划。

---

① 笹島芳雄. アメリカの賃金・評価システム. 東京：日経連出版部，2001：195.

② 刘昕. 薪酬管理. 北京：中国人民大学出版社，2002：144. 引用时有修改.

技能培训计划包括培训项目、培训方法和培训期限等内容。培训项目主要是员工尚未掌握的技能。培训方法有在岗培训（on-the-job training）、工作轮换、脱产培训（off-the-job training）、短期研修、组织外部机构培训等。如果针对生产工人，则一般采取在岗培训、工作轮换的方法，因为这是一种既有效又相对节省成本的培训方法。在技能培训计划中要规定员工掌握新技能的期限。一般来讲，平均一个任职者掌握一个技能模块的技能所需要的时间约为 20 周，掌握所有技能模块的技能所需要的时间约为 143 周。由于不同技能模块的难度不同，所以应该对不同技能模块设定不同的培训期限。

（二）技能资格认证制度的制定

技能资格认证制度是鉴定员工的技能水平并给出相应证明的制度。在制定技能资格认证制度时，要确定认证者、认证时间、认证方法等。

让什么人参与技能认证，在实践中有不同的做法。有的组织自己进行认证，认证者由员工的直接上级、同事以及员工所在领域的内部专家组成。内部认证方法的优点是鉴定结果比较客观、准确。有的组织聘请外部鉴定机构进行鉴定，这种情况主要针对通用型技能岗位，如钳工等。外部认证方法的优点是节省管理成本。因此，组织应该通过具体分析实际情况来确定认证者。

组织可以选择在固定的时间内进行认证，也可以临时决定时间来进行认证。但是，在固定的时间内进行认证，有助于减少管理成本和有效控制劳动力成本，因此，多数组织倾向于选择固定的认证时间。

认证方法有绩效考核、工作样本测试、上机测试、纸面考试、培训课程认证、国家技能资格认证、商业认证等。对于低级、中级的技能，一般采用绩效考核、工作样本测试、国家技能资格认证、商业认证相结合的方法；对于高级技能，一般采取绩效考核、工作样本测试、上机测试、纸面考试、培训课程认证、国家技能资格认证、商业认证相结合的方法。

三、薪酬调查

与岗位薪酬制度相比较，技能薪酬制度是比较新的薪酬制度，因此实施该制度的组织相对较少，所以很难从外部找到可参考的薪酬数据。同时，技能涉及核心技术，组织一般不愿意对外公开信息，所以也很难对技能薪酬的市场行情进行调查。所以，一般做法是，把技能薪酬和岗位薪酬结合起来使用，即在基本薪酬部分采用岗位薪酬，再根据员工的技能或知识水平，追加一部分技能薪酬。

在参考市场薪酬方面，常见的方法是：调查劳动力市场的入口薪酬和高级技师的市场薪酬，把劳动力市场的入口薪酬作为最低级别技能模块的薪酬，把高级技师的市场薪酬作为最高级别技能模块的薪酬。

四、薪酬结构设定

首先，以劳动力市场的入口薪酬为最低级别技能模块的薪酬，以高级技师的市场薪酬为最高级别技能模块的薪酬。然后，根据各技能模块的相对重要性，判断处于最低级别技能模块和最高级别技能模块之间的技能模块的薪酬。通常使用点数法来评价技能模块的重要性。同一个技能模块的薪酬有一定的浮动范围。在技能薪酬制度下，员工通过工作轮换和各种培训来掌握各技能模块中的技能。组织对掌握每种技能所需要的最长时限进行规定，并对员工的技能掌握情况进行考核。新员工一开始领取劳动力市场的入口薪酬，以后他每多掌握一种技能，薪酬就相应上涨一部分。图 6-4 所示的是某企业的技能薪酬结构。

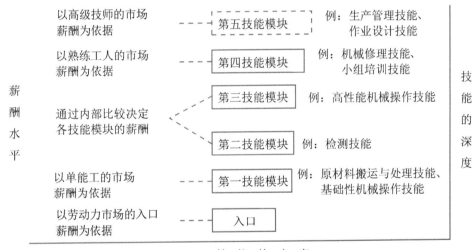

图 6-4　某企业的技能薪酬结构①

注：技能向广度和深度两个方向发展，员工掌握特定技能模块的最长时限为 6~12 个月。

04　第四节　基于能力的薪酬设计

能力薪酬是以人的能力为基础的薪酬，一般用于白领员工，包括专业技术人员、

---

① 成果配分賃金研究委員会. アメリカの賃金、ヨーロッパの賃金. 東京：社会経済生産性本部，1991：66.

管理人员。能力薪酬中的能力是实现高绩效所必要的知识、技能、行为特征以及其他人格特征的总称。能力也称为素质、胜任能力。例如，观察高绩效销售人员与低绩效销售人员，可以发现二者行为特征的不同。高绩效销售人员经常与客户联系，把满足客户要求放在第一位，钻研客户感兴趣的话题，研究客户的兴趣爱好等。高绩效管理人员也有一些不同于低绩效管理人员的行为特征，如经常与下属交流、想方设法营造愉快的工作氛围、总是鼓励下属等。

能力薪酬制度的基本原理是：知识、技能、行为特征以及人格特征都是员工取得高绩效的基础，因此应该成为组织支付薪酬的依据。

能力薪酬的设计和技能薪酬的设计类似，也包括四个步骤：①能力分析；②能力认证；③薪酬调查；④薪酬结构设定。能力薪酬的设计步骤见图6-5。

图6-5　能力薪酬的设计步骤

一、能力分析

进行能力分析，首先要界定哪些能力是绩效所需要的，其次要确定能力的表现形式或表现行为，最后要设计一个划分能力等级的评价尺度。

（一）能力的界定

关于什么是能力，存在不同的看法。心理学家认为，能力是实现高绩效所必要的知识、技能、自我意识、性格和动机的总称。美国管理学家米尔科维奇和纽曼认为，能力包括三个层次。[①] 第一层次是核心能力。核心能力是保证组织成功所需要的能力，它通常与组织的理念、使命、价值观、业务战略与计划有关，如成就导向、业务意识等。第二层次是能力模块。能力模块是核心能力的表现形式或表现行为的集合。例如，"业务意识"的表现形式为组织沟通、成本管理、处理第三方关系、寻找业务机会。第三层次是能力指标。能力指标是核心能力的表现形式或表现行为的具体内容。例如，"成本管理"的能力指标是"发现节约成本的机会"。能力指标用于评价工作和支付薪酬。

要确定哪些核心能力是值得支付薪酬的，此时需要分析组织战略、组织长期发展目标以及组织内外环境。下面所示的20种核心能力是很多组织都使用的：成就导向；

---

① 米尔科维奇，纽曼．薪酬管理：第6版．董克用，等译．北京：中国人民大学出版社，2002：143-144.

质量观念；主动性；人际理解力；客户服务导向；影响力；组织意识；网络开发力；指导力；团队与合作精神；培养开发力；团队领导力；技术专业知识水平；信息搜寻力；分析性思考力；概念性思考力；自我控制力；自信心；业务导向；灵活性。[1]

在不同的业务领域，如在营销、人力资源、财务、教育、研究开发等领域，它们的核心能力是不同的。因此，要对不同领域确定不同的核心能力。组织中不同职务的核心能力也是不同的。例如，普通员工、主管、经理三者的核心能力是不同的。因此，要根据不同职务确定不同的核心能力。

（二）能力表现形式或表现行为的确定

当组织对核心能力做出界定之后，就要进一步描述核心能力的内容。首先，把核心能力分为若干个能够显示核心能力特征的技能、行为特征或人格特征，也就是确定能力模块的内容。其次，要进一步阐明能力模块中每种能力的具体内容。一种常见的方法是，通过观察和直接咨询高绩效员工的工作过程，来确定实现高绩效所必要的技能、行为特征及人格特征。

例如，某公司先把"产品开发能力"分为六个部分：分析市场识别机会；评价产品或理念；开发营销战略；协调和评价研究项目；设计产品草案并获取管理层的支持；领导开发过程。然后，对每个部分的内容进一步做出定义，如把"分析市场识别机会"的内容分为四个级别：级别一为"向上线提供趋势分析"；级别二为"为开发机会提供建议"；级别三为"为开发机会提供建议，并指导他人如何开发产品"；级别四为"检查/批准产品开发的提案"。[2]

表6-14列举了一些核心能力及其内容。

表6-14　核心能力及其内容[3]

领　域	能　力	能力的具体内容
自我实现行为	成就导向	在执行任务时以高绩效为目标
	秩序维持力	维持职场、岗位的纪律和秩序
	示范力	主动采取措施，提高绩效
	信息搜寻力	积极地收集相关信息
合作能力	人际理解力	积极地理解他人的想法和行为
	客户服务导向	把握客户等的需求并予以帮助

---

[1]　刘昕. 薪酬管理. 北京：中国人民大学出版社，2002：122.

[2]　米尔科维奇，纽曼. 薪酬管理：第6版. 董克用，等译. 北京：中国人民大学出版社，2002：152.

[3]　SPENCER L M, SPENCER S M. Competence at work. Hoboken, NJ：John Wiley & Sons, 1993. 引用时有修改。

续表

领 域	能 力	能力的具体内容
影响力	说服力	说服他人，取得他人的理解
	组织认知力	谙熟组织内部的权力关系，与决策者保持良好的关系
	关系构建力	建立与经营有关的网络
组织管理	培养开发力	指导下属，培养下属
	业务指导力	让下属按自己的意图行动
	团队合作力	培养团队协作能力
	领导力	培养决策能力、指挥能力、调整能力
思考能力	分析性思考力	剖析问题，整合问题，阐明问题的本质
	概念性思考力	对概念进行综合、演绎
	专业能力	具备与岗位相关的知识，并教授给其他人
自我管理	自我控制力	能够控制自己的感情
	自信心	对完成工作有自信
	灵活性	灵活应对不同状况
	组织忠诚心	按组织需求行动

（三）能力等级的划分尺度

对每种能力做出定义之后，就要规定划分能力等级的标准。一个常见的方法是使用行为标准来划分等级。表6-15列出了某企业关于影响力的定义及等级划分标准。

表6-15 关于影响力的定义及等级划分标准①

影响力：有目的地劝说、说服或影响他人的能力，包括对他人的需求以及所关注的事情做出预测和反应的能力

等 级	行 为
0—无影响力	·任其自然，毫无作为 ·简单说教，以后果警告
1—直白劝说	·寻找原因；运用数据或者具体的例子来劝说 ·不能使自己的陈述与听者的兴趣和理解水平相适应 ·当遇到反对意见时，只会重复相同的要点
2—婉转劝说	·在劝说无效时尝试使用多种不同的策略，以努力适应听者的兴趣和理解水平（如在讨论中提出两个或三个不同的论点）

---

① 米尔科维奇，纽曼. 薪酬管理：第9版. 成得礼，译. 北京：中国人民大学出版社，2008：140；刘昕. 薪酬管理. 北京：中国人民大学出版社，2002：124-125. 引用时有修改。

续表

等　级	行　为
3—摸透心理，寻找双赢	·在陈述或讨论中注意向听众的兴趣和理解水平靠拢 ·寻找双赢的机会 ·在探索对方所关注的问题、兴趣以及情感时表现出敏感性和对他人的理解。在摸透对方心理的基础上预测反对意见，制订反应方案
4—行为施压，方法多种、奇异	·采取一种以上的行为影响他人，针对不同的人采取不同的行为 ·采取不寻常的行为施加影响，以产生效果
5—利用他人，"幕后"操作	·运用专家或第三方的力量去施加影响 ·有计划地与客户、内部同事以及行业同事建立并维持一个关系网络 ·必要时，对有利机会和有利于说服对方的思想给予"幕后"支持

组织通常把能力划分为 4~6 级，如有的组织把能力划分为基本达标、胜任/精通、高级/教练、专家/导师等级。为了增加灵活性，组织通常会建立相对较宽的级差。

最后要确定能力模块在评价中的权重。关于能力模块权重的确定，目前没有一个统一的方法。通常会组建一个能力评价小组，由资深员工以及各领域的专家组成。由于小组成员熟悉组织整体运作以及各领域的具体工作，所以，他们能够根据经验和专业技术为每个能力模块确定适当的权重。

二、能力认证

能力认证即根据通过以上程序确定的能力定义和标准，对员工的能力水平进行鉴定。组织让什么人参与能力认证，在实践中各不相同。一般来讲，可以参与鉴定的人有员工的直接上司、组织内外的专家、人力资源管理人员等。为了确保员工能力水平在鉴定以后不退步，应该定期地实施追踪鉴定。当引进新技术、新业务较多时，员工的能力陈旧化的可能性就增大，因此需要对员工的能力水平重新进行鉴定。例如，东芝公司要求所有员工每两年重新鉴定一次技能，在鉴定中不合格的员工需要重新参加培训，并在培训后接受重新鉴定。如果鉴定仍不合格，工资就要下调。东芝公司就是以这样的方式来确保员工能力不下降的。[1]

三、薪酬调查

目前，很难从薪酬调查中找到能力模块的市场薪酬数据，因此，不得不通过推测市场薪酬水平来决定能力模块的薪酬水平。可行的方法是，调查最具代表性的能力模

---

[1]　米尔科维奇，纽曼. 薪酬管理：第6版. 董克用，等译. 北京：中国人民大学出版社，2002：153.

块级别所对应的标杆岗位的市场薪酬水平，再以它为基准，根据能力模块在整体评价中的权重，确定各个能力模块的薪酬水平。

四、薪酬结构设定

由于缺乏市场薪酬水平作为参考，组织通常把能力薪酬和岗位薪酬结合起来。通常采用的做法是：在决定能力薪酬时，首先，根据岗位等级来设定相应的工作能力要求，包括界定核心能力及其能力指标。其次，根据上述设定对不同工作能力要求进行合并和归类，并赋予相应的能力资格。最后，决定各能力资格的薪酬水平。与岗位薪酬制度类似，能力薪酬制度的薪酬结构设定，也要对每个能力资格设定薪酬浮动范围，员工随着工作能力的提高，其薪酬也逐步提高。在能力薪酬制度下，员工薪酬是否提高，要看人事考核的结果。

本章小结

1. 基本薪酬是组织按照员工承担或完成的工作，或者员工为工作而掌握的技能或能力所支付的货币性薪酬。确定基本薪酬的三个依据是：岗位、员工技能、员工能力。

2. 岗位薪酬是根据岗位在组织内的相对价值支付报酬。决定岗位相对价值的因素有岗位的复杂性、难度、责任、技能要求、知识要求、工作环境、对组织的贡献等。设计岗位薪酬的六个步骤是岗位分析、岗位评价、薪酬调查、薪酬水平定位、薪酬结构设定和薪酬结构调整。

3. 岗位评价指对岗位的工作内容、技能要求、努力程度要求、工作责任、工作环境等要素做出评价，据此确定岗位之间的相对价值。岗位评价的方法有工作排序法、工作分类法、要素比较法、点数法等。

4. 点数法是运用最为广泛的岗位评价方法。点数法的操作分六个步骤进行：①选择薪酬要素；②对薪酬要素的水平进行定义；③确定薪酬要素价值占岗位总价值的比重（权重）；④确定薪酬要素在不同等级上的点数；⑤根据上述薪酬要素的评分标准对要评价的岗位进行分析；⑥对所有岗位进行价值排序，建立岗位点数结构。

5. 薪酬调查的项目主要包括基准岗位描述、最低小时工资、平均小时工资、中位数小时工资、最高小时工资、基本薪酬及其结构、奖金、其他绩效薪酬、各种补充福利计划、薪酬政策等。薪酬调查的主要步骤是：①确定薪酬调查的目的与方法；②选择调查岗位；③选择调查范围；④确定调查项目；⑤设计调查问卷及实施调查；⑥分析调查结果；⑦绘制市场薪酬曲线。

6. 薪酬水平定位的四种策略是市场领先策略、市场跟进策略、市场滞后策略、混合策略。组织要根据薪酬在提高劳动生产率、控制劳动力成本等方面的效果，选择薪酬水平定位策略。

7. 薪酬结构是指组织内部不同岗位之间的薪酬关系。薪酬结构的设定主要包括薪酬等级数目的确定、薪酬区间的确定和薪酬重合度的设置，最后得到薪酬结构表。

8. 薪酬结构调整的四种方法是绩效加薪、年资加薪、综合加薪、集体谈判加薪。

9. 技能薪酬设计的步骤有：①技能分析；②技能认证；③薪酬调查；④薪酬结构设定。技能分析要做的事情有：描述工作任务；组合工作任务并建立技能模块；划分技能模块等级并建立技能结构。因为难以获得技能模块的市场薪酬信息，所以组织通常以劳动力市场的入口薪酬为最低级别技能模块的薪酬，以高级技师的市场薪酬为最高级别技能模块的薪酬。处于最低级别技能模块和最高级别技能模块之间的技能模块的薪酬，则根据各技能模块的相对重要性来确定。

10. 能力薪酬的设计包括四个步骤：①能力分析；②能力认证；③薪酬调查；④薪酬结构设定。在能力分析步骤中，首先要界定哪些能力是绩效所需要的，其次要确定能力的表现形式或表现行为，最后要设计一个划分能力等级的评价尺度。在能力认证步骤中，根据能力定义和标准，对员工的能力水平进行鉴定。在薪酬调查步骤中，通过推测市场薪酬水平来决定能力模块的薪酬水平。在薪酬结构设定步骤中，要把能力薪酬和岗位薪酬结合起来。

思考与讨论

1. 比较岗位薪酬和技能/能力薪酬的异同。
2. 如何运用点数法建立岗位结构？
3. 影响薪酬水平定位的因素有哪些？
4. 薪酬结构包括哪些要素？
5. 如何确定技能模块？
6. 如何进行能力分析？
7. 如何在技能/能力薪酬中反映市场薪酬信息？

学习目标：

通过本章的学习，了解绩效薪酬的理论依据和主要形式，理解绩效薪酬的设计原则，掌握设计绩效薪酬的步骤与方法。

技能要求：

1. 区分各种绩效薪酬的异同；
2. 用激励理论分析薪酬对绩效的影响；
3. 解释设计绩效薪酬应遵循的三个原则；
4. 掌握设计个人短期绩效薪酬的方法和步骤；
5. 掌握设计组织短期绩效薪酬的方法和步骤；
6. 分析短期绩效薪酬的优缺点；
7. 掌握设计长期绩效薪酬的方法和步骤；
8. 分析长期绩效薪酬的优缺点。

导入案例

三星：兼顾组织和个人业绩的奖励制度①

三星公司（简称"三星"）的奖励制度包括物质奖励和非物质奖励两部分。

三星的薪酬由年薪和奖金组成。其中，奖金数额是由员工胜任力评价、员工业绩评价和组织业绩评价的结果决定的。

为了倡导组织内部的合作，三星将个人所属组织的业绩评价和个人业绩评价有机结合。影响员工奖金的组织业绩因素有员工所属组织的目标完

---

① 彭剑锋，金贤洙. 赢在用人：三星人才经营思变. 杭州：浙江大学出版社，2015：238－239. 引用时有修改。

成度和公司超额利润。三星设置了生产性奖励（productivity incentive，PI）与利润分享性奖励（profit sharing，PS）。PI是根据员工所属组织完成并超过既定目标而发放的奖金。如果组织完成并超过了既定目标，员工将于每年1月和7月获得相当于基本工资150%的奖金。PS是当公司实际利润超过目标利润时发放的奖金，它的总额上限是超额利润的20%。如果公司实际利润超过了目标利润，公司将取出超额利润的20%作为奖金，员工的最高奖励是增加50%的年薪。

举例来说，S分公司在公司评价中得到了A级评价，员工甲、乙、丙三个人分别属于三个不同的部门，这三个部门在评价中分别得到了A、B、C三个等级的评价，那么甲、乙、丙三个人获得的奖金不相同，分别为250%、200%和150%。三星内部每个部门都有不同的小组，各个小组的评价结果也会受到公司和所属部门评价的影响。这种影响最终会在每个员工的奖金上体现出来。

个人业绩评价是影响员工奖金的另一个重要因素。三星主要依据每个员工完成组织交付目标值和实现情况来决定奖金数额。

除了以上的物质奖励，三星还重视非物质奖励的激励作用。非物质奖励主要是晋升和教育培训机会。在三星，晋升依据员工所属组织的业绩评价和个人业绩评价的结果来决定。晋升意味着员工的工作能力被肯定、施展能力的机会增加、薪酬水平提高，因此有着极大的激励性。教育培训机会则意味着员工有机会提高工作能力，增加了晋升的可能性。三星对业绩突出的员工提供到国外接受教育培训的机会，如以成为地区专家为目标，选拔业绩突出的员工到国外进行实地培训；选拔业绩优秀的核心员工，公司出钱帮其免费攻读工商管理硕士学位或博士学位。

从以上案例可以看出，绩效（业绩）是个人对组织的贡献，在这里意味着突出的工作行为和工作成果。组织为了鼓励员工提高绩效水平，就要对他们的突出工作行为和工作成果进行奖励。在第六章，我们学习了关于基本薪酬的知识，基本薪酬是与岗位价值和员工技能或能力相联系的，而不是与员工的工作行为和工作成果相联系的。在本章，我们把员工的工作行为和工作成果引入薪酬设计与管理，讨论如何用薪酬来引导员工提高绩效。首先，从理论和管理实践两个角度探讨薪酬的激励效果，阐明绩效薪酬与绩效评价的关系，指出绩效薪酬的设计原则。其次，把绩效薪酬按照时间维度分为短期绩效薪酬和长期绩效薪酬两种形式，并详细分析它们的作用、内容和设计步骤。

01 第一节 绩效薪酬的依据

所谓绩效薪酬，是指组织对员工完成绩效标准或者超额完成绩效标准的行为所支付的薪酬。组织实施绩效薪酬的基本假定是，薪酬能够引导员工按照组织期望的方式行事。激励理论为绩效薪酬提供了理论依据。长期以来的管理实践为完善绩效薪酬积累了经验。绩效薪酬的设计要以绩效考核为基础，还要兼顾效率、公平和合法三个原则。

一、理论观点

行为科学家对薪酬的激励作用做了大量的研究。激励理论可分为内容理论、过程理论、目标理论三类。内容理论认为，需求影响人的动机，满足员工需求的薪酬能够激励他们提高绩效。过程理论认为，人被激励的过程很重要，当努力与绩效之间的联系强度、绩效与薪酬之间的联系强度足够大时，薪酬才会具有激励效果。目标理论强调绩效目标设定的激励作用，指出把具体的、富于挑战性的、有反馈的绩效目标与薪酬联系起来，对员工提高绩效有较强的激励作用。

（一）马斯洛的需求层次理论

马斯洛的需求层次理论认为，人的行为受到内在需求的激励。人的需求分为五个层次。第一个层次是生理需求，如食物、住所等基本需求。第二个层次是安全需求，如避免危险的需求。第三个层次是社会需求，如对亲情、友情、社会关怀的需求。第四个层次是尊重需求，如对自信、自立、取得成就、获得地位、被人赞赏的需求。第五个层次是自我实现需求，如实现自己的理想、完善自我的需求。人的需求按照从第一个层次到第五个层次的顺序排列。只有当较低层次的需求得到满足后，才可能引发较高层次的需求。根据马斯洛的需求层次理论，首先，薪酬要能够满足人的基本需求，其次，薪酬如果与取得成就、被人赞赏、自我实现等较高层次的需求相联系，就能够引导员工按照组织期望的方式行事。

（二）赫兹伯格的双因素理论

赫兹伯格的双因素理论认为，员工行为受到两种不同因素的激励：一种是保健因素，如工资、工作环境等；另一种是激励因素，如丰富的工作内容、具有挑战性的任务、提供成就感的工作机会、工作晋升等。保健因素满足员工较低层次的需求，如果保健因素不充分，员工就会感到不满意。因此，要使保健因素满足员工的基本需求。然而，在保健因素得到满足后，即使保健因素有很多，也不会产生满足员工高层次需求的效果。只有与工作本身相关的激励因素才会满足员工较高层次的需求，从而对员工绩效产生激励效应。赫兹伯格的双因素理论给薪酬设计与管理的启示是，绩效薪酬不能仅仅依靠货币性薪酬形式，还要将其与工作本身相关的非货币性薪酬形式结合起来。

（三）强化理论

强化理论认为，人的行为受薪酬的强化，得到薪酬的行为倾向于重复出现，没有得到薪酬的行为则会减少出现频率，以至于消失。因此，要强化员工绩效与薪酬之间的联系，主要做法有两点：一是要对员工的高绩效予以奖励，得不到奖励的高绩效是持续不下去的；二是要在高绩效出现之后及时地进行奖励，以取得更大的激励效应。

（四）期望理论

期望理论认为，员工的行为受三个因素的影响：第一个因素是期望，即员工对完成绩效目标的信心。第二个因素是绩效获奖估计（绩效与薪酬之间的关联性），即员工对因为高绩效而获得奖励的可能性的预期。第三个因素是效价，即员工对薪酬价值的评价。如果员工认为凭自己的努力能够取得高绩效，又相信高绩效可以获得较高的奖励，并且这个奖励符合他的价值评价，他就会努力工作。期望理论强调绩效与薪酬之间的联系，即员工对绩效、薪酬以及它们之间的联系如何评价。因此，组织要提高员工对完成绩效目标的信心和对绩效获奖的预期，同时使薪酬符合员工的价值取向。具体来说，可采取以下三种做法：一是明确工作内容和目标，改善工作环境，为员工完成绩效目标提供培训和资源；二是建立公平的绩效评价体系，让员工相信自己能够影响绩效目标，并且高绩效会得到正确评价；三是使薪酬能够反映绩效的价值。

（五）公平理论

公平理论认为，员工的行为受薪酬带来的公平感的影响。公平感取决于员工所获得的薪酬与其做出的贡献的比值和他人相比是高还是低。员工用以比较的对象可能是组织内部相同岗位的员工，也可能是组织外部相同岗位的员工，还可能是不同时期的自己。如果员工认为自己所获得的薪酬与做出的贡献的比值比他人低，就会感觉不公平，从而通过降低努力程度或要求提高薪酬等方式找回平衡。公平理论给薪酬设计与管理的启示是，员工不仅重视薪酬的绝对水平，而且重视薪酬的相对水平。因此，薪酬制度必须兼顾内部一致性和外部竞争性。组织要对员工绩效做出客观、公正的评价，并给予相应的奖励，使员工获得的薪酬与其做出的贡献能够保持平衡，或者使其获得的薪酬大于其做出的贡献。

（六）代理理论

代理理论认为，组织与员工之间的关系从本质上看是委托人与代理人之间的关系。由于信息不对称，委托人在监督代理人完成工作的过程中要付出成本。如果监督成本很低，组织就可以根据员工的工作过程来支付薪酬；如果监督成本很高，组织就应该根据员工的工作结果来支付薪酬。因为如果不这样，员工就可能偷懒，降低工作质量。但是，在按员工的工作结果支付薪酬时，要考虑员工的风险规避性，即在一定范围内，员工宁可要较低水平的、稳定的薪酬，也不愿意要较高水平的、有风险的薪酬。因此，组织要设置较高的薪酬水平，使之能够补偿员工承担的风险。

（七）目标设置理论

目标设置理论认为，员工的行为受目标的具体性、挑战性和绩效反馈三个因素的影响。目标越具体、明确，越富有挑战性，越能提供反馈，就越能指引员工努力工作。如果目标的实现与薪酬相结合，员工就会受到激励。目标设置理论表明，绩效薪酬要以绩效目标的实现为前提，绩效目标要富有挑战性，并且具体、明确。另外，绩效薪酬的金额要与实现绩效目标的难度相匹配。

二、管理实践

为了提高劳动生产率、构建组织的竞争优势，组织越来越重视薪酬的激励效果，把薪酬与绩效挂钩，在实践中创造了形式多样的绩效薪酬。

（一）绩效薪酬的形式

从时间维度上，绩效薪酬可分为短期绩效薪酬和长期绩效薪酬两种形式。短期绩效薪酬是指绩效衡量周期在一年以内的绩效薪酬；长期绩效薪酬是指绩效衡量周期超过一年的绩效薪酬。短期绩效薪酬又有与员工个人绩效挂钩的绩效薪酬和与组织整体或部门绩效挂钩的绩效薪酬之分。另外，有的绩效薪酬计入基本薪酬，有的绩效薪酬不计入基本薪酬。表7-1从绩效衡量周期、绩效衡量层次和绩效是否计入基本薪酬三个方面对常见的绩效薪酬形式进行了分类。

表7-1 常见的绩效薪酬形式

形　式	定　义	绩效衡量周期	绩效衡量层次	绩效是否计入基本薪酬
绩效加薪	根据员工个人的绩效评价结果支付	短期	个人	是

形 式	定 义	绩效衡量周期	绩效衡量层次	绩效是否计入基本薪酬
一次性奖金	根据员工个人完成绩效的状况支付	短期	个人	否
特殊绩效奖金	根据员工个人的特殊绩效支付	短期	个人	否
计件工资	根据员工个人的产出水平支付	短期	个人	否
佣金	根据员工个人业绩的某个百分比支付	短期	个人	否
收益分享计划	根据组织完成生产绩效指标的状况支付	短期	组织	否
利润分享计划	根据组织完成财务绩效指标的状况支付	短期	组织	否
综合评价计划	根据组织完成综合绩效指标的状况支付	短期	组织	否
员工持股计划	根据组织完成特定绩效指标的状况向员工赠予或出售股票	长期	组织	否
限制性股票计划	根据组织和员工完成特定绩效指标的状况赠予员工一定数量的本组织股票,并对股票的取得条件、出售等做出特殊限制	长期	组织	否
股票期权计划	根据组织和员工完成特定绩效指标的状况赠予员工在未来一定期限内以预先确定的条件购买一定数量的本组织股票的权利	长期	组织	否

(二) 绩效薪酬的激励效应

迄今为止,学者们就绩效薪酬能否起到激励作用进行了很多研究。有研究结果指出,在 42 项考察绩效加薪的研究中,有 40 项研究结果表明,当薪酬与绩效相关时,个人绩效就会提高。一项对 841 家有工会组织和没有工会组织的企业的研究结果发现,收益分享计划和利润分享计划使个人和集体的绩效提高 18%~20%。另外一份对 26 项研究的综述报告指出,实施利润分享计划的组织的年平均绩效比其他公司高 3.5%~5%。[①]

总体来讲,认为绩效薪酬有激励效应的观点占多数。但是也有不同意见,如认为绩效不仅与薪酬有关,还受其他因素,如新设备、新材料、社会技术进步、需求增长、垄断地位、价格联盟等的影响。认为绩效薪酬有激励效应的研究基本上没有考虑这些因素。这实际上提出了社会科学研究的基本问题,即社会科学研究难以把所有的社会现象囊括在分析系统中,设计类似自然科学的研究模式,即只要准确地描述出所有投入要素和转化过程,就能得出可以再现的客观结果。上述关于绩效薪酬激励效应的研

---

① 米尔科维奇,纽曼. 薪酬管理:第 9 版. 成得礼,译. 北京:中国人民大学出版社,2008:239.

究缺少对其他要素的考虑，或者是有意识地进行了舍弃，这是时代的局限，也是社会科学研究的无奈之举。

三、绩效薪酬与绩效评价

绩效薪酬建立在对员工绩效状况评价的基础上。如果不能客观、公正、准确、全面地测量员工的绩效，组织就无法知道员工的实际绩效水平，也就不能发挥绩效薪酬的作用。因此，构建客观、公正、准确、全面的绩效评价体系至关重要。

（一）绩效薪酬与绩效评价的关系

绩效评价是实施绩效薪酬的基础。不论个人绩效薪酬还是组织绩效薪酬，都必须对绩效做出测量。组织要明确、具体地定义绩效的内容，选择客观、公正、准确、全面的绩效评价方法和评价尺度，对绩效评价过程实施监控，把绩效评价结果反馈给员工。只有绩效评价是客观、公正、准确、全面的，绩效薪酬才能够真正强化员工的积极行为。绩效评价还是组织了解绩效薪酬效果的依据。如果能测量出员工的绩效，组织就能对不同员工的绩效以及同一员工在不同时期的绩效进行比较，从而知道绩效薪酬是否发挥了作用。

（二）绩效评价系统的标准

所谓有效的绩效评价系统，是指能客观、公正、准确、全面地测量员工绩效的绩效评价系统。有效的绩效评价系统必须满足敏感性、可靠性、准确性、实用性和可接受性五个标准。敏感性是指绩效评价能够对高绩效和低绩效做出区分；可靠性是指评价的一致性，不同的评价者对同一员工的绩效评价应该基本相同；准确性是指绩效评价内容应该涵盖所有工作要素，要与组织目标建立一致性的联系；实用性是指绩效评价系统的收益要大于成本；可接受性是指绩效评价系统能得到管理人员和员工的支持。

四、绩效薪酬的设计原则

效率、公平、合法是指导绩效薪酬设计的三个重要原则。

（一）效率原则

效率原则包括以下三个方面：

第一，绩效薪酬要符合组织的战略要求，能够支持组织整体目标的实现。绩效薪酬还要与人力资源的战略和目标紧密联系，与人力资源战略中的其他计划保持一致性，但要避免功能重复。如果其他计划中已有培训某种行为的激励措施，对这种行为就没有必要通过薪酬来奖励了。

第二，绩效薪酬必须能够适用于组织内部的不同部门。一方面，绩效薪酬要有统一的标准；另一方面，绩效薪酬应该有适当的变通性。为了有效地贯彻绩效薪酬计划，组织应该向实施该计划的部门负责人明确授权，允许他们在评价绩效时根据具体情况在备选的绩效指标中选择指标。

第三，绩效薪酬的操作要满足一系列标准。[①] 例如，绩效目标必须具体、明确；员工应该对绩效薪酬的依据、实施方法有所了解；组织应该明确界定绩效薪酬的实施对象；组织应该有专门资金来支持绩效薪酬的持续实施。

（二）公平原则

组织在设计绩效薪酬时，一方面，要确保绩效评价的客观性、公正性；另一方面，要避免薪酬差距过大可能带来的不公平影响。要做好与员工的沟通，建立缓解和解决员工不满的制度。

（三）合法原则

合法原则是指绩效薪酬体系要符合法律、法规的要求。例如，绩效评价中不能出现歧视的情况；包括绩效薪酬在内的薪酬水平必须能够保障员工的基本生活需求；对低绩效员工的处理要符合《中华人民共和国劳动法》的规定。

02 第二节 短期绩效薪酬

短期绩效薪酬把薪酬与员工的短期（一般在一年以内）绩效联系起来，它的依据可以是员工个人的绩效，也可以是员工所在小组、部门甚至整个组织的绩效。个人短期绩效薪酬的常见形式有绩效加薪、一次性奖金、特殊绩效奖金、计件工资、佣金等；组织短期绩效薪酬的常见形式有收益分享计划、利润分享计划、综合评价计划。

一、个人短期绩效薪酬

个人短期绩效薪酬主要有以下五种形式。

---

① 米尔科维奇，纽曼. 薪酬管理：第9版. 成得礼，译. 北京：中国人民大学出版社，2008：246.

（一）绩效加薪

1. 绩效加薪的特征

组织实施绩效加薪，要根据员工的绩效评价等级决定基本薪酬的增加额度。绩效加薪一般用于每年一度的基本薪酬调整。在年度末，组织根据员工的绩效评价等级以及事先公示的基本薪酬调整规则来确定第二年度员工的基本薪酬。员工的绩效评价等级越高，基本薪酬的增加额度就越大。绩效加薪有两个重要特征：一是绩效加薪注重对个人绩效差异的评价。确定员工绩效加薪的依据是绩效评价等级，通常它是由直接上司根据员工的表现状况做出的。二是绩效加薪计入基本薪酬，是第二年度基本薪酬增加的基础，因此对组织的劳动力成本具有长期影响。

2. 绩效加薪的设计原则与方法

设计绩效加薪时要把握三个原则：一是个人公正原则，即绩效加薪必须体现员工个人绩效差异，员工的绩效越高，其加薪额度就越大。二是内部一致性原则，即绩效加薪必须增强组织的内部一致性，不要造成薪酬差距过大，高薪酬等级的薪酬增长率要适当低于低薪酬等级的薪酬增长率。三是外部竞争性原则。如果想以绩效加薪为手段吸引人才，就要设定高于市场薪酬水平的绩效加薪额度。

在实践中，组织通常采用两种方法来确定绩效加薪：一是以绩效评价等级和内部相对薪酬水平为依据；二是以绩效评价等级和外部相对薪酬水平为依据。在使用这些方法时，要用到绩效加薪矩阵这个工具。所谓绩效加薪矩阵，是指按照绩效评价等级和内部或外部相对薪酬水平来表示基本薪酬增长率分布状况的表格。这个表格的列表示绩效评价等级（或内部或外部相对薪酬水平），行表示内部或外部相对薪酬水平（或绩效评价等级），表中数字表示基本薪酬增长率。下面介绍绩效加薪矩阵的具体用法。

（1）以绩效评价等级和内部相对薪酬水平为基础的绩效加薪矩阵。表7-2是以绩效评价等级和内部相对薪酬水平为基础的绩效加薪矩阵。该表格的行表示内部相对薪酬水平，即薪酬水平在薪酬比较范围中的相对位置，这里把薪酬比较范围分成四等份："最低值~一分位"表示薪酬水平处在薪酬变动范围中一分位以下的位置，这个水平的员工占10%；"一分位~中间值"表示薪酬水平处在薪酬变动范围中一分位到中间值的位置，这个水平的员工占35%；"中间值~三分位"表示薪酬水平处在薪酬变动范围中中间值到三分位的位置，这个水平的员工占45%；"三分位~最高值"表示薪酬水平处在薪酬变动范围中三分位到最高值的位置，这个水平的员工占10%。

表7-2 以绩效评价等级和内部相对薪酬水平为基础的绩效加薪矩阵[①]

内部相对薪酬水平	绩效评价等级				
	超常（1%）	优秀（25%）	良好（60%）	尚有改进余地（14%）	不佳（0）
三分位~最高值（10%）	5%	3%	1%	0	0
中间值~三分位（45%）	7%	5%	2%	0	0
一分位~中间值（35%）	8%	6%	4%	1%	0
最低值~一分位（10%）	9%	7%	5%	2%	0

　　表7-2的列从左到右列出了五个绩效评价等级：超常（占1%）、优秀（占25%）、良好（占60%）、尚有改进余地（占14%）、不佳（为0）。表中的数字表示基本薪酬增长率。例如，绩效评价等级为"超常"、薪酬水平在"三分位~最高值"的基本薪酬增长率是5%，绩效评价等级为"良好"、薪酬水平在"三分位~最高值"的基本薪酬增长率是1%。

　　在按绩效评价等级和内部相对薪酬水平确定基本薪酬增长率时，要遵守以下原则：

　　第一，绩效评价等级越高，基本薪酬增长率就越高。例如，不论薪酬水平在哪个位置，基本薪酬增长率都是按照以下顺序排列的："超常"级的基本薪酬增长率 > "优秀"级的基本薪酬增长率 > "良好"级的基本薪酬增长率 > "尚有改进余地"级的基本薪酬增长率 > "不佳"级的基本薪酬增长率。

　　第二，薪酬水平所处的位置越低，基本薪酬增长率就越高。例如，同为"优秀"级的员工，基本薪酬增长率按照以下顺序排列："最低值~一分位"的基本薪酬增长率 > "一分位~中间值"的基本薪酬增长率 > "中间值~三分位"的基本薪酬增长率 > "三分位~最高值"的基本薪酬增长率。这样做可以避免出现较大的薪酬差距。

　　第三，薪酬水平接近中间值的员工的基本薪酬增长率同该员工所在薪酬水平等级的中间值的增长率基本保持一致。这样做可以保证薪酬水平在劳动力市场上具有竞争力。

　　第四，基本薪酬增长率不能超过组织的支付能力。

　　按照以上原则确定了各绩效评价等级以及各内部相对薪酬水平的基本薪酬增长率之后，要计算出总体基本薪酬增长率，把它和组织事先确定的劳动力成本增长率、用于加薪的薪酬基金的增长率进行比较。如果总体基本薪酬增长率不超过劳动力成本增长率以及用于加薪的薪酬基金的增长率，就没有问题；如果总体基本薪酬增长率超过了劳动力成本增长率以及用于加薪的薪酬基金的增长率，就要适当降低基本薪酬增长率，或者减少处在较高绩效评价等级的人数，直至符合组织的支付能力。总体基本薪酬增长率的计算方法是，先把每个绩效评价等级的人数比率乘以每个薪酬水平的人数比率，然后进行加总。

---

① 笹島芳雄. アメリカの賃金・評価システム. 東京：日経連出版部，2001：102.

（2）以绩效评价等级和外部相对薪酬水平为基础的绩效加薪矩阵。表7-3是以绩效评价等级和外部相对薪酬水平为基础的绩效加薪矩阵。表格的行是绩效评价等级，共有五个等级；列是比较比率，这里是指员工的薪酬水平和市场薪酬水平的比值。如果该比值小于1，则说明员工的薪酬水平低于市场薪酬水平；如果该比值大于1，则说明员工的薪酬水平高于市场薪酬水平。表中数字表示基本薪酬增长率，比如，某员工的绩效评价等级是"优秀"，比较比率是0.96，那么他获得的基本薪酬增长率是8%～10%；某员工的绩效评价等级也是"优秀"，但比较比率是0.85，那么他获得的基本薪酬增长率是9%～11%。

表7-3　以绩效评价等级和外部相对薪酬水平为基础的绩效加薪矩阵①

绩效评价等级	比较比率			
	0.80～0.95	0.96～1.10	1.11～1.20	1.21～1.25
超常	13%～15%	12%～14%	9%～11%	到浮动上限
优秀	9%～11%	8%～10%	7%～9%	0
良好	7%～9%	6%～8%	0	0
尚有改进余地	5%～7%	0	0	0
不佳	0	0	0	0

在根据这种方式确定绩效加薪时，按照以下步骤确定基本薪酬增长率：

首先，固定绩效评价等级。在绩效评价等级相同的情况下，根据员工的薪酬水平和市场薪酬水平的相对位置来确定基本薪酬增长率。如果员工的薪酬水平低于市场薪酬水平，就要设置相对较高的基本薪酬增长率；如果员工的薪酬水平高于市场薪酬水平，就要设置相对较低的基本薪酬增长率。这样才能把低薪酬员工的薪酬提高到市场薪酬水平。

其次，固定员工的外部相对薪酬水平。在员工的外部相对薪酬水平相同的情况下，根据员工的绩效评价等级来调整基本薪酬增长率。原则是绩效评价等级越高，基本薪酬增长率就越高。

最后，计算出总体基本薪酬增长率，把它与组织事先确定的劳动力成本增长率、用于加薪的薪酬基金的增长率进行比较，让总体基本薪酬增长率小于劳动力成本增长率和用于加薪的薪酬基金的增长率。

3. 绩效加薪的实施要点

绩效加薪的实施要点有：首先，提高绩效评价结果的公正性和准确性。如果绩效评价结果被认为不公正或者不准确，绩效评价就会挫伤员工的积极性，在员工之间引

---

① 诺伊，霍伦拜克，格哈特，等. 人力资源管理：赢得竞争优势. 刘昕，译. 3版. 北京：中国人民大学出版社，2001：541.

发矛盾，受到员工的抵制，造成绩效薪酬不能顺利实施的后果。为了提高绩效评价结果的公正性和准确性，组织有必要从多方面收集员工的绩效信息，如采用360°评价法，对绩效评价人员进行评价技术培训，以减少绩效评价结果的主观误差。其次，确保绩效评价程序的公正性。例如，制定具体、明确的绩效评价标准，建立员工沟通渠道，设置专人答疑解惑，加深员工对绩效评价的理解，吸收员工参与绩效评价，建立员工申诉与处理机制等。最后，使加薪幅度能够反映员工绩效的差异。如果加薪幅度太小，就不能起到激励高绩效员工的作用。

（二）一次性奖金

一次性奖金和绩效加薪一样，都以员工的绩效评价等级为依据，但一次性奖金不计入基本薪酬。第一年的奖金不会影响第二年及以后各年的基本薪酬。有的组织向员工发放年终奖，它属于一次性奖金。

一次性奖金的最大优点是，既具有绩效加薪的激励作用，又不会像绩效加薪那样造成基本薪酬的增加。下面举例说明。

> 假设某企业计划向员工支付奖金，支付期限为五年。企业现有两种支付办法：一种是根据绩效评价结果，按照每年基本薪酬的5%支付奖金，也就是绩效加薪；另一种是每年支付相当于起始年基本薪酬的5%的一次性奖金。假设员工起始年的基本薪酬为50 000元，起始年后的第一年，上述两种方法的奖金额度都是2 500元，新增成本总额也都是2 500元，但是，按照绩效加薪办法得到的基本薪酬增加到52 500元。第二年，一次性奖金仍然是2 500元，相对应的基本薪酬仍然是50 000元，相对应的新增成本总额是5 000元；而绩效加薪增加到2 625元，相对应的基本薪酬增加到55 125元，相对应的新增成本总额增加到5 125元。第五年，一次性奖金所对应的基本薪酬仍然是50 000元，相对应的新增成本总额是12 500元；而绩效加薪所对应的基本薪酬增加到63 814元，比一次性奖金的基本薪酬高出13 814元。一次性奖金与绩效加薪在五年中的成本变化情况见表7-4。由此可见，一次性奖金的成本要远低于绩效加薪的成本。

表7-4　一次性奖金与绩效加薪在五年中的成本变化情况[①]　　　　　单位：元

项目	方法	
	绩效加薪	一次性奖金
起始年的基本薪酬	50 000	50 000

---

① 米尔科维奇，纽曼. 薪酬管理：第9版. 成得礼，译. 北京：中国人民大学出版社，2008：255. 引用时有修改。

项目	方法	
	绩效加薪	一次性奖金
第一年的奖金额度	2 500	2 500
第一年的基本薪酬	52 500	50 000
第一年的新增成本总额	2 500	2 500
第二年的奖金额度	2 625	2 500
第二年的基本薪酬	55 125	50 000
第二年的新增成本总额	5 125 （ = 2 500 + 2 625）	5 000 （ = 2 500 + 2 500）
……		
第五年的奖金额度	3 039	2 500
第五年的基本薪酬	63 814	50 000
第五年的新增成本总额	13 814 （ = 2 500 + 2 625 + 2 756 + 2 894 + 3 039）	12 500 （ = 2 500 × 5）

一次性奖金虽然有利于控制劳动力成本，但是，如果长期用一次性奖金来代替绩效加薪，员工的基本薪酬就会长期得不到提高，这也会引起员工的不满。例如，在很多企业，退休金和某些福利是与基本薪酬挂钩的，基本薪酬不增加，就意味着员工只能得到较少的退休金和福利。因此，有的企业把一次性奖金和退休金、福利联系起来，如把一次性奖金计入退休金的确定基数中。[①]

（三）特殊绩效奖金

特殊绩效奖金是组织针对员工的特殊贡献所提供的奖金。因为绩效加薪、一次性奖金都面向全体员工，所以在奖金数额等方面会有一定限制，奖金数额有时可能不足以奖励员工所做出的超级绩效（如重大发明创造）。因此，为了奖励员工所做出的特殊贡献，有必要专门设置奖项。常见的特殊绩效奖项有专利奖、提案奖、特殊成就奖等。

（1）专利奖。专利奖是组织奖励员工创造性劳动的一种形式。专利奖的奖金额度一般根据申请专利、发行专利和专利给企业带来商业价值三种情况而定。例如，在美国，当员工申请专利时，可获得 100 ~ 500 美元的奖金；当发行专利时，可额外获得 100 ~ 500 美元的奖金；当专利给企业带来商业价值时，还可获得数百美元到 1 万美元不等的奖金。另外，发明者还可能获得所发明产品赚得利润的 10% ~ 15% 的专利

---

① 刘昕. 薪酬管理. 北京：中国人民大学出版社，2002：216.

权税。[1]

（2）提案奖。员工的建议是组织改善经营、产品和服务的重要因素，提案奖就是针对员工所提出的具有重大价值的建议而设置的奖项。1985 年，通用汽车公司收到员工建议309 000条，为此支出大约 6 400 万美元的奖金，[2] 平均每条建议的奖金是 207 美元。

（3）特殊成就奖。特殊成就奖是针对员工的特殊贡献而设置的奖项。奖金数额取决于两点：一是员工特殊贡献的价值；二是组织的支付能力。IBM 公司设置了技术贡献奖，该奖专门用来奖励那些对公司具有特殊意义的杰出贡献行为。奖励对象主要是技术人员。该奖每年颁发一次，每位获奖者得到至少10 000 美元的奖金。[3]

（四）计件工资

计件工资一般用于工人。它把工人的工资与事先设定好的产量标准相联系，根据工人完成产量标准的情况来确定。计件工资的产量标准一般由工业工程师或受过专业培训的人力资源管理人员通过时间研究和岗位分析来确定。计件工资在操作层面上有四种形式。

1. 直接计件工资制度

首先确定时间周期的产量单位，然后计算出单位小时产量，用标准小时工资率除以单位小时产量，得到单位小时工资率，最后根据工人完成的实际产量计算出他的应得工资。例如，根据时间研究得到单位小时产量为 10 个，又知最低保障工资（达不到标准时支付的工资）为 15 元/小时，计算出单位小时工资率为 1.5 元/个，工人的应得工资有以下三种情况：

（1）当工人的产量等于或小于 10 个时，应得工资 = 15 元。

（2）当工人的产量为 20 个时，应得工资 = 20 × 1.5 = 30（元）。

（3）当工人的产量为 30 个时，应得工资 = 30 × 1.5 = 45（元）。

直接计件工资制度简单明了、易于操作。它主要用于短周期生产的工资计算。

2. 标准工时制度

首先确定一个标准技术水平的工人完成单位产量所需要的时间，然后确定完成该产量的标准小时工资率。例如，假设工人完成某项任务需要 5 小时，又知工人的标准小时工资率是 20 元/小时，那么，容易算出工人的应得工资是 100 元（5 × 20）。如果某工人完成该项任务只用了 4 小时，此时仍然需要按照标准小时工资率来计算应得工

---

① 亨德森. 知识型企业薪酬管理：第 10 版. 何训，张立富，安士辉，译. 北京：中国人民大学出版社，2008：418.

② 刘昕. 薪酬管理. 北京：中国人民大学出版社，2002：419.

③ 亨德森. 知识型企业薪酬管理：第 10 版. 何训，张立富，安士辉，译. 北京：中国人民大学出版社，2008：421.

资，那么该工人应得工资是80元（4×20）。标准工时制度多用于长周期、复杂生产的工资计算。

3. 差额计件工资制度

差额计件工资制度是根据工人不同的实际产量水平、不同的比率计算工资的制度。它包括泰勒计划和梅里克计划两种形式。

在泰勒计划中有两个计件工资率：一是当工人的实际产量大于给定时间周期的标准产量时使用的工资率，它高于正常工资率；二是当工人的实际产量小于给定时间周期的标准产量时使用的工资率，它低于正常工资率。

在梅里克计划中有三个计件工资率：一是当工人的实际产量大于标准产量时使用的工资率，它处于较高水平；二是当工人的实际产量为标准产量的83%~100%时使用的工资率，它处于中等水平；三是当工人的实际产量小于标准产量的83%时使用的工资率，它处于较低水平。

4. 可变计件工资制度

可变计件工资制度是以完成单位产量所需要的时间为依据的工资制度。它和标准工时制度的区别在于，可变计件工资制度的计件工资率根据工人完成产量的时间长短而变化。可变计件工资制度有哈尔西50-50平分法、罗恩计划、甘特计划三种形式。

哈尔西50-50平分法的做法是：首先确定完成单位产量所需要的标准时间，然后根据工人的实际工作时间确定他的应得工资。如果工人的实际工作时间少于标准时间，则由此节约的成本在雇主和工人之间平分。

罗恩计划的做法是：首先确定完成单位产量所需要的标准时间，然后根据工人的实际工作时间确定他的应得工资。如果工人的实际工作时间少于标准时间，则工人将获得以高于小时工资率某个比率计算的奖金。

甘特计划的做法是：首先确定完成单位产量所需要的标准时间，并且把标准时间设置成工人需要非常努力才能达到的水平，然后根据工人的实际工作时间确定他的应得工资。如果工人的实际工作时间多于标准时间，则工人将得到一个保底工资；如果工人的实际工作时间等于或少于标准时间，则工人所得工资 = 保底工资×（1 + 120% × 节余时间）。因此，只要工人的实际工作时间等于或少于标准时间（工时更短），其工资增长就会快于产量的增长。

（五）佣金

佣金通常用于销售人员的薪酬支付，按销售额等绩效指标的一定比例计算。例如，某化妆品公司销售人员的佣金按照销售额的5%计算，销售人员如果卖出20 000元的产品，就可得1 000元的佣金。佣金比例一般根据绩效价值以及工作任务的难度来决定。例如，销售产品的价格越高，销售量越大，销售产品的难度越大，佣金比例就越高。

佣金有两个突出的优点：一是员工的薪酬与其绩效紧密联系，激励目标明确，激励效果明显；二是操作简单，管理成本较小。因此，佣金是一种很好的实战型激励手段。但是，佣金也存在局限性：一方面，佣金有风险，不能保证稳定的薪酬收入；另一方面，佣金的激励目标集中在销售额等指标上，容易导致员工忽视其他一些重要的，但对销售额等没有直接影响的指标，如只关注短期销售额的增长，而忽视了长期客户的培养和潜在客户的开发。因此，组织在使用佣金制时要注意这些问题。

佣金制有两种形式：一种是纯佣金制；另一种是底薪制，即基本薪酬加佣金制。

1. 纯佣金制

纯佣金制指员工的薪酬全部由佣金构成的制度。使用纯佣金制需要注意以下问题：

（1）员工的绩效能够准确计算，有相应的量化指标，否则佣金缺乏依据。

（2）员工绩效和员工努力之间的关联度较高，受外部环境因素的影响较小，否则测量出来的绩效不是员工绩效的真实水平。

（3）员工的绩效能够按月或季度衡量，否则员工在短期内没有薪酬收入。

（4）工作任务对员工的技能要求不高，组织不需要对技能支付报酬。

（5）工作任务比较单一，如销售的产品种类、价值比较相似。

纯佣金制比较适合用于产品标准化程度较高、市场需求较大、客户分散、工作任务难度不大的行业，其中在保险、保健品、化妆品等行业中运用较多。

2. 底薪制

底薪制分为两种形式：基本薪酬加直接佣金制、基本薪酬加间接佣金制。

基本薪酬加直接佣金制是指员工领取一个固定的基本薪酬（底薪），然后按照绩效状况领取佣金的制度。这里的直接佣金根据完成绩效指标的百分比计算得出。例如，某销售人员每年的基本薪酬是4万元，并按照完成销售目标的状况提取佣金。如果他实际完成绩效指标的百分比低于100%，则按较低的佣金比例提取佣金；如果他实际完成绩效指标的百分比超过100%，则按较高的佣金比例提取佣金。

基本薪酬加间接佣金制也是保证员工有一个固定的基本薪酬，然后按照员工的绩效状况支付佣金，但是，佣金不是直接根据完成绩效指标的百分比来计算的，而是先把绩效指标转换成点值，然后根据点值的多少来计算。例如，某销售人员每年的基本薪酬是4万元，并按照完成销售任务的情况领取佣金。计算佣金的步骤是，先把销售的产品数量按照事先规定好的单位产品点值率换算成点值，然后把点值和事先规定好的单位点值金额相乘。例如，规定销售1瓶洗发水获得2个点值，销售1瓶发膜获得3个点值，销售1瓶精华素获得5个点值，单位点值金额为3元，那么，销售10瓶洗发水、5瓶发膜和5瓶精华素共获得60个点值，应得佣金180元。

底薪制有四个优点：一是提供最低薪酬保障，减少了由市场环境因素引起的薪酬损失，有利于留住人才；二是有利于符合最低工资标准；三是绩效导向明确，有利于激励员工提高业绩；四是可以把重要的非销售行为和基本薪酬结合起来，有利于减少员工轻视非销售行为的短期行为，如可以鼓励员工开发潜在客户，而不是仅仅注重当前的销售成绩。因此，采取底薪制的组织较多。

二、组织短期绩效薪酬

组织短期绩效薪酬是以组织绩效指标完成情况为依据的薪酬。这里的组织可以是作业组，也可以是部门，甚至是整个组织。组织绩效指标可以是成本、销售量，也可以是利润率、投资回报率、资产回报率等。组织短期绩效薪酬有收益分享计划、利润分享计划和综合评价计划三种形式。各种组织短期绩效薪酬都是以提高利润、提高生产率或降低成本为目标的。这些计划的管理理念是，每个员工都有责任和机会提高利润、提高生产率或降低成本，也有权利和机会分享组织从提高利润、提高生产率或降低成本中获得的收益。

组织短期绩效薪酬能够弥补个人短期绩效薪酬的一些局限性，适合于协作较多、对个人绩效测量困难、集体主义文化特征显著的组织。第一，如果产出是协作的结果，组织短期绩效薪酬就是支持组织协作最合适的激励手段。第二，如果组织对个人绩效的测量相对困难，而对组织绩效的测量相对容易，组织短期绩效薪酬就是激励员工努力工作最可行的手段。第三，如果组织提倡集体主义，有浓厚的合作氛围，实施组织短期绩效薪酬就有良好的基础。

（一）收益分享计划

收益分享计划是组织和员工分享由生产率提高、成本降低和质量提高所带来的收益的制度。在通常情况下，组织首先设定一个绩效指标，这个绩效指标不是利润这样的组织层面的绩效指标，而是员工所属部门层面的、与生产率相关的绩效指标，如生产率、劳动力成本比率、质量提高等。组织还要根据过去的财务数据、经营状况、外部环境、劳资关系、治理结构等因素来确定一个绩效目标和收益分享公式。其次，根据员工所在部门改进绩效目标的状况，从收益中提取一定比例金额作为分享收益总额。最后，根据员工基本薪酬的规定比例分配奖金。

收益分享计划始于20世纪30年代美国的斯坎伦计划，后来经过发展，又有了卢卡计划、生产率改进计划等，现在它已发展为一种成熟的组织开发制度。收益分享计划要求组织必须在其他管理工作上加以配合，如组建团队、制定提案建议制度等，以鼓励员工表达意见和影响决策，吸收员工的知识来促进绩效的改善。

1. 斯坎伦计划

（1）斯坎伦计划概要。斯坎伦计划是以20世纪30年代美国俄亥俄州帝国钢铁工厂的工会领袖斯坎伦的名字命名的计划。当时正值美国经济萧条时期，为了使关闭的工厂重新开工，斯坎伦提出了一个劳资合作计划。他认为，如果企业和员工合作，就可以降低生产成本。为了促进合作，应该让员工和企业分享成本降低所带来的收益。

斯坎伦计划有四个要点：第一，以劳动力成本总额占产值总额的比值（劳动力成本比率）作为绩效指标。第二，奖金与劳动力成本比率的降低状况相联系。第三，建立由管理人员和员工组成的生产委员会，负责执行斯坎伦计划。第四，建立审查委员会，由其负责监督斯坎伦计划的执行。

（2）斯坎伦计划中的奖金设计步骤。斯坎伦计划规定，事先通过劳资协议确定一个绩效目标，如果员工所在部门的绩效超过了这个绩效目标，就提取超过部分一定百分比的金额，作为奖金分配给员工。斯坎伦计划的绩效指标是劳动力成本比率，它的计算公式是

$$劳动力成本比率 = 劳动力成本总额/产值总额 \times 100\%$$

斯坎伦计划中的奖金设计步骤可归纳为五步：

第一步，确定作为收益分享基础的绩效指标——劳动力成本比率。

第二步，确定绩效目标。这可以根据历史相关数据计算。

第三步，计算当期成本节约总额（绩效增加总额）。这通过对当期实际绩效和绩效目标进行比较得出。

第四步，计算员工可分配收益的最终余额。从成本节约总额中减去提留部分和组织分享份额。

第五步，计算员工个人的奖金。把员工可分配收益的最终余额和员工个人工资占工资总额的比例相乘得到奖金。

（3）斯坎伦计划中的奖金计算例子。

表7-5显示了斯坎伦计划中的奖金计算过程。根据表7-5，劳资双方事先设定的劳动力成本比率是45%，这个比率是根据组织的历史财务数据、影响劳动力成本的各种因素确定的。假设现在组织的月销售额是600万美元，生产库存增加值是20万美元，把它们加总，就得到月产值总额620万美元。然后计算劳动力成本比率目标，得到279万美元。

表7-5　斯坎伦计划中的奖金计算过程①

1. 事先设定的劳动力成本比率	45%
2. 月销售额（a）/万美元	600
3. 生产库存增加值（b）/万美元	20
4. 月产值总额（a + b）/万美元	620
5. 劳动力成本比率目标/万美元	45% × 620 = 279

---

① 笹島芳雄. アメリカの賃金・評価システム. 東京：日経連出版部，2001：112.

续表

6. 实际劳动力成本/万美元	247
7. 成本节约总额/万美元	32
8. 浮动提留资金/万美元	25%×32＝8
9. 可分配收益余额/万美元	24
10. 组织分享份额/万美元	25%×24＝6
11. 员工分享份额/万美元	75%×24＝18
12. 员工 A 的月基本工资/美元	2 700
13. 组织的基本工资总额/万美元	205
14. 员工 A 的月基本工资占基本工资总额的比例	2 700/2 050 000×100%≈0.132%
15. 员工 A 的月奖金/美元	180 000×0.132%＝237.6

假设当月实际劳动力成本为 247 万美元，因此，当月共节约劳动力成本 32 万美元。为了防止下月节约的劳动力成本总额减少对员工工资增长带来的不稳定性，从当月节约的劳动力成本总额中提取相当于 25% 的金额作为提留。如果到年终还有剩余提留的积累，就将其全部分配。如果上月节约的劳动力成本总额很少，组织为了保持员工工资增长的稳定性进行了透支，也应该从当月节约的劳动力成本总额中提取一定比例的金额，用以弥补上月透支所产生的亏空。浮动提留资金为 8 万美元。

从节约的劳动力成本总额中减去 8 万美元，剩余的 24 万美元就是组织和员工可用来分享的收益总额。按照事先的约定，组织分享比例是 25%，员工分享比例是 75%，那么员工分享份额就等于 18 万美元。

假设员工 A 的月基本工资是 2 700 美元，组织的基本工资总额是 205 万美元，员工 A 的月基本工资占基本工资总额的比例约为 0.132%，把员工分享份额（18 万美元）乘以员工 A 的月基本工资占基本工资总额的比例，就得到员工 A 的月奖金（237.6 美元）。需要注意的是，收益分享比例、提留比例是劳资双方经过协商形成的，所以这些数值不是固定的。

2. 卢卡计划

（1）卢卡计划概要。卢卡计划和斯坎伦计划有相似的管理理念，它强调劳资的合作性。但是，卢卡计划的绩效指标和斯坎伦计划的绩效指标不同。卢卡计划使用劳动分配率，它的计算公式是

$$劳动分配率＝劳动力成本总额/附加价值×100\%$$

附加价值是指产品销售总额与原材料费、零部件购买费、燃料费以及外包加工费的差。劳动力成本总额是指用于雇用员工的所有费用。有的企业还使用经济生产率，

它是单位劳动力成本投入所带来的附加价值,实际上相当于劳动分配率的倒数。卢卡计划之所以把劳动分配率作为绩效指标,据说是因为制造业的劳动分配率有长期稳定的性质。

(2)卢卡计划中的奖金设计步骤。

第一步,确定作为收益分享基础的绩效指标——劳动分配率。

第二步,确定绩效目标。这可以根据历史相关数据计算。

第三步,计算当期成本节约总额(绩效增加总额)。这通过对当期实际绩效和绩效目标进行比较得出。

第四步,计算员工可分配收益的最终余额。从成本节约总额中减去提留部分和组织分享份额。

第五步,计算员工个人的奖金。把员工可分配收益的最终余额和员工个人工资占工资总额的比例相乘得到奖金。

(3)卢卡计划中的奖金计算例子。

表7-6显示了卢卡计划中的奖金计算过程。根据表7-6,劳资双方通过协议事先设定劳动分配率为62.5%。这个数字是根据组织过去的劳动分配率和相关财务数据确定的。假设月销售总额为620万美元,原材料费加外包加工费之和等于194万美元,则可计算出附加价值总额为426万美元。然后,根据劳动分配率的公式计算出预期劳动力成本总额为266.25万美元。

表7-6　卢卡计划中的奖金计算过程①

1. 事先设定的劳动分配率	62.5%
2. 月销售总额(a)/万美元	620
3. 原材料费加外包加工费之和(b)/万美元	194
4. 附加价值总额($a-b$)/万美元	426
5. 预期劳动力成本总额/万美元	$62.5\% \times 426 = 266.25$
6. 实际劳动力成本总额/万美元	235
7. 成本节约总额/万美元	$266.25 - 235 = 31.25$
8. 浮动提留资金/万美元	$33\% \times 31.25 \approx 10.31$
9. 可分配收益余额/万美元	$31.25 - 10.31 = 20.94$
10. 组织分享份额/万美元	$33\% \times 20.94 \approx 6.91$
11. 员工分享份额/万美元	$67\% \times 20.94 \approx 14.03$

———————————

① 笹島芳雄. アメリカの賃金・評価システム. 東京:日経連出版部,2001. 引用时有修改。

12. 员工 A 的月基本工资/美元	2 700
13. 组织的基本工资总额/万美元	205
14. 员工 A 的月基本工资占基本工资总额的比例	2 700/2 050 000×100%≈0.132%
15. 员工 A 的月奖金/美元	140 300×0.132%≈185.2

假设当期实际劳动力成本总额为 235 万美元，则成本节约总额为 31.25 万美元。假设劳资双方同意以 33%的比例提留，则浮动提留资金约为 10.31 万美元。从成本节约总额中减去浮动提留资金，就得到 20.94 万美元，可作为收益分享基础。

假设劳资双方约定组织与员工收益分享比例为 33∶67，则组织分享份额约等于 6.91 万美元，员工分享份额约等于 14.03 万美元。

假设员工 A 的月基本工资是 2 700 美元，组织的基本工资总额是 205 万美元，则员工 A 的月基本工资占基本工资总额的比例约为 0.132%，最后把员工分享份额（14.03 万美元）乘以员工 A 的月基本工资占基本工资总额的比例，就得到 185.2 美元的月奖金。

3. 生产率改进计划

（1）生产率改进计划概要。生产率改进计划是费恩于 20 世纪 70 年代中期提出的分享计划。这个计划不使用财务指标来衡量绩效，而使用容易获得的历史生产记录作为绩效指标，如单位产品的生产时间，并规定组织和员工按照 1∶1 的比例分享生产收益。生产率改进计划适用于生产性员工和辅助性员工。

（2）生产率改进计划中的奖金设计步骤。生产率改进计划中的奖金设计有七个步骤：

第一步，确定实施生产率改进计划的组织和产品及其数量。

第二步，确定基准期、基准期的单位产品劳动时间、间接直接系数。间接直接系数是辅助部门的劳动时间（间接劳动时间）和生产部门的劳动时间（直接劳动时间）的比值。

第三步，估算当期的直接劳动时间、间接劳动时间和总劳动时间。

第四步，测算当期的实际直接劳动时间、实际间接劳动时间和实际总劳动时间。

第五步，计算节约的劳动时间。

第六步，计算员工的分享份额。

第七步，计算员工的奖金。用员工分享份额除以实际总劳动时间，再乘以员工的基本工资，得到奖金。

（3）生产率改进计划中的奖金计算例子。

表 7-7 显示了生产率改进计划中的奖金计算过程。根据表 7-7，组织计

划生产三种产品，产品 A 的生产量为 200 个，产品 B 的生产量为 350 个，产品 C 的生产量为 100 个。组织根据基准年的数据，得知产品 A 的单位劳动时间为 1 小时，产品 B 的单位劳动时间为 2 小时，产品 C 的单位劳动时间为 5 小时。

又知三种产品的辅助部门的劳动时间和生产部门的劳动时间，于是计算出它们的比值（间接直接系数）为 1.5。接着估算出直接劳动时间等于 1 400 小时，总劳动时间等于 3 500 小时。

假设测得实际总劳动时间为 3 300 小时，通过与预计总劳动时间相比，可知节约劳动时间 200 小时。因为收益分享比例为 1:1，所以员工可分享由减少 100 小时所带来的收益。

用 100 小时除以实际总劳动时间 3 300 小时，得到 3%。用 3% 乘以员工的基本工资，所得到的数额就是员工应获得的奖金数额。

表 7-7 生产率改进计划中的奖金计算过程[①]

产品 A：单位劳动时间为 1 小时，生产量为 200 个 产品 B：单位劳动时间为 2 小时，生产量为 350 个 产品 C：单位劳动时间为 5 小时，生产量为 100 个 间接直接系数（α）= 1.5	
预计直接劳动时间/小时	$1 \times 200 + 2 \times 350 + 5 \times 100$ $= 1\,400$
预计间接劳动时间/小时	$1\,400 \times 1.5 = 2\,100$
预计总劳动时间（预计直接劳动时间 + 预计间接劳动时间）/小时	$1\,400 + 2\,100 = 3\,500$
实际总劳动时间（实际直接劳动时间 + 实际间接劳动时间）/小时	3 300
节约劳动时间/小时	200
员工分享份额（50%）/小时	100
一次性奖金	员工基本工资的 3%

（二）利润分享计划

利润分享计划是以盈利状况作为员工所在部门或整个组织绩效的衡量指标，以超过目标盈利的部分作为奖金基数，以现金或公司股票形式，在全体员工之间进行分配的制度。常见的盈利指标有利润、总资产利润率、股东回报率等。

---

① 笹島芳雄. アメリカの賃金・評価システム. 東京：日経連出版部，2001：117. 引用时有修改。

利润分享计划有三种类型：第一种类型是当期支付计划。该计划规定，全体员工根据事先规定的利润分享方法和比例，以现金或公司股票形式，分享当期利润。第二种类型是延期支付计划。按照这个计划，组织不在当期分配奖金，而是把用于分配的部分存入退休金或养老金计划，等员工退休后，以退休金或养老金的形式分配给员工。第三种类型是上述两种类型的组合，兼有两种类型的特点。利润分享计划的绩效衡量周期通常为三个月、半年或一年。

1. 利润分享计划的特点

从组织角度看，利润分享计划有增进组织认同和有效控制成本两个突出的优点。首先，利润分享计划有利于员工从经营者的角度重新认识工作。利润分享计划把组织层面的财务指标作为决定员工奖金的依据，促使员工更加关心组织的发展，努力工作，减少浪费，从而增加利润。其次，利润分享计划有利于组织控制劳动力成本。在利润分享计划中，奖金不计入基本薪酬，并且其数额根据组织盈利情况变动。有盈利就有奖金，没有盈利就没有奖金。因此，当经营状况不好、盈利水平下降时，组织不会在激励员工方面产生费用。

但是，利润分享计划在激励效果上也有其局限性。在利润分享计划下，组织的经营状况不好，员工就没有奖金可分配。但组织经营状况的恶化有时是受外部环境的影响，与员工个人的努力程度无关。在这种情况下，员工得不到激励，就会降低努力水平，这会给组织带来负面影响。

由于这个原因，一些企业取消了利润分享计划。例如，1982年通用汽车公司开始实施利润分享计划，但1986年、1987年，通用汽车公司的利润连续下降，未达到利润目标。因此，按照事先规定的利润分享计划，通用汽车公司装配车间的员工没有获得奖金，这遭到员工的反对。后来，通用汽车公司取消了利润分享计划。[①]

另外，利润分享计划通常采用以下两种分配奖金的方法：一是按照员工基本薪酬的一定百分比分配奖金，基本薪酬高的员工获得较多的奖金；二是按照相同的利润分享份额分配奖金，每个员工获得的奖金数额一样。这两种方法都不能有效地体现员工之间努力程度的差异。

由于利润分享计划具有局限性，所以，很多组织只是把它作为激励体系的一个组成部分，和其他激励手段结合起来使用。

2. 利润分享计划中的奖金设计步骤

利润分享计划中的奖金设计可归纳为五个步骤：

第一步，确定利润分享计划的实施对象、实施周期。确定奖金分配对象、奖金分配周期、奖金分配时机等。

---

① 亨德森. 知识型企业薪酬管理：第10版. 何训，张立富，安士辉，译. 北京：中国人民大学出版社，2008：433.

第二步，确定利润分享计划的盈利指标。依据组织的历史数据和经营战略重点确定使用哪些盈利指标。

第三步，确定利润分享方法，包括目标盈利水平和奖金提留比例、奖金分配比例等。

第四步，确定奖金分配方法。确定员工分享份额的计算方法。

第五步，根据盈利状况计算员工的应得奖金数额。

3. 利润分享计划中的奖金计算例子

在实践中，每个组织的利润分享计划都不尽相同。它们的差异主要体现在三个方面：盈利指标不同、盈利分配方法不同、奖金分配方法不同。下面介绍三个企业的具体做法。

（1）通用汽车公司。1982 年，美国汽车工人联合会与通用汽车公司、福特汽车公司达成协议，同意引进利润分享计划。[①] 通用汽车公司的利润分享计划规定，当公司的税前利润超过 10% 的资本净值和 5% 的其他资产的总和时，就把超过部分的 10% 分配给员工。1983 年，通用汽车公司获得了 37.3 亿美元的利润，按照之前的协议，公司将 3.22 亿美元分配给 350 000 名属于汽车工人联合会的员工和 181 000 名不属于汽车工人联合会的员工，每名员工获得约 606 美元的奖金。

（2）福特汽车公司。1982 年，福特汽车公司设计了利润分享率累进增加型计划。该计划规定，当公司的税后利润超过销售收入的 2.3% 时，公司就把超过部分的 10% 分配给员工；当公司的税后利润超过销售收入的 4.6% 时，公司就把超过部分的 12.5% 分配给员工；当公司的税后利润超过销售收入的 6.9% 时，公司就把超过部分的 15% 分配给员工。同年，福特汽车公司获得 19 亿美元的利润，按照之前的协议，公司分给 158 000 名员工的人均奖金额是 440 美元。

（3）中国 CX 公司。[②] 中国 CX 公司是专门从事道路工程的科研、工程施工及试验检测的企业，员工人数为 450 人，年营业收入约为 5 亿元。CX 公司的员工薪酬由岗位工资、季度绩效奖金、津贴和年终效益奖金组成。年终效益奖金根据企业利润来决定，具有利润分享的性质。年终效益奖金的做法如下：

首先，由公司董事会根据公司净利润实现情况和年度 KPI 指标达成情况，确定公司应发奖金总额。然后，确定各部门的奖金实发金额。

① 亨德森. 知识型企业薪酬管理：第 10 版. 何训，张立富，安士辉，译. 北京：中国人民大学出版社，2008：432-433；笹島芳雄. アメリカの賃金・評価システム. 東京：日経連出版部，2001：122.

② 张方国. 激励性薪酬体系设计：CX 公司绩效导向薪酬体系改革实践. 企业管理，2011（1）：74-76.

公司高层经理的奖金按照规定比例从公司应发奖金总额中提取，由总经理提出方案，董事会批准。

各职能部门的奖金按照规定比例从公司应发奖金总额中计提，但要考虑不同部门对组织目标实现的相对价值、部门的考核结果等因素，因此，每个部门的实发奖金数额不同。其计算公式是

部门实发奖金额＝部门奖金基数×部门考核系数×公司奖金调节系数

员工个人的奖金根据其岗位价值评价结果、部门实发奖金额以及员工个人考核结果综合确定。首先，根据岗位价值评价结果确定个人奖金分配基数，即汇总部门各岗位的薪点数得到部门统一的岗位奖金薪点值和岗位奖金额。奖金薪点值的计算公式是

奖金薪点值＝部门实发奖金额/∑部门各岗位的薪点数

其次，根据岗位层级设置奖金薪点值系数：经理为 1.5；主管为 1.2；职员为 1.0。最后，将员工奖金额与个人绩效系数挂钩，通过部门绩效调节系数来实现部门奖金在岗位之间的二次分配。

（三）综合评价计划

收益分享计划和利润分享计划都是根据定量绩效指标分配奖金的制度。但事实上，很多对组织目标的实现有重要价值的方面没有可以量化的指标。为了把这些重要方面也反映到薪酬计划中，美国人开发出一种组合各种性质不同的指标来衡量组织绩效改进状况并决定奖金的方法。采用这种方法的薪酬制度被称作综合评价计划（或平衡计分卡计划、成功分享计划）。平衡计分卡于1992年由卡普兰和诺顿提出。最初它主要用于绩效管理，后来逐渐用于战略管理。目前使用平衡计分卡的企业涉及技术开发、汽车、医疗、酒店、电子、半导体等多个领域。跨国企业（如飞利浦电子公司）、国内企业（如平安保险、中国移动和联想）均使用了这一管理工具。[①]

1. 综合评价计划的特点

综合评价计划是把收益分享计划和利润分享计划结合起来的奖金分配计划。但是，它在绩效衡量的内容上比收益分享计划和利润分享计划更加全面。收益分享计划把生产率、成本指标作为绩效指标，利润分享计划把利润等财务指标作为绩效指标，而在综合评价计划中，绩效指标包括组织认为重要的所有方面，如生产率、成本、利润、质量、客户满意度、组织学习与成长等。因此，综合评价计划对员工行为的激励也是全方位的，它引导员工关心组织认为重要的各个方面，如员工既关心财务指标的改善，又关心质量指标的改善；既关心生产成本的节约，又关心客户满意度的提升；等等。

---

① 毕意文，孙永玲. 平衡计分卡中国战略实践. 北京：机械工业出版社，2003：57，75.

另外，综合评价计划在绩效衡量的层面上也比收益分享计划和利润分享计划更加全面。收益分享计划主要衡量员工所在部门的绩效，它的目的是希望员工团结合作，提高部门绩效。利润分享计划主要衡量整个组织的绩效，它的目的是希望员工不要只关心自己或自己所在部门的绩效，而要关心组织整体的发展，要有"大局"意识。综合评价计划既衡量组织层面的绩效，又衡量员工所在部门的绩效，因此，它能够兼顾组织绩效和部门绩效的实现。

综合评价计划有一个基于核心业务流程的绩效指标组合。这个组合在不同的组织中有不同的内涵，但大多数都包括财务指标、内部运营过程指标、客户指标、学习与成长指标四个方面。财务指标有利润、资本收益、净资产收益率、单位时间产量、原材料利用效率、零部件采购费用、人工成本、次品率等。内部运营过程指标有产品质量等。客户指标有客户满意度、客户投诉率等。学习与成长指标有员工自愿离职率、人均培训时间等。有的组织还把生产计划执行状况、安全事故发生率、企业社会形象等作为绩效指标。

综合评价计划强调全员参与。综合评价计划的理念是每个员工都能为组织绩效做出贡献。因此，它以全体员工为对象，要求全体员工参与该计划。

综合评价计划由综合评价委员会负责执行。该委员会由高层管理人员、人力资源职能部门人员和各部门员工组成。委员会负责制定计划目标，指导和培训员工运用计划，评价计划的实施效果。

2. 综合评价计划中的奖金设计步骤

严格来讲，综合评价计划实际上就是战略管理或绩效管理的整个体系，它包括很多内容，但鉴于本章讲述重点和篇幅的关系，下面仅介绍综合评价计划中的奖金设计步骤。

第一步，界定核心业务流程的关键绩效指标，并选出适当数量（3~5个）的指标作为绩效指标。

第二步，确定各绩效指标在整个绩效评价中的权重、各绩效指标的目标奖金额。根据各指标对组织未来经营绩效产生的影响来决定各绩效指标的权重；根据组织对综合评价计划的预算和各绩效指标的权重来决定各绩效指标的目标奖金额。

第三步，设置各绩效指标的目标水平并决定相应的奖金分配方法。为每个绩效指标设置3~5个关键目标水平，确定对应每个关键目标水平的部门奖金分配方法。

第四步，确定员工个人的奖金分配方法。

3. 综合评价计划中的奖金计算例子

表7-8列出了某制造企业综合评价计划的奖金分配方案。根据表7-8，该企业设置了四个绩效指标。财务指标是资本收益，客户指标是产品收益，内部运营过程指标是生产周期工时减少，学习与成长指标是雇员自愿流动率。

表7-8 某制造企业综合评价计划的奖金分配方案①

绩效指标	奖励分配方案				
	目标奖励额/美元	假定绩效	目标奖励额的百分比	实际绩效	实际奖励额/美元
财务指标 ·资本收益	100	20%以上 17%~20% 13%~16% 12%及以下	150% 100% 50% 0	18%	100
客户指标 ·产品收益	40	1 000及以上 900~999 801~899 800及以下	150% 100% 50% 0	876	20
内部运营过程指标 ·生产周期工时减少	30	9%以上 7%~9% 4%~6% 3%及以下	150% 100% 50% 0	11%	45
学习与成长指标 ·雇员自愿流动率	30	5%及以下 6%~8% 9%~12%	150% 100% 50%	7%	30
总计	200				195

企业还确定了这些指标的目标奖励额。资本收益的目标奖励额是100美元，产品收益的目标奖励额是40美元，生产周期工时减少的目标奖励额是30美元，雇员自愿流动率的目标奖励额是30美元。各绩效目标奖励额反映了它们对组织的重要性。

企业为每个绩效指标设置了3~4个关键目标水平，并确定了相应的奖励百分比。例如，实际资本收益达到资本收益目标的20%以上，获得目标奖励额150%的奖金；实际资本收益达到资本收益目标的17%~20%，获得目标奖励额100%的奖金；实际资本收益达到资本收益目标的13%~16%，获得目标奖励额50%的奖金；实际资本收益等于或低于资本收益目标的12%，没有奖金。

假设企业测得实际资本收益为资本收益目标的18%，实际产品收益为876

① 诺伊，霍伦拜克，格哈特，等．人力资源管理：赢得竞争优势．刘昕，译．3版．北京：中国人民大学出版社，2001：553.

个单位，实际生产周期工时减少11%，实际雇员自愿流动率为7%，则部门在资本收益方面得到100美元奖金，在产品收益方面得到20美元奖金，在生产周期工时减少方面得到45美元奖金，在雇员自愿流动率方面得到30美元奖金，一共获得195美元奖金。

三、短期绩效薪酬的优缺点

（一）个人短期绩效薪酬的优缺点

很多研究结果表明，个人短期绩效薪酬能促进员工竞争，对提高员工的工作绩效具有明显效果，并且由于除绩效加薪以外的大多数个人短期绩效薪酬不影响基本薪酬，因此不会造成基本薪酬的增加和劳动力成本的刚性上涨。

但是，个人短期绩效薪酬存在以下局限性：①在一些情况下，工作成果难以量化，如工作包含较多的知识成分、工作实施以团队为单位、工作内容经常变化等。②计量标准很难得到员工认可，并且容易导致设计者与员工之间的关系紧张。③导致员工过分关注个人而忽视集体，对集体合作带来消极影响。④需要经常更新成果计量标准，维护成本较高。⑤对提高工作能力以及灵活使用劳动力没有太大帮助。因此，个人短期绩效薪酬适合在工作以个人为单位，工作内容简单、重复并且容易测量，工作性质稳定的情况下使用。

1. 绩效加薪的优缺点

绩效加薪是调整员工基本薪酬时使用最多的方法。绩效加薪注重对个人绩效差异的评价，因此，它具有提高员工绩效、激励高绩效员工长期工作的作用。但是，很多研究结果显示，在大多数组织中，绩效加薪的激励作用都很小，没有发现绩效加薪与绩效之间的清晰关系。[①]

绩效加薪之所以不成功，有五个方面的原因：

第一，绩效考核体系存在偏差。绩效考核体系主要由上司来决定，容易受到主观因素的影响。常有绩效考核体系被视为不公正、不合理和带有歧视性的情况发生。绩效考核者多为员工的上司，他们如果没有接受过绩效考核方面的培训，就容易犯各种错误，从而使考核不能体现员工的真实绩效。

第二，绩效加薪无法适用于团队工作方式。目前，越来越多的组织以团队为单位开展工作。由于工作成果是团队的合作结果，员工个人对成果的贡献难以得到准确衡量，因此以个人绩效为基础的绩效加薪无法得以有效实施。

---

① LAWLER E E. Strategic reward systems//DUNNETTE M D, HOUGH L M. Handbook of industrial and organizational psychology：vol. 3. 2nd ed. Palo Alto，CA：Consulting Psychologists Press，1992：1029.

第三，绩效加薪在实施过程中存在沟通不畅的问题。大部分组织在薪酬制度上采取保密政策。员工不清楚薪酬制度实际运行的具体情况，以至于产生错误想法，认为薪酬与工作绩效之间的关系不大。

第四，绩效加薪的幅度不能对员工产生足够的激励作用。绩效加薪一般不能超过一定的预算，而预算又随经营状况的好坏时多时少。当经营状况好时，预算增多，每个员工都能得到较多的加薪，因此大家都比较满意；当经营状况不好时，预算减少，绩效加薪又要照顾到所有员工，因此就会出现加薪平均化的现象；即低绩效员工的加薪相对多，而高绩效员工的加薪相对少，高绩效员工就会感到不满意。据调查，美国企业的绩效加薪幅度一般为5%~6%，绩效考核等级处于一般水平的员工的加薪幅度为4%~5%，高绩效员工的加薪幅度为7%。① 高绩效员工与普通绩效员工的绩效加薪差距不大，从而影响了高绩效员工的工作积极性。

第五，绩效加薪导致劳动力成本上涨。因为绩效加薪要被累计到基本薪酬中，所以，当期的绩效加薪就是以后基本薪酬增加的基础，长年累计下去，基本薪酬就会像"滚雪球"一样上涨。又因为保险、养老金以及其他福利大多以基本薪酬为基础，所以，组织的福利费用也会随之上涨。这将加重组织的负担，给其竞争力带来影响。

绩效加薪的负面效果在过去没有引起组织的足够重视，但目前组织已普遍认识到绩效加薪所带来的问题，并采取了一系列措施来解决这些问题。例如，一些企业为了解决绩效加薪所造成的劳动力成本上涨的问题，下调了基本薪酬的水平，或者开发和使用了一些不会计入基本薪酬的绩效奖励，以代替绩效加薪，如利润分享计划、一次性奖金等，并且增加了这部分绩效奖励占总薪酬的比重。又如，一些企业保留了绩效加薪制度，但对绩效考核体系采取了改革措施，如在考核过程中增加了来自同事、下属、客户的绩效反馈信息，增加了对考核者的业务培训，提高了工资决策的公开性和透明性等。

2. 其他个人短期绩效薪酬的优缺点

一次性奖金、特殊绩效奖金、计件工资、佣金等个人短期绩效薪酬和绩效加薪相比，有三个突出的优点：一是这些个人短期绩效薪酬不计入基本薪酬，因此不会引起劳动力成本的长期上涨。二是这些个人短期绩效薪酬一般以客观的绩效指标为依据，能够比较准确、全面地体现员工的工作表现，让员工信服，从而使其受到激励。三是这些个人短期绩效薪酬操作简单，管理成本较小，是性价比较高的激励工具。

但是，这些个人短期绩效薪酬也存在问题：一是容易使员工过分关注个人绩效，从而忽视了一些对组织重要的，但与员工个人绩效没有直接关系的方面。二是可能导致员工收入不稳定，降低员工的安全感。三是可能拉大员工之间的收入差距，导致员

---

① 成果配分賃金研究委員会. アメリカの賃金、ヨーロッパの賃金. 東京：社会経済生産性本部，1991：56-57.

工的公平感下降。因此，组织在选择绩效薪酬时，要充分考虑每种绩效薪酬存在的问题，把个人短期绩效薪酬和其他薪酬适当结合起来使用。

（二）组织短期绩效薪酬的优缺点

1. 收益分享计划的优缺点

收益分享计划有十分明显的优势。它通过奖金把员工利益和组织利益联系起来，并强调组织的发展有赖于员工个体对组织的贡献。因此，它既鼓励员工个人奋斗，也鼓励员工个人追求集体目标。另外，收益分享计划还在吸收员工的知识、鼓励员工积极参与管理方面具有独特的优势。

但是，也需要注意，收益分享计划本身所具有的一些特点，使得它只适用于特定的组织文化、管理体制以及工作结构。首先，收益分享计划很难对高绩效员工产生吸引力。因为收益分享计划以组织绩效为基础来奖励员工，奖励方式比较平均化，所以很难吸引高绩效员工。其次，收益分享计划的奖金增加来源单纯与部门收益挂钩，不以组织支付能力为依据，因此可能出现组织利润下降，但员工奖金照样增加的情况，这不利于控制整个组织的劳动力成本。最后，收益分享计划还可能导致部门本位主义滋生，部门内部十分团结，但部门之间合作性差。

由于收益分享计划具有一些问题，所以它的使用范围目前局限在那些生产规模小的企业或部门，以及生产过程和生产成本由员工控制、员工与管理者之间相互信任、员工能充分掌握生产技术、工作采取团队方式、员工参与管理较积极的企业。但可以肯定的是，世界上很多著名企业，如通用电气公司、摩托罗拉公司、罗克韦尔公司、林肯电气公司、康明斯公司等都在其下属部门实施了收益分享计划，并且取得了显著效果。

2. 利润分享计划的优缺点

利润分享计划的最大优点是它不会造成劳动力成本的上涨。因为只有在经营状况良好时，组织才可能实施利润分享计划。因此，利润分享计划可以防止劳动力成本增长过快。

但是，利润分享计划也有其重要的缺陷，即它有可能将组织在市场上的风险转嫁给员工，而员工是反对组织这样做的。杜邦公司纤维事业部在1988年决定引进利润分享计划。在该计划下，员工的工资由事业部的利润决定。如果该事业部完成年度利润目标，则员工可以得到相当于其工资6%的奖金，平均工资与杜邦公司其他部门的员工一样；如果该事业部超额完成目标（如150%），则员工可以得到相当于其工资18%的奖金，平均工资比杜邦公司其他部门的员工高12%；但如果该事业部只完成目标的80%，员工就只能得到相当于其工资3%的奖金，平均工资比杜邦公司其他部门的员工低4%。该利润分享计划实施后，第一年，该事业部完成了利润目标，员工拿到了不少奖金。但是，第二年，该事业部利润下降了26%，员工不仅没有得到利润分享，而且其平均工资比其他部门的员工还要低4%。第三年，该利润分享计划由于员工反对而被迫中止。[①] 这说明，员工只想从绩效中获得奖金，而不想承担与其关系不大的市场风险。因此，要想成功运用利润分享计划，制定与员工密切相关的绩效指标是关键。

3. 综合评价计划的优缺点

综合评价计划能够使薪酬制度与组织战略紧密连接，使薪酬制度更好地支持战略目标的实现。综合评价计划强调根据组织战略和竞争要求选择关键性的绩效指标。组织需要根据不同的市场环境、不同的产品以及不同的竞争条件来确定自己的绩效指标组合。同时，综合评价计划强调组织整体绩效的全面改善，它所关注的绩效指标包括财务、客户、内部运营过程和学习与成长等方面，覆盖面很广，既考虑了组织方面，又照顾到客户、员工和股东方面；既有短期目标，又有长期目标；既包含有形指标，又涉及无形指标。因此，综合评价计划可以更全面地衡量员工的贡献，更公平地支付薪酬。

综合评价计划还可以避免在使用较少指标进行绩效和薪酬管理时产生的一些两难问题。例如，单纯依靠利润分享计划和收益分享计划可能有助于员工合作以及提高他们对部门或企业整体利益的关心程度，但同时又有可能降低个人的积极性。由于综合评价计划具有可以综合各种绩效薪酬的长处、避免各种绩效薪酬的短处的优点，因此未来将有更多的组织使用综合评价计划。

但是，综合评价计划不单纯是一个管理薪酬的工具，还是一个管理组织战略和组织绩效的工具。它所涉及的管理问题十分重大，也十分全面，需要组织从上到下、全力以赴地参与和配合。因此，综合评价计划在操作上有很高的要求，实施成本也比较高。

03 第三节　长期绩效薪酬

长期绩效薪酬是指薪酬衡量周期超过一年的绩效薪酬。它一般以股票或股权作为激励员工的手段，是员工分享组织所有权和未来收益权的一种形式。长期绩效薪酬的常见类型有员工持股计划、股权激励计划和延期薪酬计划。

一、员工持股计划

员工持股计划是根据组织绩效的实现状况向员工提供本组织股票所有权的一种长

---

① 威尔逊. 薪酬框架：美国39家一流企业的薪酬驱动战略和秘密体系. 陈红斌，刘震，尹宏，译. 北京：华夏出版社，2001：118 - 123.

期激励计划。在员工持股计划中，组织和员工达成协议，将部分股票所有权转让给员工。组织或提供股票，或提供用于购买股票的资金，或担保托管机构向银行贷款购买股票，员工不需要支付资金，或只需支付部分资金，但员工购买的股票存放在托管机构，由其负责管理。当员工退休或离开组织时，按照规定得到相应的股票或现金。

（一）员工持股计划的作用

从组织角度来看，员工持股计划可以促使员工关心组织的长期绩效，建立与留住高素质的员工队伍。它可以帮助组织积累资本和筹措资金，享受政府的税收优惠政策，为非公众持股公司提供内部交易市场，防止恶意收购。员工持股计划和退休金计划结合起来，可以为员工提供安全保障。

从员工角度来看，员工持股计划不仅向员工提供股票交易的机会，还向员工提供财富积累的机会。员工通过参与持股计划获得了对重大决策的发言权。员工在股票分配之前不需要纳任何税。在国外，员工还可以把持有的股票转入个人退休账户，因此可以推迟到股票分配之后再纳税。

但是，员工持股计划不论对于组织还是对于员工都是有成本的。员工持股计划会稀释股票价值和所有者权益，该计划的实施需要资金支持。此外，在很多情况下，员工的工作表现与股票价值之间没有直接联系，因此，员工持股计划的激励效果比较有限。股票可能因组织经营不善等而贬值，而员工需要承担相应的风险和损失。

（二）员工持股计划的类型

员工持股计划有两种类型：一是非杠杆型（股票分红型）员工持股计划；二是杠杆型员工持股计划。

非杠杆型员工持股计划是指由组织直接提供股票或购买股票的资金的员工持股计划。在该计划中，组织每年向员工持股信托基金等托管机构注入股票或购买股票的资金，员工不需要做任何支出。信托基金负责持有员工股票，并定期向员工汇报股票数量和价值等信息。当员工退休或离开组织时，按照规定得到相应的股票或现金。

杠杆型员工持股计划是由组织担保、托管机构向银行贷款购买股票的员工持股计划。它与非杠杆型员工持股计划的重要区别是购买股票的资金来源不同：杠杆型员工持股计划的资金来源于银行贷款，而非杠杆型员工持股计划的资金是组织提供的。因此，托管机构必须向银行偿还本金和利息。在杠杆型员工持股计划中，由组织担保，托管机构出面向银行贷款购买组织的部分股票。被购买的股票存放在员工持股信托基金，由该基金负责管理。组织每年向信托基金支付一定数额的股票分红，信托基金用从组织分得的红利偿还银行贷款的本金和利息。随着贷款的偿还，股票被逐步转入员工的账户。当贷款还清后，股票正式归员工所有。

（三）员工持股计划的主要内容

在员工持股计划中要设计以下内容。

1. 员工持股资格

持股员工应该具备什么资格？员工持股资格根据员工的服务年限、岗位性质来确定。大多数组织规定，为组织服务一年以上的员工就有持股资格，但也有组织把持股人限定在专业技术人员、管理人员范围内。

2. 员工持股份额

员工持股份额以员工的基本薪酬为依据，兼顾员工对组织的贡献以及员工对组织未来发展的影响。一般来讲，高层管理人员、关键专业技术人员、关键业务人员比普通员工享受更大的份额。

3. 员工持股计划的资金来源

员工持股计划的资金来源有组织提供、银行贷款和个人自筹三种形式。在我国主要以个人自筹资金和组织提供部分低息贷款为主。在国外主要以组织提供和银行贷款为主。

4. 员工持股计划的托管

托管形式有两种：一种是把员工的股票交给内部的托管机构管理，如员工持股委员会；另一种是把员工的股票交给外部的托管机构管理，如员工持股信托基金。

5. 员工股票所有权的取得和出售

在我国，员工在持股五至七年后取得百分之百的所有权。员工出售股份或股票时要符合规定的时间和条件。

6. 员工的决策参与权

上市公司的持股员工享有与其他股东相同的投票权，未上市公司的持股员工对于公司的重大决策享有发言权。

二、股权激励计划

股权激励计划是组织向员工授予股权的制度。股权激励计划有三种类型：一是现股计划，即组织向员工直接赠予一定数量的公司股票，但对股票的取得条件、出售等有限制，激励对象只有在达到一定条件时，才能够出售股票。二是期股计划，是指组织授予员工在特定时间内以特定价格购买一定数量的公司股份的股票期权（权利）的制度，激励对象到期必须行使权利。三是期权计划，是指组织授予员工在特定时间内以特定价格购买一定数量的公司股份的股票期权（权利）的制度，激励对象到期可以放弃该种权利。

我国《上市公司股权激励管理办法》规定，股权激励有两种形式：限制性股票和股票期权。限制性股票是指激励对象按照股权激励计划规定的条件，获得的转让等部分权利受到限制的本公司股票。这里的限制性股票属于现股计划。股票期权是指上市公司授予激励对象在未来一定期限内以预先确定的条件购买本公司一定数量股份的权利。激励对象可以在规定的期限内以预先确定的条件购买上市公司一定数量的股份，也可以放弃这种权利。这里的股票期权属于期权计划。

股权激励计划是以股票期权为媒介对员工进行激励的手段。20 世纪 90 年代，股权激励计划开始在美国被运用到各个领域。该计划的对象最早以上市公司的董事、监事、高层管理人员为主，后来逐渐扩大到核心专业技术人员、关键业务人员，甚至普通员工。目前，我国一些企业也实施了以限制性股票、股票期权为内容的股权激励计划。激励对象一般是高级管理人员和核心专业技术人员，普通员工较少。

（一）股权激励计划的主要内容

限制性股票和股票期权是我国目前最常见的股权激励方式。

《上市公司股权激励管理办法》规定，限制性股票在解除限售前不得转让、用于担保或偿还债务；上市公司在授予激励对象限制性股票时，应当确定授予价格或授予价格的确定方法；限制性股票授予日与首次解除限售日之间的间隔不得少于 12 个月；在限制性股票有效期内，上市公司应当规定分期解除限售，每期时限不得少于 12 个月，各期解除限售的比例不得超过激励对象获授限制性股票总额的 50%。

对于股票期权，《上市公司股权激励管理办法》也做出了一些规定。激励对象获授的股票期权不得转让、用于担保或偿还债务。上市公司在授予激励对象股票期权时，应当确定行权价格或者行权价格的制定方法。行权价格不得低于股票票面金额，且原则上不得低于下列价格较高者：①股权激励计划草案公布前 1 个交易日的公司股票交易均价；②股权激励计划草案公布前 20 个交易日、60 个交易日或者 120 个交易日的公司股票交易均价之一。上市公司采用其他方法确定行权价格的，应当在股权激励计划中对定价依据及定价方式做出说明。

股票期权授权日与获授股票期权首次可行权日之间的间隔不得少于 12 个月。

在股票期权有效期内，上市公司应当规定激励对象分期行权，每期时限不得少于 12 个月，后一行权期的起算日不得早于前一行权期的届满日。每期可行权的股票期权比例不得超过激励对象获授股票期权总额的 50%。当期行权条件未成就的，股票期权不得行权或递延至下期行权，并应当按照《上市公司股权激励管理办法》第三十二条第二款规定处理。

股票期权各行权期结束后，激励对象未行权的当期股票期权应当终止行权，上市公司应当及时注销。出现《上市公司股权激励管理办法》第十八条、第三十一条规定情形，或者其他终止实施股权激励计划的情形或激励对象不符合行权条件的，上市公司应当注销对应的股票期权。

（二）股权激励计划的案例①

ATC（中国）公司是美国投资的一家微电子企业。该公司从 2009 年起实施以限制性股票为主的股权激励计划。

该计划的激励对象是中国区在职的管理类员工、专业类员工和业务类员工。每一类分为五个等级，公司根据不同的等级确定了不同的股权配送数量。对于新员工，不论其具体岗位，公司均根据其入职时的等级配送相应数量的股权，如业务1级为500股，研发4级为2 000股，管理1级为2 000股。对于续任员工，公司根据公司业绩和员工上年度的考核成绩决定股权配送数量。对于升职员工，公司参照本年度员工限制性股票分配标准，根据员工等级的差异配送一定数量的股票。

该计划还规定，激励对象如果有侵占、挪用、盗用公司资产等行为，公司已授予的股权和未授予的股权都将自动终止和变为无效。激励对象如果在授予期间死亡，公司不能取消已授予的股权，但未授予的部分自动终止。除分红权以外，其他权益均可被继承。

当遇到公司重组、再融资、股票分割、股票合并等影响资本结构的情况时，董事会可根据情况对股权激励计划进行调整。

股权激励四年为一期，每年一次，下半年授予当年的股权。公司根据当年业绩评估情况授予股权。如果未达到股权激励目标的下限，则公司该年不授予股权。

三、延期薪酬计划

延期薪酬计划是指把员工的一部分薪酬延迟到未来特定时期支付的制度。延期薪酬计划有两种类型。

第一种类型与退休计划结合起来，把员工的一部分薪酬存入延迟薪酬账户，等到员工退休后支付，同时公司向员工支付相当于延迟获得薪酬的一定百分比的回报。这种延期薪酬计划在美国使用较多，按美国401K退休计划的规定，雇主可以把雇员不超过10%的税前工资存入退休计划，等到雇员退休后支付。在工资被支付之前，雇主和雇员都不需要缴税。

施乐、朗讯科技、美国电话电报公司等企业都对高级管理人员实施了延期薪酬计划，这些公司向高级管理人员保证支付高于市场水平的回报率。采用延期薪酬计划的

---

① 于林，赵士军，李真. 高科技外资企业知识型员工股权激励研究：以 ATC（中国）公司为例. 中国人力资源开发，2010（12）：63 – 66.

企业认为，该计划能留住有能力的管理人员。但有调查结果表明，延期薪酬计划背后"暗藏玄机"，有的企业把高级管理人员的薪酬和奖金全部存入延迟薪酬账户，并且提供高于市场水平的回报率，为高级管理人员和企业逃避税收、积累财富提供了机会，但给企业形成了一笔巨大的、不断增长的债务，且很少向股东披露。[①]

第二种类型是对员工的一部分薪酬采取延迟支付形式，并对支付条件做出特殊规定。在我国，延期薪酬计划主要针对高级管理人员，目的是制约高级管理人员追求短期利益、过度开展风险业务的行为。例如，自 2010 年 3 月 1 日起开始施行的《商业银行稳健薪酬监管指引》规定，商业银行高级管理人员以及对风险有重要影响的岗位上的员工，其绩效薪酬的 40% 以上应该采取延期支付的方式，且延期支付期限一般不少于三年，其中主要高级管理人员绩效薪酬的延期支付比例应高于 50%，有条件的应争取达到 60%。目前，一些银行已经对高级管理人员采取延期支付方式，如在中国银行，包括分行行长和总行部门总经理在内的高级管理人员的 30% 的奖金，采取延迟两年支付的方式发放。[②]

四、长期绩效薪酬的优缺点

长期绩效薪酬是以组织所有权和未来收益权为媒介对员工进行激励的手段。长期绩效薪酬有以下优点：

（1）对于组织来讲，第一，它能够促使员工关心组织的财务价值，引导员工提高绩效。第二，它能够吸引和留住高绩效员工。尤其当股票不能被无条件出售时，员工持股计划、股权激励计划、延期薪酬计划能"锁住"一大批员工。第三，它不计入员工的基本薪酬，并且都有期限，因此不会长期影响组织的劳动力成本。第四，它在有的国家可以得到减免税收的优惠。第五，它有资本积累和资金筹集功能。第六，让员工持有本组织股份，有利于防止恶意收购。

（2）从员工角度来看，长期绩效薪酬能够体现员工对组织的贡献，满足员工参与管理的需求。员工持股计划、股权激励计划还向员工提供了股票投资机会，为其提高收入、积累财富创造了条件。另外，在通常情况下，大多数长期绩效薪酬不要求员工支出资金，或者只需员工支出部分资金，员工在股票分配之前也不需要纳税，但在规定的股票出售时间能够享受股票价格上涨带来的收益。在国外，员工还可以把持有的股票转入个人退休账户，并且不需要纳税，从而建立更加充分的退休保障制度。

长期绩效薪酬的局限性首先体现为激励效果不突出。对于普通员工来讲，他的工作

---

① 北京现代商报. 延迟薪酬暗藏机关　美上市公司管理层隐瞒收入.（2002 - 10 - 29）［2022 - 11 - 29］. https：//finance. sina. com. cn/j/20021019/1436268744. html. 引用时有修改。

② 方利平，黎雯. 银监会发文规范商业银行薪酬发放　银行高管半数以上奖金延期发. 广州日报，2010 - 03 - 11（AII2）.

表现与组织整体绩效，尤其是股票之间，不一定有直接、紧密的联系。在员工持股计划、股权激励计划中，员工要到出售股票时才能获得实际的经济收益，所以员工个人的工作表现与奖励之间的联系不如短期绩效薪酬紧密，激励效果可能不如短期绩效薪酬突出。

另外，长期绩效薪酬在让员工持有组织所有权和未来收益权的同时，也让员工承担了组织的风险。股票价格受市场影响较大，这是员工不能控制的。当股票由于市场原因或者组织经营不善而贬值时，员工要承担相应的风险损失。风险太大，就会影响员工的组织认同度和工作积极性。

此外，长期绩效薪酬对于组织来讲也有成本。员工持股计划会稀释股票价值和所有者权益，因此，组织要设法获得股东的同意。

无论哪种类型的长期绩效薪酬，实质上都把支付奖金的时间推迟到未来特定时期。从这一点来看，在短期内组织没有资金支出，相反有的还可以得到减免税的优惠，但奖金最终还是要支付的，并且有的奖金（如延期薪酬计划中的奖金）经过长期积累不是一笔小数目，因此，组织在设计长期绩效薪酬时要充分考虑这些潜在成本。

本章小结

1. 绩效薪酬的理论依据是激励理论。激励理论分为内容理论、过程理论和目标理论。内容理论认为，需求影响人的动机，满足员工需求的薪酬能够激励他们提高绩效。过程理论认为，人被激励的过程很重要，当努力与绩效之间的联系强度、绩效与薪酬之间的联系强度足够大时，薪酬才会具有激励效果。目标理论强调绩效目标设定的激励作用，指出把具体的、富于挑战性的、有反馈的绩效目标与薪酬联系起来，对员工提高绩效有较强的激励作用。

2. 绩效薪酬可分为短期绩效薪酬和长期绩效薪酬。短期绩效薪酬的常见形式有绩效加薪、一次性奖金、特殊绩效奖金、计件工资、佣金、收益分享计划、利润分享计划、综合评价计划。长期绩效薪酬的常见形式有员工持股计划、股权激励计划和延期薪酬计划。

3. 设计绩效加薪时有两种方法：一是以绩效评价等级和内部相对薪酬水平为依据；二是以绩效评价等级和外部相对薪酬水平为依据。绩效加薪的实施要点有：提高绩效评价结果的公正性和准确性；确保绩效评价程序的公正性；使加薪幅度能够反映员工绩效的差异。

4. 一次性奖金的最大优点是，既具有绩效加薪的激励作用，又不会像绩效加薪那样造成基本薪酬的增加。但是，如果长期用一次性奖金来代替绩效加薪，员工的基本薪酬就会长期得不到提高，这也会引起员工的不满。

5. 特殊绩效奖金是组织针对员工的特殊贡献所提供的奖金。因为绩效加薪、一次性奖金都面向全体员工，所以在奖金数额等方面会有一定限制。因此，为了奖励员工所做出的特殊贡献，有必要专门设置奖项。

6. 计件工资把工人的工资与事先设定好的产量标准相联系，根据工人完成产量标准的情况来确定。计件工资的具体形式有直接计件工资制度、标准工时制度、差额计件工资制度和可变计件工资制度。

7. 佣金通常用于销售人员的薪酬支付，按销售额等绩效指标的一定比例计算。佣金是一种很好的实战型激励手段。但佣金有局限性：一方面，佣金有风险，不能保证稳定的薪酬收入；另一方面，佣金的激励目标集中在销售额等指标上，容易导致员工忽视其他一些重要的，但对销售额等没有直接影响的指标。

8. 收益分享计划是组织和员工分享由生产率提高、成本降低和质量提高所带来的收益的制度。实施收益分享计划的主要步骤为：首先，设定一个员工所属部门层面的、与生产率相关的绩效指标；其次，根据员工所在部门改进绩效目标的状况，从收益中提取一定比例金额作为分享收益总额；最后，根据员工基本薪酬的规定比例分配奖金。

9. 利润分享计划是以盈利状况作为员工所在部门或整个组织绩效的衡量指标，以超过目标盈利的部分作为奖金基数，以现金或公司股票形式，在全体员工之间进行分配的制度。实施利润分享计划的步骤为：①确定利润分享计划的实施对象、实施周期；②确定利润分享计划的盈利指标；③确定利润分享方法；④确定奖金分配方法；⑤根据盈利状况计算员工的应得奖金数额。

10. 综合评价计划是把收益分享计划和利润分享计划结合起来的奖金分配计划。它在绩效衡量的内容上比收益分享计划和利润分享计划更加全面，在绩效衡量的层面上也比收益分享计划和利润分享计划更加全面。

11. 长期绩效薪酬是指薪酬衡量周期超过一年的绩效薪酬。它一般以股票或股权作为激励员工的手段，是员工分享组织所有权和未来收益权的一种形式。长期绩效薪酬的常见类型有员工持股计划、股权激励计划和延期薪酬计划。

思考与讨论

1. 激励理论包括哪些主要内容？
2. 说明绩效加薪的优缺点。
3. 个人短期绩效薪酬有哪些形式？
4. 比较收益分享计划、利润分享计划和综合评价计划的异同。
5. 长期绩效薪酬如何影响员工的行为？

第八章 Chapter 8　福利制度设计

学习目标和技能要求

学习目标：

通过本章的学习，了解福利的作用、常见形式和发展趋势，理解福利计划设计的原则，掌握福利计划设计与管理的要点、步骤。

技能要求：

1. 解释福利的作用；
2. 列出福利的常见形式；
3. 描述福利的发展趋势；
4. 说明福利计划设计的四个环节；
5. 说明福利计划管理的要点、步骤。

导入案例

方总的烦恼

某通信公司的总裁方兵信仰一句经典名言：要让客户满意，首先要让员工满意。他深知公司的服务必须通过员工来体现，如果员工对待遇不满意，就会影响对客户的服务。所以，他很注重员工的待遇，并很为自己的人性化员工管理感到得意。但最近发生的一系列问题使他感到头痛。

不久前的一天，方总在公司会议上指示："最近拿下了几个大单，下半年的业务量至少要增加一倍以上，你们现在的工作计划必须提前完成，要加大工作量。"他的话音刚落，各部门主管就炸开了锅，一起抱怨人手不够，员工流失严重，很难完成计划任务，更别说增加任务了。方总问人力资源总监："最近不是新招了400多人吗？怎么还说人少？"人力资源总监最近忙得焦头烂额，这边新招的400多人还没上手，那边工作两年以上的老员工却又流失了近百人。他说："现在老员工的流失非常严重，自去年以来，员工平均流失率达到25％，今年2月、3月曾经超过30％。"

方总心里"咯噔"了一下，如此高的员工流失率出乎他的意料。针对去年公司员工流失率增长的情况，他曾召集人力资源部进行了研究，并制订了解决方案。解决方案的主要内容是增加福利投入，提高员工工作保障。一般来说，高工资、低福利是高速发展的通信行业内大多数企业的做法，以此吸引、留住人才。然而，工资总额高了，个人所得税和法定保险的缴费基数也会增加，高工资所带来的高成本不仅会让公司不堪重负，员工手中的税后工资增长幅度也不会太大，测算后并不划算，还不如把每年工资预算增加的部分拿出来以福利补贴的形式为员工缴纳保险、让员工出去旅游。想到这里，他不由得问："去年员工流失率高，我们今年不是追加了500多万元的福利费用了吗？总福利投入已经超出2 000万元了，怎么没见任何起色？"

"据我所知，很多员工对福利补贴似乎没有多少感觉。"市场部经理插话道。"没感觉？福利不也是钱？"方总很窝火，钱用出去了，却没有效果。但他也知道，就算是将增加的福利投入以现金的形式发放到个人手中，也解决不了问题，因为那点钱分到2 000多名员工头上，确实不算什么。

怎么办？问题出在哪里？方总向人力资源总监布置了任务："加工资是不现实的，加一点儿起不到什么作用！加多了，成本又会增加太多，还是从福利入手，立即对员工进行一个福利满意度调查，看问题出在什么地方，总不能让这些钱打水漂儿！"

从上述案例可以看出，福利是组织吸引、留住人才的手段之一。没有福利制度或没有好的福利制度，组织将会丧失或减弱在人力资源方面的竞争力，陷入劳动力不足的困境。但是，福利投入也是有限的。如何在有限资源的约束条件下，制定出有效的福利制度，是本章将要讲述的内容之一。

01 第一节　福利概述

在通常情况下，组织提供给员工的薪酬，除工资、奖金、津贴以外，还有福利。在发达国家，福利是薪酬的重要组成部分。例如，在美国，企业的福利费用已占薪酬

费用的40%。① 在我国，近年来，福利费用也呈增长趋势，许多组织在法定福利项目之外，还提供一些补充福利项目，以此来吸引、留住和激励员工。

一、福利的界定

福利是指组织为了吸引、留住和激励员工，以员工及其家庭为对象，在工资等基本工作条件以外的生活条件方面提供的法定或非法定的报酬。福利一般包括退休金、健康保险、带薪休假、员工宿舍、员工食堂、娱乐设施、实物等形式。

福利是一种间接薪酬。很多福利与员工的工作时间没有直接关系，例如，各种法定的保险、带薪休假、员工食堂、娱乐设施等，老员工和新员工都可以享有。这和工资、奖金等直接薪酬有很大区别。

福利通常是非货币性薪酬。例如，各种保险、带薪休假、员工宿舍、员工食堂等都是非货币性薪酬。

福利的支付形式有当期支付和延期支付两类。员工宿舍、员工食堂等采取当期支付形式，退休金等采取延期支付形式。

福利是普惠性的薪酬。福利的对象通常是所有员工及其家庭，虽然有的福利限定了对象，但员工之间的差别不是很大。

与工资、奖金等薪酬不同，福利一般不需要纳税。因此，福利相当于等量的现金支付，对员工具有更大的价值。

二、福利的作用

福利是容易被忽视的薪酬。这是因为，一方面，福利通常由组织全部或部分"埋单"，福利项目增加会造成支出增加、管理复杂，组织中确实存在抑制福利项目的潜在意识；另一方面，福利能够吸引、留住和激励高素质员工，增强员工的组织忠诚度，提高员工的工作满意度，是获取人才竞争优势的有效手段。一些福利项目是国家法律规定的，也是工会要积极争取的员工的正当权益，建立良好的福利制度也能使组织获得良好的社会声誉。在很多国家，组织的福利计划还可以享受国家的优惠税收政策，组织将一定收入以福利的形式提供给员工，可以节省劳动力成本。福利的作用可以归纳如下：

第一，吸引高素质员工。组织的吸引力取决于许多因素，但良好的福利无疑是一个重要因素，因为它体现了组织高层管理者以人为本的经营思想。高素质员工是组织

---

① 亨德森. 知识型企业薪酬管理：第10版. 何训，张立富，安士辉，译. 北京：中国人民大学出版社，2008：506.

224

发展的顶梁柱，良好的福利有时比高工资更能吸引和留住高素质员工。

第二，提高员工的积极性。良好的福利使员工无后顾之忧，能激发员工的积极性，使其士气持续高涨。

第三，增强员工的组织忠诚度，降低员工的辞职率、流失率。过高的员工辞职率会使组织受到损失，而良好的福利会使很多可能流动的员工打消辞职的念头，为组织留住高素质人才。

第四，提高员工的工作满意度。良好的福利会使员工感受到组织的关怀，从而降低工作不满情绪，提高工作满意度，而工作满意度的提高又会带来工作效率的提高，以及缺勤率、辞职率的下降。

第五，提高组织的社会声誉。福利是国家法律规定的薪酬。提供福利是组织在现代社会中应该履行的基本社会责任。福利也是工会在集体谈判时积极争取的权利和期望达成的目标。良好的福利有助于建立和谐的劳资关系，有助于在提高组织绩效、实施技术革新方面赢得员工的支持。

第六，享受优惠政策，节省劳动力成本。在很多国家，组织实施员工福利计划，可以享受国家的优惠税收政策。同样数额的薪酬，如果用现金形式支付，虽然不需要纳税，但要缴纳一定的社会保险费用。如果用福利形式支付，就既不需要纳税，也不需要缴纳社会保险费用。因此，将薪酬用福利形式支付，可以节省劳动力成本。

三、福利的常见形式

福利的形式非常多，从法律角度，可分为法定福利和非法定福利两大类型。法定福利是指国家法律规定的福利项目，如失业保险、医疗保险、养老保险、伤残保险、带薪休假等；非法定福利是指组织出于自身发展和员工需要所提供的福利项目，如各种企业补充保险、医疗健康计划、员工宿舍、员工食堂等。

（一）法定福利

法定福利是每个组织都必须支付的福利。它不受组织所有制形式、规模、经济效益和支付能力的影响。法定福利的主要形式有法定社会保险、住房公积金、法定节假日、特殊情况下的工资支付、工资之外的特殊补贴。

1. 法定社会保险

大部分工业发达国家都要求组织为员工提供养老保险、失业保险、医疗保险和伤残保险，以保证员工在特殊情况下能够维持生活。例如，美国《社会保障法》所规定的法定福利有失业保险、社会养老保险、伤残保险以及适合老年人的补充医疗保险。日本的法定福利有雇员工伤保险、失业保险、健康保险和养老保险。

我国规定的法定社会保险包括养老保险、失业保险、医疗保险、工伤保险、生育保险。根据《2021 年度人力资源和社会保障事业发展统计公报》，2021 年年底全国参加基本养老保险人数为 102 871 万人，其中，城镇职工基本养老保险参保人数为 48 074 万人，城乡居民基本养老保险参保人数为 54 797 万人。此外，参加失业保险人数为 22 958 万人，参加工伤保险人数为 28 287 万人。根据《2021 年全国医疗保障事业发展统计公报》，截至 2021 年年底，全国基本医疗保险参保人数为 136 297 万人，生育保险参保人数为 23 752 万人。

养老保险是针对退出劳动力市场或无劳动能力的老年人所提供的社会保护和社会救助措施。我国实行社会统筹和个人账户相结合的养老保险制度。《中华人民共和国社会保险法》规定，职工应当参加基本养老保险，由用人单位和职工共同缴纳基本养老保险费。用人单位应当按照国家规定的本单位职工工资总额的比例缴纳基本养老保险费，计入基本养老保险统筹基金，职工应当按照国家规定的本人工资的比例缴纳基本养老保险费，计入个人账户。《国务院关于建立统一的企业职工基本养老保险制度的决定》规定，企业缴纳基本养老保险费的比例，一般不得超过企业工资总额的 20%，个人缴纳基本养老保险费的比例，1997 年不得低于本人缴费工资的 4%，1998 年起每两年提高 1 个百分点，最终达到本人缴费工资的 8%。2019 年 4 月，国务院办公厅印发《降低社会保险费率综合方案》，自 2019 年 5 月 1 日起，允许城镇职工基本养老保险单位缴费比例高于 16% 的省份，将单位缴费比例降至 16%。

失业保险是针对失去工作、暂时没有收入的劳动者所提供的社会保护措施。我国于 1999 年发布并实施了《失业保险条例》，建立了失业保险基金由国家、用人单位和员工个人三方共同负担的机制。该条例规定，城镇企业事业单位按照本单位工资总额的 2% 缴纳失业保险费。城镇企业事业单位职工按照本人工资的 1% 缴纳失业保险费。城镇企业事业单位招用的农民合同制工人本人不缴纳失业保险费。根据《人力资源社会保障部 财政部 国家税务总局关于做好失业保险稳岗位提技能防失业工作的通知》，自 2022 年 5 月 1 日，延续实施阶段性降低失业保险、工伤保险费率政策 1 年，执行期限至 2023 年 4 月 30 日。按照现行阶段性降率政策规定，失业保险总费率为 1%。在省（区、市）行政区域内，单位及个人的费率应当统一，个人费率不得超过单位费率。本地具体费率由各省（区、市）确定。

医疗保险是指由国家立法、通过强制性社会保险原则和方法筹集资金，保证社会成员平等获得医疗服务的制度。根据 1998 年的《国务院关于建立城镇职工基本医疗保险制度的决定》，我国实行城镇职工基本医疗保险制度，基本医疗保险基金实行社会统筹与个人账户相结合。基本保险费用由用人单位和职工个人双方共同负担。用人单位缴费率应控制在职工工资总额的 6%，职工缴费率一般为本人工资收入的 2%。随着经济发展，用人单位和职工缴费率可做相应调整。用人单位缴纳的医疗保险费的约 70% 纳入社会统筹基金，约 30% 划入个人账户。2021 年 4 月 22 日，国务院办公厅发布《关于建立健全职工基本医疗保险门诊共济保障机制的指导意见》，提出了建立健全职工医保门诊共济保障机制的具体举措，如改进个人账户计入办法。在职职工个人缴费仍计入本人个人账户，单位缴费全部计入统筹基金；退休人员个人账户由统筹基金按定额划入，划入额度逐步调整到统筹地区实施此项改革当年基本养老金平均水平的 2% 左右。

工伤保险是针对劳动者在工作时或在规定的特殊情况下，遭受意外伤害或患职业病导致暂时或永久性丧失劳动能力以及死亡时，向劳动者或其遗属所提供的社会救助措施。2015 年，国务院做出降低工伤保险平均费率 0.25 个百分点的决定。工伤保险平均费率已由 1% 阶段性降至 2018 年的 0.65% 左右。

生育保险是指当妇女劳动者因为怀孕和分娩暂时中断劳动时，由国家和社会提供医疗服务、生育津贴和产假的一种社会保险措施。生育津贴一般不低于妇女劳动者所在单位的平均工资。员工的生育保险费由其所在单位缴纳，员工不缴纳生育保险费。生育保险费在各地方不同，如北京的生育保险缴费比例为职工缴费基数的 0.80%，广州的生育保险缴费比例为职工缴费基数的 0.85%。

2. 其他法定福利

住房公积金是由组织及其员工缴存的长期住房储金，是国家法律规定的住房保障措施。《住房公积金管理条例》规定，员工和单位住房公积金的缴存比例均不得低于员工上一年度月平均工资的 5%，有条件的城市，可以适当提高缴存比例。城镇个体工商户、自由职业人员住房公积金的月缴存基数，原则上按照缴存人上一年度月平均纳税收入计算。

法定节假日是国家法律规定的用以进行庆祝及度假的休息时间。根据 2013 年《全国年节及纪念日放假办法》，全体公民放假的节日包括新年、春节、清明节、劳动节、端午节、中秋节、国庆节。《中华人民共和国劳动法》规定，组织安排员工在法定节假日工作的，要支付不低于工资的 300% 的加班工资。

特殊情况下的工资支付是指除去属于社会保险的情况，如病假工资或疾病救济费（疾病津贴）、产假工资（生育津贴），组织在特殊情况下支付的工资，如婚丧假工资、探亲假工资。

除了上述法定福利项目，我国还有一些法定的特殊补贴项目，如冬季取暖补贴。

（二）非法定福利

组织为了吸引、留住和激励员工，以及出于集体保险缴费的低价优势，还向员工提供一些比较特殊的福利项目。

1. 补充养老金计划

在工业发达国家，大部分企业通常在法定养老金之外还提供自己的养老金计划。

在美国，企业养老金占员工退休收入的 17%，法定退休金占 38%。[①] 企业养老金计划有两种形式：受益基准制养老金计划和缴费基准制养老金计划。受益基准制养老金计划规定，如果员工在退休时达到一定条件，就能获得特定数额的退休金。与受益基准制养老金计划不同的是，缴费基准制养老金计划并不承诺在员工退休时一定向他们提供某一特定水平的福利。它通过员工资产收入积累养老金，其方法是企业为员工建立个人账户，并且要求员工按期缴纳固定数额的保险费，同时，企业也按比例资助员工的投资。据调查，大约有 45% 的美国私营企业员工参加了补充养老金计划，而在其他国家，这一比例分别如下：法国为 100%，瑞士为 92%，德国为 42%，日本为 39%。其中，参加受益基准制养老金计划的美国员工的比例是 28%，而日本和德国的这一比例分别是 100% 和 92%。[②]

我国也有企业提供补充养老金计划（企业年金计划）。企业年金由企业出资或企业和员工按约定的比例出资筹集，计入员工个人账户，实行全额积累。企业年金基金投资运营收益并入企业年金，根据员工企业年金个人账户本金，按比例计入个人账户。

2. 其他福利项目

除了补充养老金计划，还有以下形式的福利项目：

（1）补充保险：补充医疗保险。

（2）商业保险：人寿保险、意外死亡与肢体伤残保险、医疗保险、养老保险金计划、家庭财产保险等。

（3）集体生活设施：员工宿舍、员工食堂、员工托儿所、员工理发室、员工浴室等。

（4）集体文化体育设施：图书馆、阅览室、运动场、健身房、台球活动室等。

（5）实物福利：节假日礼品等。

（6）饮食福利：免费或低价的工作餐、工间休息的免费饮料、餐费报销、端午粽子、中秋月饼等。

（7）交通福利：班车、公共交通月票、交通费补贴或报销、燃油费补贴等。

（8）金融福利：信用储蓄、预支薪金、困难补助金、住房低息贷款等。

（9）教育培训福利：书籍报刊费补贴、培训进修补贴、脱产培训、免费提供计算机或其他学习设施等。

（10）文化旅游福利：员工庆生活动、晚会、电影、运动会、集体旅游等。

（11）医疗保健福利：免费体检、打预防针等。

（12）意外补偿金：意外工伤补偿、伤残生活补助、死亡抚恤金等。

（13）离退休福利：离退休人员的生活费用及各种福利。

---

① 诺伊，霍伦拜克，格哈特，等. 人力资源管理：赢得竞争优势. 刘昕，译. 3 版. 北京：中国人民大学出版社，2001：582.

② 诺伊，霍伦拜克，格哈特，等. 人力资源管理：赢得竞争优势. 刘昕，译. 3 版. 北京：中国人民大学出版社，2001：586.

（14）其他生活福利：工作服，降温、取暖费，以优惠价提供本组织的产品或服务等。

上述福利项目大多属于经济性福利。除此之外，组织还提供一些非经济性福利，目的在于全面改善员工的工作、生活质量。这类福利多采用服务或改善环境等形式，不以货币或实物形式支付，故称为非经济性福利。其主要形式如下：

（1）咨询服务：免费的职业发展咨询、员工心理健康咨询及免费或价格优惠的法律咨询。

（2）权益服务：平等就业权利保护、投诉检举的反报复保护、隐私权保护等。

（3）工作环境保护：工作扩大化、工作丰富化、扩大工作反馈渠道、员工参与的民主化管理等，如实行弹性工作时间、缩短工作时间等。

这些非经济性福利是近年才出现的，被认为有利于满足员工的安全、自我实现等较高层次的需求，是提高组织人力资源使用效率的新措施。我国一些企业现已部分地采用了这些措施。

四、福利的发展趋势

近年来福利发展趋势可以概括为以下三点。

（一）福利费用的增加

在过去几十年里，组织的福利费用不断增加，已成为员工薪酬的重要组成部分。员工福利呈现出增加趋势，其原因是多方面的。

第一，法律规章制度的约束及工会的要求。大部分国家都通过法律要求组织向员工提供养老保险、失业保险、医疗保险、工伤保险等社会保险。在一些国家，一些保险尽管不受法律约束，但是要受到国家规章制度的制约或者必须满足某些条件才能获得政府最为优惠的税收政策。例如，美国的《员工退休收入保障法》不要求企业一定建立养老金计划，但是，如果企业建立了养老金计划，那么这种计划就必须遵循一定的规则。[①] 另外，工会谈判力量的加强也促进了员工福利费用的增加。

第二，吸引和稳定员工效应。福利比货币性薪酬更能留住员工。以住房贷款为例，由于组织可以推算出每个员工到退休时的退休金数额，因此，以此作为担保来向员工提供住房贷款，风险比较小。一旦接受组织贷款，或者租用组织提供的住宅，员工要想跳槽，就会因为偿还贷款、孩子入学等较难做出决定。

第三，税收规避效应。大多数福利对员工来说是免税的，对组织来说是减税的。

---

① 诺伊，霍伦拜克，格哈特，等. 人力资源管理：赢得竞争优势. 刘昕，译. 3 版. 北京：中国人民大学出版社，2001：584 - 586.

福利减免税制度强化了劳资双方对福利的偏好程度。在美国的大多数州，社会保障退休福利是享受免税的。[①] 在日本，员工通过住宅融资、公司内融资等制度，以低于市场价格的金额租用公司住宅，实际租金与市场价格的差额部分（相当于公司给员工的薪酬）可以免税。因此，在日本，法定外福利费的40%是住房津贴。在我国，企业缴纳的养老保险费、失业保险费、医疗保险费、工伤保险费、生育保险费等基本社会保险费和住房公积金可在缴纳企业所得税前扣除，企业缴纳的补充养老保险和补充医疗保险，在国务院财政、税务主管部门规定的范围和标准内，也可在缴纳企业所得税前扣除。企业缴纳的养老保险费、失业保险费和医疗保险费免征个人所得税，个人缴纳的养老保险费、失业保险费和医疗保险费可从应纳税所得中扣除。由于一些福利可以使所得税得到减免，所以组织和员工都比较倾向于增加福利费用。

第四，规模经济效应。由组织代表员工群体加入保险，通常可以比个人加入保险获得更低的费率，这是因为群体更容易分散保险的风险以及组织在谈判中具有优势。另外，大组织为员工修建福利设施并提供服务，通常可以做到收费比其他福利机构更低，这是因为数量多的消费者可以降低服务价格。因此，组织愿意提供这样的福利项目，如医疗保险、医疗护理等。

第五，投资效应。组织为建设福利设施等而购买的土地，在地价上升时还可以带来投资收益。在这种情况下，对组织来讲，与其向员工支付货币性薪酬，还不如把同样金额的货币用来投资福利设施，待日后赚取因地价升值而产生的投资收益。

第六，社会形象效应。越来越多的组织认识到福利对提高组织的社会形象的积极作用。虽然很多福利并不是法律规定必须提供的，但是，因为提供这些福利的组织很多，福利已成为制度化的东西，不提供这些福利就很难吸引和留住高素质的员工。

（二）弹性福利制度的普及

弹性福利制度被越来越多的组织采用。弹性福利制度的一种形式是自助式计划。自助式计划与传统的福利制度不一样，它允许员工根据个人需要选择福利类型与福利数量。在传统的福利制度下，员工只能被动地接受企业提供的标准福利组合。自助式计划一般包括两个部分：组织提供的基本福利（如最低医疗保险、退休金）和员工自选福利（如带薪休假、更好的医疗保险、牙齿护理等）。员工自选福利的做法是，组织给员工一个货币总额，然后让员工自己决定如何把这些钱分配到不同的福利项目中。有些自助式计划允许员工放弃一些福利，但得到货币补偿；有些自助式计划则允许员工得到某种更好的福利，但需要分担一些成本。

自助式计划有很多优点。首先，该计划使福利组合与员工需求得到了更好的匹配，

---

① 诺伊，霍伦拜克，格哈特，等. 人力资源管理：赢得竞争优势. 刘昕，译. 3版. 北京：中国人民大学出版社，2001：578.

从而有助于提高员工的满意度，降低缺勤率和流动率。其次，该计划加深了员工对组织福利制度的认识，也有助于提高员工的满意度。最后，该计划还可能减少组织的福利费用。因为在自助式计划下，组织不仅可以控制自己所投入的费用规模，而且可以通过对备选福利项目的设计引导员工做出更有效率的选择，从而达到减少福利费用的目的。

但是，自助式计划也有局限性。第一，这种计划的管理费用很高。第二，它可能导致逆向选择，从而增加组织的福利费用。因为员工按照个人需求来选择福利项目，可能导致一些"高危"人群（福利费用高的人群）比其他人更倾向于选择某些特殊项目，从而导致企业的福利费用增加。

（三）福利储存卡的增加

越来越多的组织鼓励员工用储存卡进行福利消费，即将系列补助，如工作餐补助、通勤补助、通信费补助、节假日补助等存入福利储存卡中，员工使用福利储存卡到签约商户刷卡消费。目前中国的签约商户涵盖了商业超市、百货、餐饮、娱乐、金融等多个领域。

02　第二节　福利计划的设计

所谓福利计划，是指关于福利的对象、组合、项目以及资金的规划。在福利计划中，首先要界定谁应该获得福利，其次要确定提供什么福利组合和项目，最后要决定如何为福利筹集资金。

一、福利对象的界定

福利的获得者，一是所有员工，二是特殊人群。

将所有员工界定为福利获得者的做法符合福利的普惠性质，并且操作简单。但这种做法从组织角度看不一定合适。在组织中，员工的身份各不相同，如有正式终身制员工、长期合同工、短期合同工和临时聘用员工的区别，有管理人员和普通员工的区别，有在职员工和退休员工的区别，等等。不同身份的员工对组织的价值是不同的，因此，按照贡献与成本对等的原则，在福利上就有必要区别对待。

对不同员工提供不同的福利待遇，从组织角度来看，是合适的做法，但也有问题：一是这种做法会引起不能获得福利的员工的不满，造成他们与获得福利的员工之间的不团结，影响组织工作的顺利开展。二是这种做法将增加管理难度，如要投入大量精力区分哪些人能获得福利、哪些人不能获得福利。三是可能触犯法律规定，如不对临时工、农民工提供法定福利是违反《中华人民共和国劳动法》的。

因此，组织究竟以哪些人作为福利获得者，取决于它对福利计划的相对优缺点的评价。具体来讲，可按以下步骤做出评价：首先，估算福利计划的优缺点。当以所有员工作为对象时，估计福利在吸引、留住和激励员工方面的积极作用，以及所产生的财务成本、管理成本。当以特殊人群作为对象时，估计福利在吸引、留住和激励员工方面的积极作用、消极作用，以及所产生的财务成本、管理成本、法律成本。其次，比较福利计划的相对优缺点。最后，根据优点相对大于缺点的福利计划，确定福利对象。

二、福利的组合形式

福利组合可分为标准的福利组合和弹性福利计划两类。

1. 标准的福利组合

标准的福利组合是指福利项目由组织事先规定，员工不能自由选择的福利组合。标准的福利组合的福利项目是根据战略需要、劳动力市场状况、国家立法规定、组织财务状况和员工的一般需求设定的。它能满足员工的基本需求，并且管理简单。但标准的福利组合不能满足员工多元化的需求。

2. 弹性福利计划

弹性福利计划也称作自助式的福利组合，是指员工可以选择福利项目的福利组合。弹性福利计划允许员工在某一规定范围内选择福利项目和数量。这里的规定范围包括总体可用的福利金额和一些必选项目，如法定的社会保险。弹性福利计划的形式有附加福利计划、混合匹配福利计划、核心福利项目计划、基本模块福利计划。

（1）附加福利计划是指将各种补助存入信用卡，员工使用信用卡到指定的商户自行购买商品或福利的福利计划。组织根据员工的任职年限、绩效水平等因素决定向他发放多少金额的信用卡。

（2）混合匹配福利计划是指组织事先规定若干福利类型和项目，员工可根据自己的需要从中选择的福利计划。在该计划中，员工总体可用的福利金额是固定的，但福利类型和数量可自由选择。

（3）核心福利项目计划是指组织提供标准水平的核心福利项目（如健康保险、人寿保险等），员工可在规定范围内根据需要选择其他福利项目，或者增加某一个核心福利项目的福利计划。在这个计划中，员工总体可用的福利金额是固定的，因为组织把核心福利项目的水平降到了标准水平，所以在福利金额中就富余一部分资金，而这部分资金可以用于购买其他福利或提高某一个核心福利项目的水平。

（4）基本模块福利计划是指允许员工选择不同水平的福利组合（基本模块）的计

划。基本模块指由若干种类的福利项目组成的福利组合。每个基本模块的福利构成相同，但福利水平不同。基本模块福利计划的最大优点是管理简单，缺点是容易做出错误选择。

三、福利项目的决定

一般来讲，组织在决定福利项目时，要同时考虑内部和外部两个方面的因素。组织要从组织战略、组织文化和员工需求出发来设计福利项目。

例如，当组织处于成长期，面临资金不足、风险较大等问题时，组织应该选择一些能够降低固定成本、与组织利润直接相关的福利项目，以便树立员工的创业精神，降低组织的财务负担。

当组织发展逐渐稳定、实力不断增强时，为了稳定员工和提高员工的忠诚度，组织应该提供一些无限制的、优厚的福利项目。组织如果希望建立一种大家庭似的组织文化，就应该增加福利项目和提高福利水平。

另外，由于员工的年龄、性别、家庭、收入水平等情况不同，他们对工资和福利的需求也不同。年龄大的员工比年龄小的员工更偏好养老保险、医疗保险等福利，年轻员工则可能对这些福利兴趣不大，相反更喜欢高工资、奖金以及带薪休假等福利。如果组织能够根据员工的不同需求制定出他们所需要的福利制度，就不仅可以提高员工的满意度、降低缺勤率和人员流失率，还可以减少福利费用。

组织在设计福利项目时，要充分考虑劳动力市场的标准、政府法规和工会要求。一方面，组织要降低劳动力成本，以保证产品（服务）的价格竞争力；另一方面，组织需要提高员工福利，以便在劳动力市场上吸引优秀的员工和提高员工对组织的忠诚度。因此，组织在设计福利项目之前，应该收集外部信息，了解竞争对手的福利情况。很多管理咨询公司、民间团体以及政府部门都提供企业福利信息。常见的福利信息有福利范围、福利成本以及受惠员工的比例等。常见的比较指标包括福利费用总成本、平均员工福利成本、福利成本在总薪酬中所占的百分比等。此外，国家对于员工福利有规定，工会也有要求。组织在设计福利项目时不能忽略这两个方面。

四、福利资金的筹集方式

福利资金的筹集方式有三个：一是组织自己筹集福利资金；二是组织和员工共同承担福利费用；三是员工承担某些福利的全部费用。

一般来讲，组织愿意选择第二种资金筹集方式。因为只有共同承担福利费用，组织和员工双方才会对福利持珍惜态度，在福利项目的选择和消费上"精打细算"，控制福利成本的增长。但由于法律的规定，组织有义务在有的福利项目上承担全部费用。

总体而言，在筹集福利资金时，组织应该遵循以下三个原则：

（1）强制性原则。所谓强制性，是指国家为建立福利保障制度，以法律规定的形式，要求组织必须提取员工福利资金。任何组织，不论所有制、规模、经营状况如何，都必须承担国家法律规定的、实现员工福利保障的义务和责任，必须按国家规定及时、足额地提取员工福利资金，禁止以任何理由拒不缴纳相关福利费用。

（2）固定性原则。所谓固定性，是指国家规定员工福利资金的来源和数量比例。

（3）取之于民、用之于民的原则。所谓取之于民、用之于民，是指组织应将提取的福利资金毫无保留地用于员工福利方面。

03 第三节 福利计划的管理

福利计划的管理包括三个重要环节：福利沟通、福利审核和福利成本监控。福利沟通是组织通过交流让员工理解福利计划的过程，是保证福利计划激励性的重要因素。福利审核是组织通过审查确认员工享受福利的资格的过程，是保障福利计划实施的前提条件。福利成本监控是组织对福利计划实施过程进行监测和纠偏的过程，是提高福利计划效率的重要手段。

一、福利沟通

（一）福利沟通的重要性

福利沟通是连接组织与员工的桥梁。随着行业竞争的加剧，人才争夺愈演愈烈。如何留住优秀的人才已经成为组织制胜的关键。现代组织越来越强调人性化管理，而员工福利正是组织进行人性化管理的重要体现。福利沟通的重要性在于强调员工是组织最宝贵的财富，是组织创造持续竞争力的动力。留住员工是人力资源战略的核心。员工福利被誉为组织留住人的制胜"砝码"。许多组织为了留住人，不惜重金为员工提供优厚的福利。然而，往往出现员工对优厚的福利满意度不高的现象。究其原因，主要是优厚的福利背后缺乏有效的福利沟通。

随着消费水平、医疗保健费用等日益提高，组织的福利成本也越来越高。受成本限制，组织福利水平很难在同行业中永远保持最好，组织也不可能靠无限度扩大福利投入来提升福利的竞争力，维持员工的持续满意。在福利预算的限制下，组织只有不断提高福利沟通的有效性，告诉员工福利制度的财务地位、经营高层的重视、未来计划等，才能让员工充分体会现阶段福利的价值。可以说，福利优厚性的高低在很大程度上取决于员工对福利价值的认可度，而有效的福利沟通是提升员工认可度的关键。

（二）福利沟通的方法

有效的福利沟通不仅取决于沟通有明确的目标，而且取决于沟通有合适的方法。福利沟通有以下方法。

1. 制作员工福利手册

组织可以用手册形式介绍组织的福利制度，包括福利水平、福利项目、资格要求等。尽量用通俗易懂的语言进行描述，还可以配备影像资料，以增强宣传效果。

2. 信息交流

信息交流的形式有"一对一"的讨论、开会、电话热线、网上沟通等。信息交流的目的有两个：一是向员工宣传福利计划的作用、内容，公布福利计划的成本支出状况；二是了解不同层次、不同类型员工的福利需求。

3. 问卷调查

组织可以使用问卷调查了解不同员工的福利需求，收集员工对福利计划的意见。

问卷调查可分为以下三类：

（1）福利计划前期调查。了解员工对福利项目的态度、看法与需求。

（2）年度福利调查。了解员工在一个财政年度内享受了哪些福利项目，它们各占多大比例，员工对它们的满意程度如何。

（3）福利反馈调查。调查员工对福利项目的反应如何，是否需要进一步改进或取消福利项目。

4. 举办福利报告会

请高层管理人员、员工代表作福利报告，介绍福利计划的实施状况。

5. 建立网络化的福利管理系统

在组织内部的局域网上发布福利计划的有关信息，如把福利手册发布到网上，并且在网上设置下载板块，允许员工直接下载和打印福利手册，允许员工通过内部网与福利专家进行交流。

二、福利审核

福利审核指组织根据组织规定、政府规定审核员工提出的福利享受申请。这里特别要注意的是，福利事务人员要认真理解组织规定和政府规定，特别是政府规定，既要按规定办事，又要进行人性化处理，让组织内的员工愉悦地享受福利。同时，福利事务人员要认识到福利审核对组织的重要价值。正确地处理福利申请，可以减少组织不必要的福利开支。

三、福利成本监控

（一）福利成本监控的重要性

因为福利成本在总薪酬中占有一定比重，所以，组织必须对福利成本严格控制。以医疗保险为例，发达国家的医疗保险费用和保健费用在福利费用中占较大的比重。在发达国家市场中有多种保险可供选择，维护员工健康的方式也可以根据组织的具体情况灵活、合理安排，所以，通过选择医疗保险的种类和维护员工健康的方式来控制成本是福利成本监控的重要课题。很多组织采取了一些措施来控制医疗保险费用的增加。例如，创造健康的工作环境，加强体育设施、娱乐设施的建设，完善体检制度，以此来减少员工发病和保险的使用，这样既可以减少保险费用，也可以保障员工的健康，值得借鉴。

（二）制定福利成本监控策略的步骤

1. 确定福利理念

从劳动力再生产的角度来看，一定程度上的福利投入增加能为组织带来收益。组织应该首先回答"为什么要提供福利计划"这个问题，来明确福利计划的目的。以医疗福利为例，一些组织没有自己的福利理念，而是采用保险公司的提案，这就有增加支出的可能性。

2. 考察组织现状

有了福利理念之后，组织需要将现实情况和终极目标进行比较来找出差距。以医疗福利为例，组织可以通过识别健康风险和分析理赔记录来寻找差距的源头，确定原有保险方案中的无效部分。

3. 评估组织的健康风险

（1）个人健康风险。以医疗福利为例，组织应该掌握与员工健康相关的信息，包括员工队伍的健康状况、健康风险等级分布、员工健康风险演变模型、医疗费用及保险费用的预测。

（2）组织健康风险。有些健康风险是组织所固有的，如员工长时间在室内以相同的姿势工作，工作环境中有粉尘、噪声、有害气体等。组织应该将这些风险识别出来并加以区别对待，有针对性地采取改进措施。

（3）评估现有计划的有效性。在认识了组织的健康风险之后，组织需要评估现有的福利计划和医疗保健措施能否降低这些风险。这就需要建立包含现行所有福利计划的信息库，将广义的福利项目（甚至包括食堂提供的健康食品）都包括进去。在福利计划信息库的基础上，组织可以判断现在和未来的主要健康风险是否得到了有效的控制和应对。

（三）福利成本监控的方法

以医疗福利为例，在发达国家，进行医疗福利成本监控的方法有：

（1）对现有福利项目进行调整，尽可能避免项目之间相互重叠。

（2）仔细审查每项福利申请的有效性，以防止不必要的费用发生。例如，在审批医疗福利时，仔细审查住院证、住院观察记录、出院计划以及病历等，确认每项医疗处理都是必需的，每项医疗服务的成本都是合理的。

（3）要求员工承担部分医疗费用，以防止员工滥用医疗服务。

（4）对医疗费用支出大的员工及其家属实施个别管理，与他们探讨其他医疗途径，以节约开支。

（5）选择费用更加合适的健康保险机构。

（6）提供弹性福利计划，以减少福利费用。

知识链接

中国的法定福利

中国的法定福利，即"五险一金"，是指养老保险、医疗保险、失业保险、工伤保险、生育保险和住房公积金。

一、养老保险

养老保险，简单地说，就是保障劳动者退休后的基本生活需要的社会制度。我国在20世纪90年代中期决定建立多层次养老保险体系。该体系由国家基本养老保险、企业补充养老保险和个人储蓄性养老保险组成，采取社会统筹与个人账户相结合的筹集模式。我国在全国范围内对基本养老保险制度进行改革，统一和规范了企业及个人的缴费比例、个人账户比例和基本养老金的计算方法。比如，企业缴纳基本养老保险费的比例，一般不超过企业工资总额的20%，个人缴纳比例为本人缴费工资的8%。基本养老金根据个人累计缴费年限、缴费工资、当地职工平均工资、个人账户金额、城镇人口平均预期寿命等因素确定。基本养老金由统筹养老金和个人账户养老金组成。其中，统筹养老金是指从由用人单位缴费形成的统筹基金中向退休者支付的那部分养老金；个人账户养老金是指从个人缴费积累中向退休者支付的那部分养老金。2019年4月，国务院办公厅印发《降低社会保险费率综合方案》，自2019年5月1日起，允许城镇职工基本养老保险单位缴费比例高于16%的省份，将单位缴费比例降至16%。

养老保险制度可分为以下四种类型。

（1）投保资助型养老保险。该制度通过立法程序强制雇主和员工按照规定的投保费率投保，要求建立老年社会保险基金，并实行多层次退休金。雇主与员工所缴纳的费用不分配到个人账户上，享受待遇的资格取决于是否缴纳费用，投保人的缴费额与领取额不一定完全相等。

（2）强制储蓄型养老保险。该制度采取固定缴费模式，对缴费率有具体规定，领取额由所缴费用及利息决定。缴费利息积累在个人账户上。当投保人年老、伤残或死亡时，账户上的钱可一次性或按月支付。养老保险费由员工和雇主共同承担。

（3）国家统筹型养老保险。国家统筹型养老保险由国家（或国家和雇主）全部负担员工的养老保险费，员工个人不缴费。

（4）社会统筹与个人账户相结合型养老保险。该制度在基金筹集上遵循社会互济原则，采取由国家、企业和个人共同负担的方式，而在养老金的计发上体现个人激励与劳动贡献差别，采取由社会统筹和个人账户相结合的方式。我国实行这种制度，既可以实现社会互助、分散风险和增强社会保障，又可以提高劳动者的自我保障意识，激发他们的投保意愿。

二、医疗保险

我国在1998年决定建立城镇职工基本医疗保险制度。根据《2021年全国医疗保障事业发展统计公报》，截至2021年年底，全国基本医疗保险参保人数为136 297万人，参保率稳定在95%以上。2021年，全国基本医疗保险（含生育保险）基金总收入28 727.58亿元，比上年增长15.6%，基金总支出24 043.10亿元，比上年增长14.3%。基金当期结存4 684.48亿元，累计结存36 156.30亿元。

1998年的《国务院关于建立城镇职工基本医疗保险制度的决定》规定，城镇所有用人单位，包括企业（国有企业、集体企业、外商投资企业、私营企业等）、机关、事业单位、社会团体、民办非企业单位及其职工，都要参加基本医疗保险。乡镇企业及其职工、城镇个体经济组织业主及其从业人员是否参加基本医疗保险，由各省、自治区、直辖市人民政府决定。所有用人单位及其职工都要按照属地管理原则参加所在统筹地区的基本医疗保险，执行统一政策，实行基本医疗保险基金的统一筹集、使用和管理。

基本医疗保险费由用人单位和职工共同缴纳。用人单位缴费率控制在职工工资总额的6%左右，职工缴费率一般为本人工资收入的2%。基本医疗保险基金由统筹基金和个人账户构成。职工个人缴纳的基本医疗保险费，全部计入个人账户。用人单位缴纳的基本医疗保险费分为两部分：一部分用于建立统筹基金，另一部分划入个人账户。划入个人账户的比例一般为用人单位缴费的30%左右，具体比例由统筹地区根据个人账户的支付范围和职工年龄等因素确定。

统筹基金的起付标准原则上控制在当地职工年平均工资的10%左右，最高支付限额原则上控制在当地职工年平均工资的4倍左右。起付标准以下的医疗费用，从个人账户中支付或由个人自付。起付标准以上、最高支付限额以下的医疗费用，主要从统筹基金中支付，个人也要负担一定比例。超过最高支付限额的医疗费用，可以通过商业医疗保险等途径解决。

2021年4月22日，国务院办公厅发布《关于建立健全职工基本医疗保险门诊共济保障机制的指导意见》，提出了建立健全职工医保门诊共济保障机制的具体举措，如改进个人账户计入办法。在职职工个人缴费仍计入本人个人账户，单位缴费全部计入统筹基金；退休人员个人账户由统筹基金按定额划入，划入额度逐步调整到统筹地区实施此项改革当年基本养老金平均水平的2%左右。

三、失业保险

失业保险是指国家通过立法强制实行，由社会集中建立基金，对因失业而暂时中断生活来源的劳动者提供物质帮助的制度。我国于1999年1月22日颁布了《失业保险条例》，对失业保险的覆盖范围、基金筹集、缴费比例、待遇标准、享受条件、基金支出、管理监督等方面做出了规定。

根据《失业保险条例》的规定，失业保险基金由城镇企业事业单位、城镇企业事业单位职工缴纳的失业保险费、失业保险基金的利息、财政补贴和依法纳入失业保险基金的其他资金组成。城镇企业事业单位应按照本单位工资总额的2%缴纳失业保险费，单位职工按照本人工资的1%缴纳失业保险费。城镇企业事业单位招用的农民合同制工人本人不缴纳失业保险费。根据《人力资源社会保障部 财政部 国家税务总局关于做好失业保险稳岗位提技能防失业工作的通知》，自2022年5月1日，延续实施阶段性降低失业保险、工伤保险费率政策1年，执行期限至2023年4月30日。按照现行阶段性降率政策规定，失业保险总费率为1%。在省（区、市）行政区域内，单位及个人的费率应当统一，个人费率不得超过单位费率。本地具体费率由各省（区、市）确定。

失业人员享受失业保险待遇的条件有三个：所在单位和本人已按照规定履行缴费义务满1年；非因本人意愿中断就业；已办理失业登记，并有求职要求。失业保险待遇的内容主要涉及以下五个方面：

（1）按月领取的失业保险金，即失业保险经办机构按照规定支付给符合条件的失业人员的基本生活费用。

（2）领取失业保险金期间的医疗补助金，即对失业人员在领取失业保险金期间发生的医疗费用的补助。

（3）领取失业保险金期间死亡的失业人员的丧葬补助金和其供养的配偶、直系亲属的抚恤金。

（4）领取失业保险金期间接受职业培训、职业介绍的补贴。

（5）国务院规定或者批准的与失业保险有关的其他费用。

失业人员失业前所在单位和本人按照规定累计缴费时间满1年不足5年的，领取失业保险金的期限最长为12个月；累计缴费时间满5年不足10年的，领取失业保险金的期限最长为18个月；累计缴费时间10年以上的，领取失业保险金的期限最长为24个月。重新就业后，再次失业的，缴费时间重新计算，领取失业保险金的期限可以与前次失业应领取而尚未领取的失业保险金的期限合并计算，但最长不得超过24个月。

四、工伤保险

工伤保险是针对劳动者在工作时或在规定的特殊情况下，遭受意外伤害或患职业病导致暂时或永久性丧失劳动能力以及死亡时，向劳动者或其遗属所提供的社会救助措施。我国在1951年颁布了《中华人民共和国劳动保险条例》，对工伤保险制度做了原则性的规定。《中华人民共和国劳动法》明确规定，我国所有企业、机关、事业单位中的职工，都应实行统一的工伤保险制度，在其因工负伤、残疾、患职业病、死亡时，均依法享受工伤保险待遇。2021年年底，全国参加工伤保险人数为28 287万人。全国新开工工程建设项目工伤保险参保率为99%。全年认定（视同）工伤129.9万人，评定伤残等级77.1万人。全年有206万人享受工伤保险待遇。全年工伤保险基金收入952亿元，基金支出990亿元。2021年年底，工伤保险基金累计结存1 411亿元（含储备金164亿元）。

根据《工伤保险条例》，现行的工伤认定资格条件，分为工伤类和比照工伤类。工伤类指以下情况：

（1）在工作时间和工作场所内，因工作原因受到事故伤害；

（2）工作时间前后在工作场所内，从事与工作有关的预备性或者收尾性工作受到事故伤害；

（3）在工作时间和工作场所内，因履行工作职责受到暴力等意外伤害；

（4）患职业病；

（5）因工外出期间，由于工作原因受到伤害或者发生事故下落不明；

（6）在上下班途中，受到非本人主要责任的交通事故或者城市轨道交通、客运轮渡、火车事故伤害；

（7）法律、行政法规规定应当认定为工伤的其他情形。

比照工伤类指以下情况：

（1）在工作时间和工作岗位，突发疾病死亡或者在48小时之内经抢救无效死亡；

（2）在抢险救灾等维护国家利益、公共利益活动中受到伤害；

（3）职工原在军队服役，因战、因公负伤致残，已取得革命伤残军人证，到用人单位后旧伤复发。

职工发生事故伤害或者按照职业病防治法规定被诊断、鉴定为职业病，所在单位应当自事故伤害发生之日或者被诊断、鉴定为职业病之日起30日内，向统筹地区社会保险行政部门提出工伤认定申请。遇有特殊情况，经报社会保险行政部门同意，申请时限可以适当延长。用人单位未按规定提出工伤认定申请的，工伤职工或者其近亲属、工会组织在事故伤害发生之日或者被诊断、鉴定为职业病之日起1年内，可以直接向用人单位所在地统筹地区社会保险行政部门提出工伤认定申请。

工伤保险待遇主要包括以下五个方面：

（1）工伤医疗待遇。职工治疗工伤应在签订服务协议的医疗机构就医，情况紧急时可以先到就近的医疗机构急救。治疗工伤所需费用符合工伤保险诊疗项目目录、工伤保险药品目录、工伤保险住院服务标准的，从工伤保险基金支付。职工住院治疗工伤的伙食补助费，以及经医疗机构出具证明，报经办机构同意，工伤职工到统筹地区以外就医所需的交通、食宿费用从工伤保险基金支付，基金支付的具体标准由统筹地区人民政府规定。

（2）职业康复待遇。工伤职工因日常生活或者就业需要，经劳动能力鉴定委员会确认，可以安装假肢、矫形器、假眼、假牙和配置轮椅等辅助器具，所需费用按照国家规定的标准从工伤保险基金支付。

（3）工伤治疗期间的生活待遇。职工因工作遭受事故伤害或者患职业病需要暂停工作接受工伤医疗的，在停工留薪期内，原工资福利待遇不变，由所在单位按月支付。停工留薪期一般不超过12个月。伤情严重或者情况特殊，经设区的市级劳动能力鉴定委员会确认，可以适当延长，但延长不得超过12个月。工伤职工评定伤残等级后，停发原待遇，按照有关规定享受伤残待遇。工伤职工在停工留薪期满后仍需治疗的，继续享受工伤医疗待遇。生活不能自理的工伤职工在停工留薪期需要护理的，由所在单位负责。

（4）因工致残待遇。工伤职工已经评定伤残等级并经劳动能力鉴定委员会确认需要生活护理的，从工伤保险基金按月支付生活护理费。生活护理费按照生活完全不能自理、生活大部分不能自理或者生活部分不能自理三个不同等级支付，其标准分别为统筹地区上年度职工月平均工资的50%、40%或者30%。被鉴定为一级至四级伤残的职工，可以保留劳动关系，退出工作岗位，享受从工伤保险基金按伤残等级支付的一次性伤残补助金、从工伤保险基金按月支付的伤残津贴。工伤职工达到退休年龄并办理退休手续后，停发伤残津贴，按照国家有关规定享受基本养老保险待遇。基本养老保险待遇低于伤残津贴的，由工伤保险基金补足差额。被鉴定为五级、六级伤残的职工，可以享受从工伤保险基金按伤残等级支付的一次性伤残补助金，保留与用人单位的劳动关系并由用人单位安排适当工作。难以安排工作的，由用人单位按月发给伤残津贴。职工也可以与用人单位解除或者终止劳动关系，由工伤保险基金支付一次性工伤医疗补助金，由用人单位支付一次性伤残就业补助金。被鉴定为七级至十级伤残的职工，可以享受从工伤保险基金按伤残等级支付的一次性伤残补助金。劳动、聘用合同期满终止，或者职工本人提出解除劳动、聘用合同的，由工伤保险基金支付一次性工伤医疗补助金，由用人单位支付一次性伤残就业补助金。

（5）因工死亡待遇。职工因工死亡，其近亲属按照下列规定从工伤保险基金领取丧葬补助金、供养亲属抚恤金和一次性工亡补助金。丧葬补助金为6个月的统筹地区上年度职工月平均工资。供养亲属抚恤金按照职工本人工资的一定比例发给由因工死亡职工生前提供主要生活来源、无劳动能力的亲属。标准为：配偶每月40%，其他亲属每人每月30%，孤寡老人或者孤儿每人每月在上述标准的基础上增加10%。一次性工亡补助金标准为上一年度全国城镇居民人均可支配收入的 20 倍。

五、生育保险

生育保险是国家通过立法，对怀孕、分娩女职工给予生活保障和物质帮助的一项社会政策。其宗旨在于通过向职业妇女提供生育津贴、医疗服务和产假，帮助她们恢复劳动能力，重返工作岗位。根据《2021 年全国医疗保障事业发展统计公报》，2021年，全国参加生育保险 23 752 万人，比 2020 年增长 0.8%。享受各项生育保险待遇 1 321 万人次，比 2020 年增加 154 万人次，比 2020 年增长 13.2%。生育保险人均生育待遇支出为 22 261 元，比 2020 年增长 1.3%。

我国生育保险待遇主要包括两项。一是生育津贴，用于保障女职工产假期间的基本生活需要。生育津贴占生育基金收支的 60% 以上。生育津贴是对工资收入的替代，由基金按本单位上年度职工月平均工资的标准支付，支付期限一般与产假期限相一致，不少于 98 天。二是生育医疗待遇，用于保障女职工怀孕、分娩期间以及实施节育手术时的基本医疗保健需要。

六、住房公积金

住房公积金是指由国家机关、国有企业、城镇集体企业、外商投资企业、城镇私营企业及其他城镇企业、事业单位、民办非企业单位、社会团体及其在职职工缴存的长期住房储金。根据《住房公积金管理条例》，职工和单位住房公积金的缴存比例均不得低于职工上一年度月平均工资的 5%，有条件的城市，可以适当提高缴存比例。具体缴存比例由住房公积金管理委员会拟订，经本级人民政府审核后，报省、自治区、直辖市人民政府批准。城镇个体工商户、自由职业人员住房公积金的月缴存基数，原则上按照缴存人上一年度月平均纳税收入计算。

本章小结

1. 福利是指组织为了吸引、留住和激励员工，以员工及其家庭为对象，在工资等基本工作条件以外的生活条件方面提供的法定或非法定的薪酬。福利是一种间接薪酬、非货币性薪酬。福利的支付形式有当期支付和延期支付两类。福利具有普惠性质。

2. 福利的作用可以归纳为六点：吸引高素质员工；提高员工的积极性；增强员工的组织忠诚度，降低员工的辞职率、流失率；提高员工的工作满意度；提高组织的社会声誉；享受优惠政策，节省劳动力成本。

3. 福利可分为法定福利和非法定福利两大类型。法定福利是指国家法律规定的福利项目，如失业保险、医疗保险、养老保险、伤残保险、带薪休假等；

非法定福利是指组织出于自身发展和员工需要所提供的福利项目，如各种企业补充保险、医疗健康计划、员工宿舍、员工食堂等。

4. 福利发展趋势可以概括为三点：福利费用的增加；弹性福利制度的普及；福利储存卡的增加。

5. 福利计划是指关于福利的对象、组合、项目以及资金的规划。组织在福利计划中要决定的事项包括福利对象、福利的组合形式、福利项目、福利资金的筹集方式。

6. 福利计划的管理包括三个重要环节：福利沟通、福利审核和福利成本监控。福利沟通是组织通过交流让员工理解福利计划的过程，是保证福利计划激励性的重要因素。福利审核是组织通过审查确认员工享受福利的资格的过程，是保障福利计划实施的前提条件。福利成本监控是组织对福利计划实施过程进行监测和纠偏的过程，是提高福利计划效率的重要手段。

7. 福利沟通的方法有：制作员工福利手册；信息交流；问卷调查；举办福利报告会；建立网络化的福利管理系统。

8. 在发达国家，进行医疗福利成本监控的方法有：①对现有福利项目进行调整，尽可能避免项目之间相互重叠。②仔细审查每项福利申请的有效性，以防止不必要的费用发生。③要求员工承担部分医疗费用，以防止员工滥用医疗服务。④对医疗费用支出大的员工及其家属实施个别管理，与他们探讨其他医疗途径，以节约开支。⑤选择费用更加合适的健康保险机构。⑥提供弹性福利计划，以减少福利费用。

思考与讨论

1. 福利有哪些特点？
2. 福利有哪些常见形式？
3. 福利计划有哪些内容？
4. 在设计福利计划时需要考虑哪些因素？
5. 如何监控福利成本？

考文献

[1] 刘昕. 薪酬管理. 北京：中国人民大学出版社，2002.

[2] 张一弛. 人力资源管理教程. 北京：北京大学出版社，1999.

[3] 杜映梅. 绩效管理. 2版. 北京：中国发展出版社，2011.

[4] 王小刚. 企业薪酬管理最佳实践. 北京：中国经济出版社，2010.

[5] 米尔科维奇，纽曼. 薪酬管理：第9版. 成得礼，译. 北京：中国人民大学出版社，2008.

[6] 诺伊，霍伦拜克，格哈特，等. 人力资源管理：赢得竞争优势. 刘昕，译. 3版. 北京：中国人民大学出版社，2001.

[7] 威尔逊. 薪酬框架：美国39家一流企业的薪酬驱动战略和秘密体系. 陈红斌，刘震，尹宏，译. 北京：华夏出版社，2001.

[8] 亨德森. 知识型企业薪酬管理：第10版. 何训，张立富，安士辉，译. 北京：中国人民大学出版社，2008.

[9] 阿吉斯. 绩效管理. 刘昕，曹仰锋，译. 北京：中国人民大学出版社，2008.

[10] 笹島芳雄. アメリカの賃金·評価システム. 東京：日経連出版部，2001.

[11] 松田憲二. 社員の業績評価を正しく行なう手順. 東京：中経出版，2001.